從熊十力到新六藝的思考
——以生活世界爲核心的實踐開展

廖崇斐 著

臺灣學生書局 印行

「道論」的六藝之教：
宏大而闢、深閎而肆
——讀廖崇斐《從熊十力到新六藝的思考：以生活世界為核心的實踐開展》

林安梧

　　四十餘年來講授儒道佛三教經典，教了不少學生，在傳承中有喜悅、有歡樂，當然最重要的是有期待、有寄望。看到一代一代學子，從大學本科、碩士、博士，任了教職，我也可以學著明道先生說「吾道南矣」。

　　中興大學，我在上個世紀九零年代末期，開始來兼課。那時，徐照華主任問了老友謝大寧兄，要我來教課，本希望我能專任。當時我尚在清華大學徘徊，擔任通識教育中心主任，不好脫身，只答應來兼一門研究所課程。一九九九年，這是我教的中興大學中文系的第一年學生。這些學生後來居然全數上了博士榜，這真也少見。廖崇斐博士，便是我在中興大學首批學生。他與淑瓊，從碩士到博士，一直到現在我們一起共建書院，他們都是最好的夥伴，從《易經》的「咸」，到「恆」，崇斐、淑瓊可以說學業、事業、家庭有成。我這當老師的，真是歡喜。

　　更可貴的是，崇斐他除了學術史功夫下得很深，而且對於哲

學思考也頗能中西對比，深入堂奧，老實說，在中青年一代，像他這樣有著學術的功底，又有著志道的勇毅，身體力行，理論實踐皆有創獲者，實不多見也。果如《莊子・天下》所言「其於本也，宏大而辟，深閎而肆；其於宗也，可謂稠適而上遂矣」。這本專著《從熊十力到新六藝的思考──以生活世界為核心的實踐開展》，可以看出他的成績是豐碩的、高卓的、踏實的，接地氣、通天道，入乎本心、達乎四體，通於整個生活世界的。

　　熊十力先生說「吾學貴在見體」，杜維明以此說這是追求真實的存在，真乃諦論也。值得留意的是，這裡的存在並不是一個被對象化的存在，而是在意識之前（preconscious），天人物我人己通而為一的存在，是即存在、即價值、即認知、即實踐、即工夫的存在。這不是「言以代知，知以代思，思以代在」那種代表性思維（representative thinking）下的存在，而是「言外有知，知外有思，思外有在」的存在。這是「从土才聲」的「在」，是「从子从在，土省」的「存」。這樣的「存」是「閑邪存其誠」的「存」，這樣的「在」，是生生不息的，從泥土中湧現的「在」。這樣的「存在」是活生生的實存而有，進到天地間，參贊天地之化育而成的存在。

　　《易經》說「範圍天地之化而不過，曲成萬物而不遺」，如此之謂也。《易經》說「一陰一陽之謂道，繼之者善，成之者性」，這說的是：從存在的律動，到實踐的參贊，到教養的習成，原來，我們是把教養論、實踐論、存在論三者通而為一的。乾以易知，坤以簡能，乾坤簡易之道，明白透徹，如是之謂也。

　　顯然地，存在是不離生命的，不離生活的；生者，天地之大德曰生，此根源之創造動能也；活者，源泉滾滾，沛然莫之能禦

也。這樣的存在論不是被話語對象化的存在，而是使得一切話語
展開所以可能之底依也。能得如此，就不會糾溺在存在與價值二
分、應然與實然斷而為二的格局來想問題。在中國傳統，很清楚
地揭示「話語所論定的存在」，與「未論定之前的存在」是應該
區分開來的；而且那真實的存在之道，本來就是不可說、不可名
的。

　　熊十力在《存齋隨筆》裡，做了這樣的開示，他說：「存者
何？吾人內部生活，含藏固有生生不已、健健不息之源，涵養之而
加深遠，擴大之而益充盛，是為存。唯存也，故能感萬物之痛癢；
不存則其源涸，而泯然亡感矣！」「存」不是一般所謂的「經驗
性的存在」而已，而是「上遂於生命之根源的存在」。或者說，
這不只是一般所謂的經驗，而是一種本體的經驗（Ontological
experience）。依熊氏看來，這是人之為一個人契入本體的起
點，也是參贊整個生活世界的起點，而且也就是吾人從事哲學研
究的起點。

　　「存」之所指是整個內部生活，而值得注意的是，這裡所謂
的「內部」不是內外對舉的「內」，而是「合內與外於一體」的
「內」，因此，內部的生活便含有生生不已，健動不息之源。正
因為含有此生生不已，健動不息之源，所以此生活中的人是有其
主體性的。他參贊乎此天地之間，他的存在不只是一被動的存
在，而是一主動的存在。就其整個參贊的過程即是「存」，所謂
「涵養之而加深遠，擴大之而益充盛，是為存」。存是能感萬物
之痛癢，如果不存，則其源必涸，最後終於泯然無感矣！

　　存在論、價值論、知識論、工夫論、實踐論，通而為一，而
這裡所說的「存在論」是中國哲學所特有的「道」論，這意義下

的存在論。這裡隱含著的是「身心一如」、兩端而一致的哲學系統，是「物者，心之物也；心者，物之心也」，心物不二的哲學。在這樣的脈絡之下，我們便明白儒學是離不開我們的生活世界的，離不開我們的具體實踐的，《論語》講「志於道，據於德，依於仁，游於藝」，理論追溯其根源，但具體落實，則在人間禮文器物所成的生活世界之中，人必須悠游涵泳於這樣的技藝世界。這樣的「游於藝」，當然是有所依持的，其所依持的是「兩端而一致」關聯為一體的真實感動，這就是「依於仁」。「仁」是存在的道德真實感，他不離我們的生命自性，由這自性之德，而發顯出來，這自性之德便是仁義之根據，這就是所說的「據於德」。「德」是本性，「道」是根源，如其根源、順其本性，斯為道德。這根源義的「道」，當然也就具有理想義、普遍義，是在生生不息、參贊化育，繩繩繼繼中繼續生長著，此乃人參贊化育所必須秉持的志業嚮往，此即所說「志於道」也。

　　換個話來說，道器不二、理氣不二、理欲不二、理勢不二，經者，徑也，實踐之途徑也，人所行走的道路也。這樣的經學是實踐之學，是哲學之實踐活動，經學不是餖飣考據，經學是活潑潑的生命之學。經學實不外乎六藝之教也。六藝者，「禮、樂、射、御、書、數」也，「詩、書、禮、樂、易、春秋」也，既是孩童初階之學，也是大人之學。「禮」是分寸節度，「樂」是「和合同一」，「射」是「對象的確定」，「御」是「主體的掌握」，「書」是「典籍的教養」，「數」是「論理的思辯」。這樣的「禮、樂、射、御、書、數」六藝之教，就是「通識教育」。這樣的「禮、樂、射、御、書、數」，進一步長成了「詩、書、禮、樂、易、春秋」。

　　詩以言志，溫柔敦厚，詩之教也。書以言事，疏通知遠，書之教也。禮以別異，恭儉莊敬，禮之教也。樂以和同，廣博易良，樂之教也。易參造化，絜靜精微，易之教也。春秋正名，屬辭比事，春秋之教也。「通」不只「通古今之變」，而且要「通極於道」；「識」不只「識別天下萬物」，而且要「識得天人之際」。秉此作為目標，教化眾生、育養萬民。我常說孔老夫子所提的六藝之教是人類歷史中最早的通識教育。

　　這樣的通識教育不離六藝之教、不離六經之教，不離生活世界，即器即道，道器合一的。廖崇斐博士自 2011 年開始參與了更多體制外的教育實踐活動，他開始構思以華人文化為核心的現代教育內容，他將「茶、琴、弓、拳、書法、棋」等技藝活動，視為基礎的人文教養，稱之為「新六藝」。這新六藝可以說是繼承著古六藝以及原先的六經傳統的。「游於藝，依於仁，據於德，志於道」，在事上磨練，即用顯體也。即用顯體，所以承體達用，體用一如也。古六藝、原六經、新六藝，學者皆當學之，學之習之，習之而覺，覺之而悅也；此「學而時習之，不亦悅乎」！相與往來，存在的真實相感，聊天談心，本心潤澤、天道朗照，何其快樂也；此「有朋自遠方來，不亦樂乎」！生命如斯存在，如斯悠游，縱浪大化中，不喜亦不懼；此「人不知而不慍，不亦君子乎」，夫子所以教之也。

　　生命像是樂章，「樂其可知也：始作，翕如也；從之，純如也，皦如也，繹如也，以成。」樂章應可以這樣理解，演奏伊始，樂音將發未發，翕合綿綿。逐漸縱放，樂音悠揚，純粹分明，清濁高下，亮麗澄潔，絡繹連延，相續不已，終底成章。樂章似生命，生命如樂章，有抑揚頓挫，有起伏高低，重點在一實

存的律動。「始作，翕如也」，演奏伊始，樂音將發未發，翕合綿綿。此如《中庸》所言「喜怒哀樂之未發謂之中」。「從之，純如也，皦如也，繹如也，以成。」逐漸縱放，樂音悠揚，純粹分明，清濁高下，亮麗澄潔，絡繹連延，相續不已，終底成章。此如《中庸》所言「發而皆中節謂之和」。《中庸》言「致中和，天地位焉，萬物育焉」！此宇宙生化之事，如若生命，如若樂章，其道理通同為一。

　　廖崇斐博士《從熊十力到新六藝的思考──以生活世界為核心的實踐開展》大作就要出版了，我觀其全書，有典籍的佐證，有歷史的考證，有經驗的驗證，有心性的體證，有邏輯的辯證，在經典的詮釋中，在生活世界的驗察中，調適而上遂於道，有批判的繼承、有創造的發展，為之歡喜不已。盼望其興於詩、立於禮、成於樂也。也深深期盼，讀此書者能感其意味、體其意韻，而明其意義也，共勠力於吾華夏學術也，共期於天下文明之交談與對話也，由此交談與對話而期其和平也。是為序！

從熊十力到新六藝的思考
——以生活世界爲核心的實踐開展

目　次

序論：
從「孤懷弘毅」走向「生活世界」
──新六藝的思考之路

　　「新六藝」的提出，是基於對文化意識的關懷以及後新儒學的實踐開展，進而提出對當代儒家如何從藝教中落實其教化理想的契機。文化意識是契入儒家學問的基本進路；[1]後新儒學是當代儒學在現代社會的繼續往前發展，是本書實踐向度的切入點。處在現代化之後的社會情境，從儒家藝教精神尋求儒家教化理想落實的可能，以尋求當代人的心靈與文化傳統的連結，是本書希望解決的問題。

　　當代新儒家在面對現代化的問題時，除了努力建立民主、科學與中國傳統文化的關聯，也強調以一種存在的進路來面對人文的世界。熊十力的「見體之學」很能表現這一點，也成為本書思考「新六藝」的重要資源。在其引經據典中，將存在的進路與個人直接的體悟關聯一起，為傳統文化開啟了新的局面。例如熊十力所說的「經為常道」，以「經學即哲學」，又言「經學畢竟可以融攝科學」，這些都跨越了我們一般認知的學科框架，值得我

---

[1]　蔡仁厚：〈從書院說到儒家教化的落實〉，《鵝湖月刊》第 35 卷第 11 期（1976 年 7 月），頁 11。

們進一步思考與開發。任憑傳統文化逐漸遠離人們的生活、意識，絕非關心儒學的知識分子所樂見。當今社會強調跨領域，畢竟重在橫面的學科連結而缺乏縱貫性的統攝，往往只能隨著層出不窮的表象問題打轉。生命缺乏根源性的嚮往，心為形役，往而不返，殊為可惜。

　　為了接通文化傳統的精神命脈，當代新儒家的前輩學者們開啟了多元的思維格局，除了熊十力的「本體現象學的系統」，還有梁漱溟的文化哲學、徐復觀的「儒家型的社會批判學」、牟宗三的「實踐的形而上學」、唐君毅的「儒家型的意義治療學」。[2]他們重視人的道德主體，以及由此開出來的實踐，並且要由實踐來默契本源。基於對心性之學的肯定，他們相信可以藉由「主體的轉化之創造」來開啟客觀的人文世界。然而缺乏人倫環境與社會教養機制的引導，對文化傳統的溫情與敬意，很難自然而然地在現實生活中形成。相較之下，世俗的利害交織，往往更容易引動人心而導致價值意識的扭曲。如同莊子所說的「與接為搆，日以心鬥。」（《莊子‧齊物論》）價值意識的扭曲並非一朝一夕，它跟日常接觸的資訊以及由此養成的慣習密切相關。臺灣處在現代化的社會情境中，受到資本主義化、消費化的影響，人在現實的趨迫當中需要不斷地證明自己、說明自己，最後竟變成了疏離其自己。現代人雖然重視個體，但是對於自我存在意義的認知非常薄弱。其所謂「我」，也是一種在暴戾性、貪婪性、染污性下的妄執的「我」，而不是自識固有活潑生命的真我。儒家的

2　林安梧：《牟宗三前後：當代新儒家哲學思想史論》（臺北：臺灣學生書局，2011 年 9 月），頁 111。

教化功能本應在此發揮作用，學校教育原本也應該是儒家在家庭人倫外最重要的實踐場域，但是體制內的教育雖然迭經改革，也難逃資本主義化、消費化的影響。目前的教育強調主體對客體的把握，它重在教導人如何利用知識工具在世俗中生存，知識與價值理想不一定是最重要的，在世俗中生存得最好的人才能取得最大的發言權，如此來說，知識也未必是最重要的，當下能獲取的利益才是最真實的。教育的活動成為一種工具性的活動、甚至是一種消費活動，如此對人性造成嚴重的戕害，它本來是要引導人的生命成長，邁向「明德、親民、至善」，結果反而帶來強烈的染污性，使得人不能如其為人。

　　熊十力嘗言：「今所謂文明國之治，尚鬥而獎欲，則性被戕賊，而情失其貞。……生民何辜，罹此慘毒，將萬劫而不反，不亦悲乎！」[3]這段超過一甲子的感慨，今日讀來卻十分警策。在權力、利害交織下，人人捲入共業當中，失去了性情，離開了自己，現實世界彷彿呈現出永劫輪迴的地獄相。[4]熊先生自稱好罵人，其中頗有悲心願力：「世愈下，而人日失其性。相趨於卑，相導於暗，相獎以愚且賤，是誠無可如何者。吾好罵人，只可罵其能受罵者，如其非器，雖不忍，又何可遽罵耶。」[5]熊十力發

---

[3]　熊十力：《讀經示要》卷一（臺北：明文書局，1984 年 7 月），頁 85。

[4]　蔣年豐：「在《地藏經》上所描述的各種地獄相，其實並非死後的世界，而就是我們所處的五濁惡世。」氏著：《地藏王手記》（嘉義：佛光大學南華管理學院哲學研究所，1997 年 6 月），頁 3。

[5]　熊十力：《十力語要》卷二，與牟宗三（臺北：明文書局，1989 年 8 月），頁 289-290。

獅子吼以震聾發聵，要讓眾生從染污中覺醒其「活潑潑實存而有」的我，顯其存在的道德真實性。卻也不免感到孤懷：「老者迂陋，後生唾棄聖文，予誰與言。惟此孤心，常懸天壤而已。」[6]熊十力的孤懷可以長懸天地，啟迪來者。但是在如今的數位浪潮下，流俗當道，再想要激俗返真，恐怕更凸顯兩者的距離。所謂的孤懷只會承受更大的壓力，甚至被世俗所淹沒。如今當廣求法門，尋求一種機制來讓儒家的理想能夠落實，並且要對現代人產生實質的影響。從「孤懷弘詣」走向「生活世界」。也就是說，要正視我們現在所處的生活場域。

　　身體的經驗難以偽裝，往往比語言思考更加能帶動我們的心靈。在我們生活週遭，許多流傳久遠的技藝活動，喚醒我們應當正視身心的恰當關係。例如茶藝、國樂、射藝、武藝、書畫、棋藝……等。這些具體的技藝活動，它們引發人對於器物、精神與身體活動間協調性的重視，而不只是主體控制客體的工具性關係。另外這些活動也容易融入在日常生活中，使人身心得以浸潤其中而優游自在。故儒家重視藝能的教養，厥有「依仁游藝」之言（《論語・述而》）。《周禮》中更記載古代小學有「禮、樂、射、御、書、數」之六藝之教，從日用生活中的藝儀，引導學子對於宇宙人生的總體之根源的關懷。儒家對技藝的態度，重藝甚於技，重能甚於巧。關心現實事物，亦不泥於習心成見之中。重其自我生長，甚於工具能力；重其事能，更養其德性之能。借用熊十力之言，乃：「觸人之善幾，而使之復其性

6　熊十力：《原儒》（臺北：文海學術思想研究發展文教基金會，1997年3月），頁117。

者。」[7]是以儒家藝教實值得吾人之正視。然本書所關心之藝教，並不是要恢復《周禮》中的古六藝，而是要從現代人生活所及的技藝活動中，尋找由藝入道的契機。

　　技藝與生活息息相關。孟子曰：「一人之身，而百工之所為備。」（《孟子‧滕文公上》）百工所備，是常民生活之所需。此見人類社會分工之相待相需，亦見百工技藝之千途萬殊。吾人自不可能，亦不必要將此千途萬殊的職業技藝活動盡皆納入「新六藝」之中。如子夏所說：「百工居肆以成其事，君子學以致其道。」（《論語‧子張》）百工職業，竭盡心力，志在成就事物。道德價值之善惡是非，原不必是其所關心的問題，因此也容易泥著於事物。但是如果要追求君子之道，則必須將價值是非善惡的問題逼顯到極致，在其自家生命中有所選擇而自明其德。這不是職業的問題，而是價值選擇的問題。

　　百工之事與君子之道，看似截然相對，其實道器兩端而一致，成道成器，仍在人的自擇，都有其必需面對的考驗。在現實生活當中，甚至會產生種種辯證相。意念往上提，則志通於道；意念往下走，則委於形器，涉著於物。[8]故其關鍵，在人的抉擇與實踐。事上有理，道顯為器，在華人文化傳統中是很平常的觀念。熊十力說：「夫本體之理，……其在人，而發現於日用云為

---

[7]　熊十力：《讀經示要》卷一，頁76。

[8]　此處對心、意、念等概念分解，參考林安梧：〈《存有三態論》諸向度的展開——關於後新儒學的「心性論、本體論、詮釋學、教養論與政治學」〉，《鵝湖月刊》第31卷第5期（總號356，2005年11月），頁9-19。

之際也，只是隨其所應，恰到好處。」[9]本體之理，藉由人的實踐表現在生活日用當中，通過人的價值抉擇與逼顯，日用云為亦是證見本體的契機。「新六藝」將百工技藝與君子之道關聯起來，其關心的重點不在職業上的成就，而是在人格教養的基礎上進一步彰顯出價值理念，仍是本於儒家「重藝甚於技，重能甚於巧」的藝教精神。

「新六藝」是儒家教育思想的當代論述，以及由此展開的實踐活動。它深受熊十力見體之學的啟發，然亦不自限於此，乃逐漸深入其「生活世界」的概念並關聯到後新儒學的論述以及實踐關懷。從文獻依據來說，是傳統「六藝之教」精神的進一步發揮。就實踐上，它要藉由現代社會中可及的「技藝活動」，來連結文化傳統與現代生活，進而提升人的價值自覺，因此要從從儒家教化理想與價值追求的角度來理解技藝、詮釋技藝、實踐技藝，為儒學的現代實踐開展新的可能。

「新六藝」是筆者長期以來教學與研究關心的主要課題。本書共有九章，另外收有二篇附錄，乃作者近幾年來累積的相關思考。以下依章次略述旨要，以示思想發展的軌跡。

第一章〈名言概念與真實的存在——從熊十力《新唯識論》「語體本」的改寫說起〉，此文最先發表於《文／白之爭——語文、教育、國族的百年戰場》（2019.9）。「新六藝」基本上是一種詮釋的活動，它以「由藝入道」作為終極的嚮往。然技藝之途千殊萬別，如何藉由話語的詮釋活動指引入道之機，熊十力的《新唯識論》語體文本，啟發了筆者對話語活動的反省以及對

9　熊十力：《讀經示要》卷一，頁31。

「本體」意義的理解。熊十力在近代哲學家中極具代表性，他能夠運用古典話語進而與時俱進，又能自鑄偉詞創構哲學體系。他強調的「見體」之學，在繁複的名相及複雜的哲學系統背後，指引出一條回歸根源之路，對於心靈意識的反省，亦極為深切。本章藉由熊十力《新唯識論》「文言本」改寫為「語體本」的過程中對於名詞概念的運用與反省，在語言軌跡的重疊、交織、暈散當中產生的意義的凝聚、擴散、伸展，而這些都將指向一目的，即如何更清楚地顯示「本體」的義涵。而這樣的改寫活動，其實揭示了一種「帶有實踐意義的言說活動」。

第二章〈熊十力的「見體」之學──《新唯識論》中「染、淨」對比下的生命關懷〉，此文宣讀於 2019 年由山東大學主辦的「第八屆中・日・韓三國國際學術研討會『地球文明的未來』」研討會。經修改後，列入本章。哲學的探究真理之路，與文化精神的賡續，在熊十力的學問其實是同一件事，它其實是源自儒家追求內聖外王的文化理想。熊十力認為佛家對人生之迷闇「識得最透」，故其透過對佛家的唯識學的重新理解來表達其「見體之學」，藉由深解生命迷闇，進而返證生命動能。「見體」是指對本體（真理）的體證。人生雖然常處迷闇之中，但是仍有一點靈明不昧，使其嚮往光明。亦因有此不昧，故人常感迷闇之痛楚與可悲。可見此靈明，亦是消解此痛楚與可悲之關鍵。然而生活內容中充滿極紛紜複雜的習氣作用，熊十力稱之為「人生後起的狂惑追求」，雖有「天性本然之善」，亦難免受其影響。習氣又有染、淨之分，或為染，或為淨，則源於心的作動不同。染習的勢用，順物沉墜。淨習則可以顯其本性，是見體之憑藉。吾人可以透過後天學習的養成淨習，營造讓自己不受染污的

生命情境。「新六藝」強調從「技藝活動」來養成「淨習」，得自熊十力的啟發。熊十力以佛家染、淨概念來說明儒家「學以明覺」的道德實踐工夫，以「淨法」說名為學工夫，以「能覺」指點人何以不惑於染污。藉由佛家對生命迷闇的深刻瞭解，返證儒家對性善之肯定，這是瞭解熊十力「見體」之學不可忽略之處。此種深解生命迷闇，進而返證生命動能的「見體」之學，對現代文明造成的物慾橫流的種種亂象，可以是一帖良藥。

　　第三章〈熊十力的「會通」之學——從「唯識」到「本心」〉，此文原先宣讀於 2019 年南華大學主辦的「古典智慧與當代議題——第二十屆比較哲學研討會議」。經修改後，列入本章。對於像熊十力這樣體系龐大的哲學家來說，「會通」是一個大題目。然而學問所涉既廣，則「會通」亦是必然面對的課題。學問能得會通，自有其真精神在，此精神實關乎個人生命的核心關懷。熊氏之學以「見體」為鵠的，其「會通」之深意，恐怕不得在尋章摘句乃至知識體系的構築來理解，而是必須關聯著他的「思修交盡」之學來理解。會者，會其實證，通者，通於本源。他的會通之學，是本於同證之體，體驗證會通而為一的真理。熊氏的「會通」之學，是要在根源處通透。必須藉由致力融通各家的學問，在種種障蔽中尋求微露的智光，以引發吾人之同證，進而趨向真理。此種學問的工夫，能使人顯露智光，超拔於俗染。它點出了生命容易受到障蔽而陷入迷謬的實況，也肯定了吾人之有性智，具有突破此障蔽的可能。「新六藝」強調兼習眾藝以及對習心障蔽有所警惕，實取益於熊十力的「會通」之學。

　　第四章〈生活世界與見體之學——胡塞爾與熊十力的對比理解〉，本文原宣讀於 2019 年南華大學主辦「當代中國哲學與西

方漢學——第二十一屆比較哲學研討會議」。經修改後，列入本章。生活世界（Life-world、Lebenswelt），是德國現象學家埃得蒙德·胡塞爾（Edmund Husserl, 1859-1938）晚年特別重視的概念，在 20 世紀更是廣受討論。胡塞爾反對將人的精神、主體性乃至文化特性抽離出來理解世界，能針砭現代科學理性獨斷的弊病，強調出人文理性的重要。林安梧提出熊十力「體用合一」的哲學模型中蘊含著對「生活世界」的重視，然此「生活世界」與胡塞爾「生活世界」（Lebenswelt）之意義其實頗有不同。本章以「生活世界」為關鍵，對比胡塞爾與熊十力對此概念理解之異同，進一步指出熊十力「生活世界」概念蘊含的實踐意義是：我們不是通過思辨的方式來彌縫理想價值與現實人生的落差，而是要以「活生生實存而有的人」這樣的道德意識為觸動點，經由實踐的辯證歷程來參贊宇宙的生生不息，在此世界中實現道的生發創造的種種可能。「生活」中同時具有現實層次與價值層次，這兩層次，其實是由人之作為一個「實存者」以其感知經驗（實踐活動）統一起來。我們也可以運用這樣的概念來理解「新六藝」，人們從事的技藝活動，它既是在我們當下週遭的日常生活，也能通貫到宇宙生生不息的造化之源，它同時包含著現實層次與價值層次的意義。

　　第五章〈從「生活世界」到「新六藝」的思考——技藝之道與復歸本體之路〉。「生活世界」為本書理解熊十力哲學的核心概念，因此本章除了延續上一章對「生活世界」意義的進一步釐清，也對前面各章的概念加以說明：包含熊十力對生命「染淨相資」的感慨、會通之學與對情見的省察、本體的即寂即仁的特質，之後再指出熊十力體用哲學中生活世界概念所帶來啟示：

（1）世界是真實的世界。（2）世界與我的關係是一體的。（3）生活世界充滿著染淨交織及超克染執的辯證相。（4）雖恆顯辯證相，然生活世界卻是生命的真實安立處。在此辯證相中，如何讓染習不現起，讓淨習不間斷，使本心能時時起作用，進而開啟生活世界，「慎其所習」使之「趣淨捨染」，當是關鍵。因此本書提出了儒家藝教在養成淨習上的重要性。進一步強調，許多被傳統儒家視為小道的技藝活動，通過恰當的詮釋，進行「創造性的轉化」，將可能成為邁入大道的契機。基於此而提出「新六藝」的思考，正是希望藉由在現代社會中仍持續發展的技藝活動，將它們關聯到傳統的六藝之教，從儒家教化理想與價值追求的角度來進行詮釋，藉此探尋技藝活動中能夠讓生命調適而上遂於道的契機，指出其如何成為「入道的途徑」。

　　第六章〈孔門六藝之教的當代實踐基礎〉。本章從文獻的途徑，探討六藝以及孔門是否行六藝之教的概念。「六藝」一詞出自《周官》。〈地官〉載大司徒「以鄉三物教萬民而賓興之」，其一曰「六藝，禮、樂、射、御、書、數。」又載保氏：「掌諫王惡，而養國子以道。乃教之六藝：一曰五禮，二曰六樂，三曰五射，四曰五馭，五曰六書，六曰九數。」然而無論其對象是用以「教萬民」或「養國子」，「六藝」一詞，先秦諸子竟無一語見。即使最重視教育的孔門亦然。《史記》稱孔門弟子：「蓋三千焉，身通六藝者七十有二人。」所謂的「身通六藝」，是否便是指《周官》六藝之教？從文獻上來看，孔門除了傳習經典之外，其實頗重視技藝教養，然而歷代闡述儒家學問，多就其傳經之業，鮮少述及「六藝」，乃至於元、明，學者猶不免慨嘆「六藝所存者名耳」。及至清代，雖有顏元提倡孔子「以六藝教」，

又難逃陷於「泥古」，其意欲對治宋明儒學，又不免失於偏頗。本文乃欲藉由文獻途徑，探討孔門如何看待技藝學習，並闡述其意義，以為今日實踐六藝，釐清可把握的根源性原則。

第七章〈六藝之教的通識性及其相關特質〉。原文曾宣讀於2017 年國立臺北大學主辦「孔子、儒學與儒家經典詮釋研討會」。經修改後列為此章。本章是從「通識教育」的角度來凸顯六藝之教的價值。「六藝」是能夠用來代表儒家教育精神的極重要的文化符號。所謂「藝」教，更有它獨特的義涵。根據《周禮》的記載，從具體生活情境中學習的藝儀，將為每一個不可測的生命提供追求確定性的可能，這是一條「由藝入道」、「下學而上達」的道路。理想的確立與回歸對任何文明的教育活動來說都是極為重要的。當今通識教育為了解救大學教育過度專業化的弊病，強調「人文教育」的重要，並試圖回歸古希臘「博雅教育」的精神，強調「智性的培養」以追求「自由的心靈」，認為知識與心靈結構有密不可分的關係。但是面對當今臺灣高等教育「理念的匱乏」與「學習意願的低落」的情況，除了智性的培養外，立基於華人文化「生命與價值的和合性」的「六藝之教」，更重視在「人倫」日用的生活情境中啟發「德性」、涵養「自覺」，其「通識性」適足以提供一種有別於「博雅教育」的思考。本章希望藉由反省現代通識教育所面對的問題，凸顯儒家「六藝之教」的特質，指出其中所具有的通識性，以為儒家在當代落實教育實踐的理論依據。

第八章〈從古六藝到新六藝──新時代的藝教精神〉。原文宣讀於國立雲林科技大學漢學應用研究所主辦「2018 年漢學研究國際學術研討會」，重新修改後列為此章。本章重點在探討

「藝教精神」。首先借用亞里士多德（Aristotle, 384-322 B.C.）「實踐智慧」（practical wisdom）概念，指出技藝的反覆練習可以推導到德性的養成。而「六藝」和一般技藝不同，它重視培育人的德性更甚於生產的功能。此外，六藝的活動主要表現在人倫情境中，它不只是個人的主觀美感體驗，而是落實在生活的人際互動中表現其人格精神。相較於亞氏所說的技藝，它可能更接近亞氏所說的實踐智慧。其次根據《周禮》文獻，闡述古六藝之教是藉由國家的力量來推動的學校教育，甚至一般民眾都有機會接受這樣的教養。基本上屬於一種「文教」而不是工匠技藝的訓練。其次從「道德仁藝」的一體關聯，說明「藝教」之所以成其為教，其道德與技藝實作之間的連結具有必然性。最後本章認為，「新六藝」不只是「古六藝」的延續，而是應該重新彰顯儒家「藝教」精神。它不必排斥百工技藝，但必須能把握住儒家藝教精神的特質。其特質可以從幾個面向來理解：（1）天人合德證體用不二。（2）時習道藝而身能養習。（3）優游藝中而心能兼通。（4）重視經驗而自創人能。並且指出新六藝可以關聯到現代教育中的：人格教育、童蒙教育、通識教育、文化教育、思想教育……等不同向度。

　　第九章〈後新儒學視野下的新六藝及其實踐開展〉。原文宣讀於 2018 年山東大學主辦「現代視域中的東亞文化國際學術研討會」。大幅修改後，列於本書正文最末章。本章說明為何要提出「新六藝」及其所以為新。主要從三個面向來理解：（1）在實踐內容上相對於古六藝的技藝活動。（2）在技藝活動中表現新時代的藝教精神。（3）在實踐概念上強調面對「生活世界」的實踐之學。最後歸結於後新儒學「生活世界」的概念，提出

「新六藝」具有以下特質：其一、「新六藝」，是以整個天地人交與參贊下的生活世界為基底，以生活週遭的活動為起點，以參與和證會那生生不息的總體的創造性根源為永恆嚮往。其二、「新六藝」之實踐，乃「即於生活世界的實踐之學」。必須回應對於「人性的詮釋與安頓」的問題，也就是必須針對人在現實世界當中的身心安頓提出相應的處理方式，不應耽溺於藝術的美感或心靈境界的滿足。其三、「新六藝」之「由藝入道」，「道」由身心之活動而現起，故其實踐的重點當落在如何展開「身心一如的實存活動」。在實踐過程中，讓「身」的活動帶起「心」的活動，「心」的活動又潤化「身」的活動。以達到「健身而正心」的功能。其四、「新六藝」之任何一藝，當能終身學習。於平常日用之間，養成淨習，以發揮健身正心的效用。此外，學習「新六藝」之藝能必須講求兼通，方不至於停留於習心執取之境，如此才能參與活潑潑的「生活世界」，體現儒家人文教養之整全。

關於兩篇附錄，皆代表筆者早期研究「新六藝」之嘗試。附錄一〈顏元「習行說」對道禾教育實踐思維的啟示──以《尚書》「三事」為核心之展開〉。曾經發表於陳伯璋主編：《教育的藍天：理念學校的追尋》會議論文集（2011）。其內容為筆者從事體制外教學之課程設計與實踐的理論反思。乃筆者思考「新六藝」之開端。是從實務角度與傳統思想接軌，發展當代教育實踐論述的嘗試。以其在筆者構思「新六藝」的過程中具有代表性，經修改後收錄於此。附錄二〈從「君子之射」思考習射的現代意義〉。發表於《當代儒學研究》第十四期（2013.6）。本文主要根據《禮記‧射義》印證儒學六藝中之射藝。是筆者從經典

中尋求現代技藝應用方法的嘗試。本文形式上偏重於對文獻的詮釋，其實結合了個人學習原始弓箭的心得。今錄於此，以為未來《新六藝實踐篇》之開端。

　　「新六藝」要匯集眾小道之力，借用其規範、儀式培養「淨習」，並正視吾人身心落在現實情境中的辯證性，啟動人活潑潑的覺性，進而開啟生活世界。它要以身心一如的技藝活動，養成儒家修己安人的精神。這將是一條永恆無止境的漫長道路，也是一個尚未獲得足夠開發的課題。本書希望拋磚引玉，呼籲更多人參與新六藝的詮釋與實踐。

　　是書之作，迭經曲折，終成卷帙，百感交集。謹以此書，敬奉　天地聖親師。

　　　　　　　　　　　孔子紀元 2571 年 8 月廖崇斐誌於臺中

第一章　名言概念與眞實的存在
──從熊十力《新唯識論》「語體本」的改寫說起

第一節　語言文字的工具性及其價值

　　語言文字，有其工具性。工具，強調其效用。語言之效用，在能傳達意義，促進溝通。語言文字也是學習的工具，自求多多益善。所學多寡，亦隨個人之性分機緣而已，不必強求。然此工具重在傳達意義，促成理解。其所以能發揮效用，必當落於社會群體中，形成共識，確立其操作的合理性。這就是所謂的約定俗成、因時制宜，因為它必須考量具體的時宜環境，以呈現最適切的表達形式。就此來說，語言工具的運用，必然有社會的意義。另外，語言文字，固然有其工具性的部分，也有其表現精神價值的部分，肩負著文化承載的功能，也就是所謂的「文以載道」。它展現了一個族群在長久的使用過程中，幾經汰除洗練而逐漸留下的某些共同記憶，成為了理解的基底。[1]而此共同的理解基

---

[1]　海德格爾提出的「前理解」概念，可以作為此處進一步的延伸思考。他認為「理解」是在世界的「因緣整體性」中來把握「在者」，而這種因緣關係整體，是以一種比語言邏輯系統更深層的，先於語詞並與語言樣

礎，又在具體的情境當中不斷豐富其自己，這樣的與時俱進，因文而明，正是一個族群豐沛生命力的展現。工具性、合理性、價值性，在具體的語境中，總是相互關聯為一體，如此而構成了人文活動的樣貌。

　　然而在華人儒釋道的文化傳統中，更有一種超越於話語言說之上的嚮往。例如莊子有「得意而忘言」之語（《莊子·外物》），佛家則有「文字般若」之說，《繫辭傳》載「書不盡言，言不盡意」，又曰「默而成之，不言而信，存乎德行」。消極方面是對語言即於經驗界中的侷限性有所反省，積極方面則是表現出對於價值意義的肯定。為何要反省語言之侷限？其侷限，又如何關連到價值意義的肯定？

　　當知，語言之所以有限，固然是在工具效能上之有限，然而也必須對它產生的作用進行限制。這是因為，語言產生之力量甚強大，伴隨勢力所及，卒能眾口鑠金、積非成是。是以語言工具，雖由心靈所掌控，亦將障蔽侷限人之心靈，造成對於心靈的反控，使人隨勢所趨而離其自己。因此，一方面必須在客觀層面尋求理性的約制，另一方面必須在價值層面有所貞定。所謂價值之貞定，乃因面對紛紜的現象中勢力的牽引而起惑障，因而必須自覺地追求恆常的價值以確立自我的存在意義。這也是為何昔賢要強調「載道」之言。由載道、忘言進而歸於無言，終於默契道妙。回歸到話語的源頭去，而非競逐於不知所云的話語流轉，逼

　　原始的「意蘊性」（Bedeut-samheit）來作為其明了性的存在論根據。此種因緣整體性乃是解釋的本質基礎。也就是說，解釋是奠基於一種先把握之中。請參考洪漢鼎：《詮釋學——它的歷史和當代發展》（北京：人民出版社，2001 年 9 月），頁 204-206。

問那久經世故的動機。

　　在當代哲人中，能夠運用古典話語進而與時俱進，又能自鑄偉詞創構體系的哲學家，熊十力應該是最具代表性的一位。他強調的「見體」之學，在繁複的名相以及複雜的哲學系統背後，指引出一條回歸根源之路，對於心靈意識的反省，亦極為深切。熊十力（1885-1968）是當代新儒學的開山始祖，被譽為「二十世紀中國最具原創力的哲學思想家」。[2]《新唯識論》則是其哲學體系的代表作。熊十力亦簡稱為《新論》。從一九二三年在北京大學講授唯識學的講義《唯識學概論》到一九五三年的《新唯識論》（壬辰刪定本），可說其一生學問皆致力於此。[3]其中，一九三二年的《新唯識論》文言本是其代表作，也是研究熊十力哲學最基本、最重要的文獻。一九四三年的《新唯識論》語體本，體系更加精密，標誌其哲學體系的最終完成。[4]從「文言本」到「語體本」，一方面關聯著現代化過程中從文言文轉換到白話文的時代背景；一方面是熊十力藉由改寫更加精審地論述他對「證體」的思解。關於《新論》之作，熊十力在〈與唐君毅書〉中提到：「此土著述，向無系統，以不尚辯論故也。緣此而後之讀者，求了解乃極難。亦緣此，而淺見者流，不承認此土之哲學或形而上學得成為一種學。《新論》劈空建立，卻以系統嚴謹之體

---

[2]　郭齊勇：《天地間一個讀書人——熊十力傳》（臺北：業強出版社，1994 年 11 月），頁 3。

[3]　熊十力自稱「七十年來所悟、所見、所信、所守在茲。」氏著：《新唯識論》（刪定本）〈贅語〉，蕭萐父主編：《熊十力全集》第六卷（武漢：湖北教育出版社，2001 年 8 月），頁 4。

[4]　請參考郭齊勇：《天地間一個讀書人——熊十力傳》，頁 59-61。

製，而曲顯其不可方物之至理。」[5]語體文本在思辨及論述上又更加精密。他在〈與黎邵西教授書〉中提到：「《新論》語體本，比文言本，精密得多。此書極重要。」又曰：「《新論》語體本，辨析嚴明。」[6]足見語體文本的改寫，將其《新唯識論》的「見體」之學，表達得更加嚴密。熊十力的重點在重建儒學的形而上學基礎，其改寫除了表現在哲學的表達上所運用的話語工具當與時俱進、隨緣施設的現實意義外，並能清楚地覺知哲學表達的過程中語言文字的限制。更進一步地說，熊十力藉由《新唯識論》所建立的體用哲學，並非以理論邏輯的建構為自足，而是要彰顯「存有之源」如何經由人的觸動而開顯其自己。[7]如此說的顯與隱、言與默、已說與未說，乃是經由連續性的開展歷程而相關連在一起的。

　　本文無意對《新唯識論》如何由「文言本」改寫為「語體本」的背景進行考索。本文關心的是，在熊十力改寫的過程中對於名詞概念的運用與反省，在語言軌跡的重疊、交織、暈散當中產生的意義的凝聚、擴散、伸展，而這些都將指向一目的，即如何更清楚地顯示「本體」的義涵。此種改寫的活動，實為一種帶有實踐意義的話語言說活動。以下將以《新唯識論》首章〈明宗

5　熊十力：〈答唐君毅書〉，蕭萐父主編：《熊十力全集》第八卷，頁127。

6　熊十力：〈與友論新唯識論〉，蕭萐父主編：《熊十力全集》第八卷，頁331、335。

7　林安梧認為，熊十力《新唯識論》所構成的體用哲學，並非是以一般的方式去架構形而上學，而是以一種強調「回到事物自身」、「回到存有之源」的「現象學式的形而上學」。參考氏著：《存有・意識與實踐》（臺北：東大圖書公司，1993年5月），頁55-57。

篇〉為核心來探討。

第二節　從「文言本」到「語體本」的改寫

在《新論》「語體本」〈序言〉中提到：「本書雖是語體文，然與昔人語錄不必類似。此為理論的文字，語錄只是零碎的記述故。又與今人白話文尤不相近。白話文多模倣西文文法，此則猶秉國文律度故。大抵此等文體不古不今，雖未敢云創格，要自別成一種作風。」[8]熊十力寫作中國哲學的語言——語體文，基本上就是這種不古不今的風格，它乃是介於文言文與白話文之間的文體。相對於昔人語錄，更重視理論結構；相對於時人白話，更保留古文的韻律感。在當時以「白話文」為時尚的情境中，確實是自成一格。1920 年北洋政府的教育部通令全國國民學校，將國文改為語體文，使得之後的白話文教育，正式進入了常規的體制當中。[9]然而這裡所謂的「語體文」是與「文言文」相對且拉鋸的概念，與熊十力所說的有別於「白話文」的「語體文」，仍是不同的概念。[10]

---

[8]　熊十力：《新唯識論》（語體文本），蕭萐父主編：《熊十力全集》第三卷，頁6。《新唯識論》以下簡稱《新論》。

[9]　江明：〈民國時期課程綱要介紹（二）影響中國 20 世紀的語文課程綱要〉，《語文教學通訊》（山西：山西師範大學）2005 年 08 期，頁65。

[10]　吳曉峰：〈國語文教科書中的文言白話之爭〉，統計20 世紀 20 年代的《新學制國語文教科書》中的文言文、語體文的比例，可以看出其對比。收入《學術論壇》（廣西：廣西社會科學院）2005 年第 10 期，頁200-203。

　　「語體本」的改寫，在「文言本」已有端倪可循。在「文言本」中為了讓文義更容意理解，熊十力採用了「自註」、「附識」的形式，自稱：「書中用自註，以濟行文之困。或有辭義過繁、不便分繫句讀下者，則別出為附識，亦註之例也。每下一註，皆苦心所寄，然時或矜慎太過，失之繁瑣。又間用語體文，期於意義明白。」[11] 這種隨文註解的方式常見於古籍當中，只是熊十力又加上了語體文來輔助理解。在「文言本」的〈明宗〉篇開宗明義道：

> 今造此論，為欲悟諸究玄學者，令知實體非是離自心外在境界，及非知識所行境界，唯是反求實證相應故。（實證即是自己認識自己，絕無一毫蒙蔽。）是實證相應者，名之為智，不同世間依慧立故。[12]

　　此段在說其作《新論》，旨在為探究真理者，說明「實體」的特質並指出「反求實證」的修養工夫。其中括弧中本為小字，為熊十力「自註」，用來解釋「實證」的意義。這樣的形式在「文言本」中大量出現，文言本〈明宗篇〉包含標點共計 2088字，其中附加自註的部分超過篇幅一半以上。所用語詞雖較文言簡易，仍保有文言的語感。在「語體本」中，這種自註的形式仍然十分常見，即便語體本的字數增加了將近三倍之多（約 6036

11　熊十力：《新唯識論》（文言文本），蕭萐父主編：《熊十力全集》第二卷，頁7。

12　熊十力：《新唯識論》（文言文本），蕭萐父主編：《熊十力全集》第二卷，頁10。按：括弧中為熊十力自註，符號為筆者所加。

字），自註的形式仍然佔了相當的比例。「語體本」的〈緒言〉
中提到：「書中用自注。或有辭義過繁，不便繫句讀下者，則別
出為附識，亦注之類也。每下一注，皆苦心所寄。（今本上卷有
譯者按及繙者按等文，為上卷以下所無者，蓋錢、韓兩君所附加
者。此亦與附識同例，無須改削。）」[13]無論「文言本」或「語
體本」，熊十力皆強調「自註」為「苦心所寄」，顯示它在義理
的理解上扮演著關鍵角色。自註的形式與語體文的搭配，不僅在
「文言本」中屢見，更在「語體本」的改寫中靈活運用，使得文
言中的意義獲得了釋放，概念也進一步得到強化。

　　例如在上段引文中，對於「實體」的概念，僅以「非是離自
心外在境界」及「非知識所行境界」兩句提示，之後就順著「實
證」的概念繼續往下論證。但是在「語體本」中，又增加了兩段
「譯者按」來解釋，也就是熊十力的學生錢學熙所附加的部分。
[14]以下對比「語體本」，同樣的一段內容，可以看出增加了相當
多篇幅：

　　　　今造此論，為欲悟諸究玄學者，令知一切物的本體，非是
　　　　離自心外在境界、及非知識所行境界，唯是反求實證相應
　　　　故。

---

[13]　熊十力：《新唯識論》（語體文本），蕭萐父主編：《熊十力全集》第
　　　三卷，頁8。

[14]　郭齊勇：「一九三八至一九三九年間，先生指導錢學熙、韓裕文譯文言
　　　本《新唯識論》為語體文，經黃艮雍校核，完成上卷。其中主要是熊先
　　　生口授或由熊先生改寫的。爾後各卷，皆先生親筆改寫。」蕭萐父主
　　　編：《熊十力全集》第三卷〈編者後記〉，頁1110。

譯者按：本體非是離我的心而外在者。因為大全（大全，即謂本體。此中大字，不與小對。）不礙顯現為一切分，而每一分，又各各都是大全的。……各人的宇宙，都是大全的整體的直接顯現。不可說大全是超脫於各人的宇宙之上而獨在的。譬如大海水（喻本體）顯現為眾漚。（喻眾人或各種物。）即每一漚，都是大海水的全體的直接顯現。……

又按：本體非是理智所行的境界者，熊先生本欲於〈量論〉廣明此義。但〈量論〉既未能作，恐讀者不察其旨。茲本熊先生之意而略明之。學問當分二途：曰科學，曰哲學。（即玄學。）……科學所憑藉的工具即理智，拿在哲學的範圍內，便得不着本體。這是本論堅決的主張。[15]

　　首段文字與「文言本」看似差異不大，其實在關鍵概念上將「實體」一詞改為「一切物的本體」。突顯「實體」在哲學上的「本體」的概念。此外，兩段「譯者按」分別針對「文言本」中「非是離自心外在境界」與「非知識所行境界」的意義詳加解釋，這是「文言本」中所沒有的。前者運用「大海水」與「眾漚」的比喻，說明「本體」如何為「一切物」的本體；後者藉由「科學」、「哲學」兩種學問類型的分途，指出「理智」為「科學」所憑藉的工具，此種工具不適用於「哲學」所欲窮究的「本體」。並且將「知識所行」改為「理智所行」，更強調人是認識

15　熊十力：《新唯識論》（語體文本），蕭萐父主編：《熊十力全集》第三卷，頁 13-14。

的主體。從這段引文可以看出「語體本」的改寫方式，並非僅針
對原來文句的修飾，而是透過類似經典中依文註解的方式，將文
言中的意義不斷地釋放與伸展，期能充分表達其思想概念。除了
「按語」、隨文「自註」的形式，在「語體本」的正文行文當中
也可以看到，哲學表達中最重要的「概念式語言」，如何在改寫
過程中得到進一步的對比、釐清。例如「文言本」中為了解釋
「實證」概念，運用「智」、「慧」的概念來區隔比較，在「語
體本」中則改為性智與量智的對比，使得義理更加鬯顯。「文言
本」寫道：

> 是實證相應者，名之為智，不同世間依慧立故。云何分別
> 智、慧？智義云者，自性覺故，本無倚故。（吾人反觀，
> 炯然一念明覺，正是自性呈露，故曰自性覺。實則覺即自
> 性，特累而成詞耳。又自性一詞，乃實體之異語。賅宇宙
> 萬有而言其本原，曰實體。剋就吾人當躬而言其本原，曰
> 自性。從言雖異，所目非二故。無倚者，此覺不倚感官經
> 驗，亦復不倚推論故。）慧義云者，分別事物故，經驗起
> 故。（此言慧者，相當於俗云理智或知識。）此二當辨，
> 詳在〈量論〉。[16]

「本體」不離一切物之外，又非「理智」所能推論，而是必
須通過「實證」來探尋。這個「實證」之「智」，不是科學理智

---

[16]　熊十力：《新唯識論》（文言文本），蕭萐父主編：《熊十力全集》第
　　二卷，頁10。

的推論，而是自性的明覺，與感官經驗與理智推論不同。後者，熊十力名之為「慧」。「文言本」以「智」、「慧」對比，區別實證之智與世間之慧的不同。「智義云者，自性覺故，本無倚故。」、「慧義云者，分別事物故，經驗起故」兩句皆為以下解上，藉由古文中常見的對偶句法，在現代標點的輔助下，呈現非常清楚簡潔的對比。而此處重在解釋「智」的意義，因此在「自註」中，特別又針對「自性覺」、「無倚」的意義加以說明，層次相當清楚。

「語體本」中，將這一段改寫為：

是實證相應者，名為性智。（性智，亦省稱智。）這個智是與量智不同的。云何分別性智和量智？性智者，即是真的自己底覺悟。此中真的自己一詞，即謂本體。在宇宙論中，賅萬有而言其本原，則云本體。即此本體，以其為吾人所以生之理而言，則亦名真的自己。即此真己，在〈量論〉中說名覺悟，即所謂性智。此中覺悟義深，本無惑亂故云覺，本非倒妄故云悟。申言之，這個覺悟就是真的自己。離了這個覺悟，更無所謂真的自己。此具足圓滿的明淨的覺悟的真的自己，本來是獨立無匹的。以故，這種覺悟雖不離感官經驗，要是不滯於感官經驗而恆自在離繫的。他元是自明自覺，虛靈無礙，圓滿無缺，雖寂寞無形，而秩然眾理已畢具，能為一切知識底根源的。量智，是思量和推度，或明辨事物之理則，及於所行所歷，簡擇得失等等的作用故，故說名量智，亦名理智。此智，元是性智的發用，而卒別於性智者……此二之辨，當詳諸〈量

論〉。今在此論，唯欲略顯體故。（本體亦省言體。后凡
言體者倣此。）[17]

　　文言文的表達方式，固然有其清楚與簡潔的優點，但是往往
也容易受限於形式。語體文的表達顯然更加靈活，在行文當中，
概念與概念之間得以更容易連結起來，而無須借重「自註」的形
式來補充說明。這段文字中最重要的概念，也由「智」、「慧」
這對常見的單音詞改成「性智」、「量智」這對具有特殊意義的
複詞，不但能較合理地表達兩種智的區別與關連，而且也更適合
用來表達哲學概念。這段文字的重點仍在說明「實證」之「智」
為何。原先的理論結構並沒有太大的差異，但是在論理的表達上
顯然更加地充分。茲由「性智」來說，「文言本」中以「自性
覺」說明「自性」與「實體」之關連，進一步對比出「智」、
「慧」二者之殊異。「語體本」直接名之為「性智」，更凸顯此
「智」乃根於「本體」，為吾性所固有。又強調「覺悟」的深層
意義，進一步指出其「不離感官」又「不滯於感官」，具有本體
「寂寞無形」而「眾理畢具」的特性，因此能為「一切知識底根
源」。這裡不但將「文言本」以「無倚」來註解「智」的意義發
揮的更加清楚，也為之後解釋「性智」與「量智」的關係留下伏
筆。關於「量智」，在「文言本」中的解釋不多，但是在「語體
本」中確有極長的篇幅論述「量智」的特質。其中提到「量智」
「元是性智的發用，而卒別於性智」，將「量智」視為「性智」

[17]　熊十力：《新唯識論》（語體文本），蕭萐父主編：《熊十力全集》第
　　　三卷，頁15-17。

之發用，但是此發用卻伴隨著「習」與「官能」之執著性，卒造成「性智」之背反，也就是「惑亂」、「倒妄」的狀態。這些都是根源「文言本」中所論述的「慧」的「向外求理」的特性的進一步發揮。[18]藉由以上對比，可以看出「語體文」的運用，在義理的發揮上提供了更多的延展。對於概念的表述也更加明確，其產生的結構相對地更加緊密而複雜。但是就概念的對比清晰與行文的簡潔來說，文言本仍有其不可磨滅之處，更遑論文言形式的對稱與音韻的流動之美感。就哲學系統之精密與用詞之精覈來說，語體文之改寫使得《新唯識論》的義理更加完善，[19]然而其「活生生實存而有的體用哲學」，實為文言本所奠定。[20]也難怪郭齊勇、王守常等熊十力研究專家強調：「研究熊十力哲學，最基本和重要的文獻仍是《新論》文言本。這是爾後任何一種熊著都無法替代。」[21]

18　熊十力在《新唯識論》文言本〈明宗〉篇，自註云：「所謂慧者，本是向外看物而發展的。因為吾人在日常生活的宇宙裏，把官能所感攝的都看做自心以外的實在境物，從而辨別他，處理他。慧就是如此發展來。所以慧只是一種向外求理的工具。」蕭萐父主編：《熊十力全集》第二卷，頁 12。按：此段例子也可以看出，在「文言本」中的「自註」已採用語體文之一例。

19　熊十力自稱其改寫，乃「義有據依，（非由意想妄搆故。）詞必精覈，（詞必足以完全表達其所詮之義，無有漏略，且正確而不容誤解，乃云精覈。）要歸無苟，則非文章之士所與知也。」氏著：〈初印上中卷序言〉，蕭萐父主編：《熊十力全集》第三卷，頁7。

20　林安梧先生：《存有‧意識與實踐》，頁17。

21　蕭萐父主編：《熊十力全集》第二卷〈編者後記〉，頁 754。

第三節　對話語工具的反省及回歸根源之路

　　熊十力的學問以證見「本體」為終極的追求。《新唯識論》
的改寫，在繁雜的名言概念的結構當中，指引一條回歸根源之
路。然而對於無法以名言概念來直接表達的物事，以及對於表達
所能及的對象，在《新唯識論》中也有清楚的辨析，足以提供我
們反省名言概念在表達上的限制。在「語體本」中，熊十力屢次
批評語言文字作為哲學表達工具的不足：

> 大凡談理至玄微之境，便覺語言文字都是死的工具，不堪
> 適用。[22]

> 我們要知道，哲學上的用語，是非常困難的。語言文字，
> 本是表示日常經驗的事理。是一種死笨的工具。我們拿這
> 種工具，欲以表達日常經驗所不能及到的、很玄微的、很
> 奇妙的造化之理。⋯⋯其間不少困難是可想而知的。[23]

　　此種不足，一方面是語言文字的特性；一方面是哲學在表達
上的需求。語言文字能表述經驗所及的事物，對於非認知對象的
存有之源，語言文字不得不顯出它的限制。如熊氏所說：

---

[22]　熊十力：《新唯識論》（語體文本），蕭萐父主編：《熊十力全集》第
　　　三卷，頁 250。
[23]　熊十力：《新唯識論》（語體文本），蕭萐父主編：《熊十力全集》第
　　　三卷，頁 117-118。

> 一切名言的緣起，是吾人在實際生活方面，要應用一一的
> 實物。因此，對於一切物，不能不有名言，以資詮召。
> （召者，呼召，如火之一名，即對於火之一物，而呼召之
> 也。詮者，詮釋，於火之一物，而立火名，即已詮釋火是
> 具有能燃性的東西，不同水和金等有濕潤和堅剛等性也。
> 故名必有所詮。）此名言所由興。我們試檢查文字的本
> 義，都是表示實物的。雖云文字孳乳日多，漸漸的抽象
> 化，但總是表示意中一種境相，還是有封畛的東西，離不
> 了粗暴的色采。我們用表物的名言來表超物的理。（此中
> 超物的理，即謂至一的理。此理，本不是超越於一切物之
> 外而獨存的，而今云超物者，因一切物都是此理的顯現，
> 而此理畢竟不滯於任何物。我們不能把他當做一件事來
> 看，故義說為超物。）這是多麼困難的事。你想把這理當
> 做一件物事來看，想逕直的表示他是什麼，那就真成戲論
> 了。所以，玄學上的修辭，最好用遮詮的方式。[24]

名言概念之所以產生是為了表物。所謂物，熊十力認為：「從真
理的觀點來說，所謂一切物，都是依着真實即本體顯現之迹象，
而假說名物。」[25]因此所謂物，只是本體顯現的迹象而已，非真
正有一定執的實在的物事。然而在世俗生活方面，需有名言，以
便於分別其性質，認知其存在。如林安梧先生所說：「經由名言

24　熊十力：《新唯識論》（語體文本），蕭萐父主編：《熊十力全集》第
　　三卷，頁 78。

25　熊十力：《新唯識論》（語體文本），蕭萐父主編：《熊十力全集》第
　　三卷，頁 107。

概念的決定，而使得那原先未對象化之前的存在成了一執著性的
對象化的存在，名言概念有一決定的定象作用。」[26]本體所顯之
迹象，本是無執著性、未對象化的，但是經由人的「取境的識」
所展開的「名言概念的活動」，將原先「無執著性、未對象化前
的存有」開啟為「執著性、對象化的存有」。故而之所以有名言
概念的活動，之所以有表達的活動，乃是源於此「取境的識」。
境是指對象，識是指主體。然此「取境的識」就熊十力的哲學來
說，並非「本來的心」，而只是「妄執的心」。[27]這個妄執之
心，是在日常生活中接觸與處理事務的經驗發展出來的。是對境
而起的。認識所及的對象，其實是經由此「取境的識」所置定的
「概念的對象」，並非存有的本然樣態。它是一暫定的，非實在
性的，是不離於此「取境的識」的對象化的存在。而這個「取境
的識」，它其實是無自體的。因之而施設的對象，只是經由此
「取境的識」所裁剪、製造以符合自己期待的「現似境之相」
[28]，而人的名言概念、表達活動，乃即於此「現似境之相」而採

---

26 林安梧：《存有・意識與實踐》，頁 100。

27 熊十力：「妄執的心，雖亦依本來的心而始有，但他妄執的心是由官能
假本心之力用，而自成為形氣之靈，於是向外馳求而不已。故此心（妄
執的心）是從日常生活裏面，接觸與處理事物的經驗累積而發展，所以
說他是虛妄不實的，是對境起執的。他與本來的心，畢竟不相似的。」
熊十力：《新唯識論》（語體文本），蕭萐父主編：《熊十力全集》第
三卷，頁 25。

28 熊十力：「心的取境（此中心字、通五識和意識而總名之。）不能親得
境的本相，而是把境製造或剪裁過一番，來適應自己底期待的。（此中
自己一詞，設為心之自謂。）總之，心現似境之相而作外想，根本是要
合於實用的緣故。」熊十力：《新唯識論》（語體文本），蕭萐父主
編：《熊十力全集》第三卷，頁 33。

取的記號，以此為「封畛」，使得此對象化之存在得以暫時被確定。因此，停留在名言概念、表達的活動，乃至順此而追溯至話語、表達的源頭，並不足以觸及真實的「存在」。[29]

　　就熊先生的哲學來說，真實的「存在」，不能通過客觀的知識去認知，也無法經由語言文字去論定或概念的思考去把握它，而是必須通過人的「實證」活動才能相應。但是人也通過了概念言說、話語表達的活動去進到這個世界中，因此說「不能不有名言」。只是名言表達的活動，往往伴隨著執著性而導致「存有的封閉」，失去了存有的開放性與無限的可能。熊十力的「見體」之學，提醒我們必須反省名言表達活動的限制，了解所謂「執著性、對象化的存在」，只是對境而起的，而「取境的識」亦是無自體的。然而熊十力也強調，言說固然無法直揭此真實的「存在」，卻也可以透過「遮詮的方式」來「即用顯體」：

> 我以為所謂體固然是不可直揭的，但不妨即用顯體。（用
> 者，具云功用。）因為體是要顯現為無量無邊的功用
> 的。……用是有相狀詐現的，（相狀不實，故云詐現。）
> 是千差萬別的。所以體不可說，（言說所表示是有封畛
> 的，體無封畛，故非言說所可及。）而用卻可說。（上來
> 已云，用是有相狀的，是千差萬別的，故可說。）用，就
> 是體的顯現。……體，就是用的體。……無體即無用，離
> 用元無體。所以，從用上解析明白，即可以顯示用的本

29　林安梧先生稱之為「概念機能」，它是後起的，是作為知識存在的「中介」，不足以作為「存在的根源」。氏著：《存有・意識與實踐》，頁83-84。

體。[30]

藉由「體用不二」的哲學來說，用是本體的顯現，體是用的本體。無執著性的絕對真實的本體，藉由千差萬別的迹象詐現顯示其作用的無量無邊。本體雖不可說，而用卻可說。從可說之用的千差萬別，可以顯示那不可說的本體的豐富無限。可說之用，畢竟不是實在的東西，它是無自體的，它是依本體而為體，因此必須透過「遮詮」的方式，破解人心對於用的執著性，而證會絕對真實的本體。換而言之，吾人實得以跨越此對象性的表達活動，邁向一超乎表達的境域，而證會真實的存在。如此的名言概念、表達的活動，方為真正帶有實踐意義的言說活動。[31]

第四節　結語：帶有實踐意義的言說活動

名言概念因表物而興，故是因現實而起。話語言說的活動，也是人類存在活動的展現。然而其中蘊含複雜的意義，工具性、合理性、價值性，在具體的語境中，總是相互關聯為一體而構成了人文活動的樣貌。就工具來說，關心的是效驗。然話語工具之所以有效，必需能具有客觀性為基礎，如此方能約定俗成。然而

30　熊十力：《新唯識論》（語體文本），蕭萐父主編：《熊十力全集》第
　　三卷，頁 79。

31　熊十力所要證會的「存有之根源」，乃是作為一實踐的理念而非認知的
　　對象。因此其所用之語言表達，可以說是一種「啟發性的話語」，其言
　　說活動，可說是「啟導存有的活動」，或者可說是「帶有實踐意義的言
　　說活動」。請參考林安梧：《存有・意識與實踐》，頁 125-140。

所謂合理性，亦不止是現實上的物勢權宜取其平衡，而必須有對於恆常悠久之價值嚮往，也就是要能通極於道。故而所謂合理，實有物理與道理這兩層。人文之所以能「因文而明」，就在於能在人文活動中彰顯其道理。

　　熊十力之學以「見體」為究極關懷。他所使用的「語體文」，在現代化的思潮當中，展現出藉由古典話語與現代話語的交融來表達哲學話語的可行性。所謂見體，乃即於生生不息、變化密移當中識得恆常的真實存有。他不僅在繁複的名相以及複雜的哲學系統背後，指引出一條回歸根源之路，對於名言概念與此真實存有之關聯，更提出深刻的反省。針對名言概念的源起，他強調名言概念密切地關聯著人的實際生活，而這也同時影響著人的心靈意識。面對乍變萬殊的現象，身處物勢角逐之際，人藉由意識的推求與想像，將複雜的現實需求與價值理想連結在一起，剪裁出符合自我存在經驗的覺知對象，這就是熊十力所說的「取境的識」。換而言之，認識所及的對象，其實是經由此「取境的識」所置定的「概念的對象」，並非存有的本然樣態。它是一暫定的，非實在性的，是不離於此「取境的識」的對象化的存在。所有的名言概念及表達活動，都是即於此「現似境之相」而採取的記號，因而不足以觸及真實的「存在」。更何況，當它與人的權力、意欲、習氣交織在一塊，將帶有強烈的「染執性」，這樣的「識」能否真正如實地了別事物，恐怕是大有問題。甚至可能導致人的心喪失作主的能力，使其生命為外物所役使。熊十力將即於現象的名言與不滯於任何物的「超物的理」劃定了界線，也必須瞭解此對象化認知的限制，才能進一步觸及開放性與無限的真實存有。

　　根據熊十力「體用不二」的哲學，真實存有是即於生活世界
當中，並非高懸於無何有之虛境，一切物可說都是本體的顯現。
然而「真實的存有」，乃是一實踐的理念而不是作為認知的對
象。它是越過了經驗性、對象化活動的豐富可能。這樣的可能，
並非透過言說的活動所能觸及，卻可以透過「遮詮的方式」來
「即用顯體」。此種「遮詮」的表達方式不是一般對象性的表達
活動，而是一種「實踐意義的言說活動」。對象性的言說，即於
人所經驗的物事，而經驗的物事變動不居，人們僅能據其經驗推
求、想像其片段，而不能得其整全。欲根據此種推求、想像來構
造「本體」，這就落入了熊十力所批評的「戲論」了。更何況是
玩弄話語、操持權柄，耽溺於權衡物勢之際，以欲境為可樂。
「遮詮」所以撥去一切取境的執著，啟發人的「性智」，於是豁
然澈悟本體「非離我的心而外在者」。故而所謂「遮詮」的方
式，實為一種啟發性的語言。而此言說之活動，亦為「啟導存有
的活動」，或者說是「帶有實踐意義的言說活動」。從人的存在
經驗來說，言有當於所指，因此必須重視現實生活經驗中的話
語，這就是所謂的「名以定形，言以成物」，但是也不能因此而
封限了「真實的存在」的開顯之路，而是要能確保其開放與通
暢。以此來理解傳統所謂的「文以載道」，或許我們也可以說
「道顯為文」，它表達的是一種存有的開顯，而此種開顯，必須
建立在「文以載道」的自覺承當上。我們可以進一步說：道與文
言之所以產生連結，關鍵在於個體能否啟動自我存在意義的醒
覺。至於能否啟動此「自我存在意義的醒覺」，顯然不只是語文
的問題，而是關聯著整體的語境，關聯著價值的確定。具體的語
境，構造出人文世界。而人之所以能因文而明，而非往而不返，

正是由於它總是指向著根源的價值。即使，它必須跨過種種人類以有限之身落在現實世界中的種種障礙，及其呈現的諸多迷闇相。熊十力名之為「染」。[32]此待下章論之。

32　熊十力：「有生之倫，由順形而起染習。染習即形之流顯，所謂障礙，即此為之。」氏著：《新唯識論》（語體文本），蕭箑父主編：《熊十力全集》第三卷，頁 417。

第二章　熊十力的「見體」之學 ──《新唯識論》中「染、淨」 對比下的生命關懷

第一節　《新論》之造，起於對生命迷闇之哀思

　　《新唯識論》是熊十力哲學體系的代表作，也是當代新儒家回應現代西方文化衝擊，從形上學的高度融通儒、佛，構造新的文化理論系統的奠基之作。《新論》的構作，有極深刻的文化意識蘊含其中。熊先生提到：

　　《新論》……一書，不得已而作……。中國自秦政夷六國而為郡縣，定帝制之局，思想界自是始凝滯。……典午胡禍至慘，印度佛教乘機侵入。中國人失其固有也久矣。兩宋諸大師奮起，始提出堯、舜至孔、孟之道統，令人自求心性之地。於是始知有數千年道統之傳，而不惑於出世之教。又皆知中夏之貴於夷、狄，人道之遠於禽獸。此兩宋諸大師之功也。然其道嫌不廣，敬慎於人倫日用之際甚是，而過於拘束便非。其流則模擬前賢行迹，循途守轍，甚少開拓氣象。逮有明陽明先生興，始揭出良知。令人掘

> 發其內在無盡寶藏，一直擴充去。自本自根，自信自肯，
> 自發自闢，大遷脫，大自由，可謂理性大解放時期。……
> 程、朱未竟之功，至陽明而始著。此陽明之偉大也。然陽
> 明說《大學》格物，力反朱子。其工夫畢竟偏重向裏，而
> 外擴終嫌不足。晚明王、顧、顏、黃諸子興，始有補救之
> 績。值國亡而遽斬其緒。今當衰危之運。歐化侵陵，吾固
> 有精神蕩然泯絕。人習於自卑、自暴、自棄，一切向外剝
> 竊，而無以自樹。《新論》固不得不出。[1]

　　此述《新論》之作，提到在不同的歷史運會中的幾次危機，
包含：秦政帝制、兩晉胡禍、晚明亡國以及近代的歐化侵陵，皆
導致固有文化思想發展的頓挫。在世運衰危之際，知識分子繼起
講明學問，承擔延續文化道統的使命。兩宋諸大儒講明心性之
學，王陽明揭良知之教，晚明諸子的經世實學，皆能傳承固有文
化之精神。熊十力接著講自己造《新論》，目的是要挽救「衰危
之運」中人心的「自卑、自暴、自棄」，顯然有意要接續宋明儒
學的道統傳承，此種傳道的自覺，表現出強烈的文化意識。其所
謂「習於自卑、自暴、自棄」，是由於國運的衰頹導致文化自信
的低落，但是更重要的，卻是凸顯出人心的迷闇。如何出離迷
闇，恢復明覺之本性，這是熊十力哲學關懷的重點。

　　哲學的探究真理之路，與文化精神的賡續，在熊十力的學問
其實是同一件事，它其實是源自儒家追求內聖外王的文化理想。

---

[1]　熊十力：〈略談新論旨要〉（答牟宗三），蕭萐父主編：《熊十力全
　　集》第八卷（武漢：湖北教育出版社，2001 年 8 月），頁 356-357。

熊十力贊揚孔子《春秋經》「正人心之隱慝，……順群化以推移，……其義據則一本於元。」[2]《春秋》以明是非、別善惡來確立人的價值意識，進而引導制度與文化的推移，以邁向太平之世的理想，這正是儒家外王理想的實踐。其依據則為天地人我一體之本元，在人而言，即為本心。至此可說是內聖之極詣。教人破除迷闇，進而自證本心，這就是熊十力的見體之學，是其學問的最高追求。熊十力將此寄託在《新論》一書：「老當國難，精力日衰矣，平生心事，寄之此書。」[3]

然而，這樣的「見體之學」為何卻要透過佛家的唯識學來呈現？佛家畢竟是出世的人生觀，與儒者內聖外王的淑世理想，豈不相矛盾？熊十力提到：「吾先研佛家唯識論，曾有撰述，漸不滿舊學，遂毀夙作，而欲自抒所見，乃為《新論》。」[4]從外緣關係來說，他有曾經在「支那內學院」學習以及在北京大學講授唯識學的學問淵源[5]；但是從思想特質來說，熊十力選擇從佛家入路，確實有其用心。他認為佛家思想有三大「超越古今處」：

---

[2]　熊十力：《新唯識論》（語體文本），蕭萐父主編：《熊十力全集》第三卷，頁 181。

[3]　熊十力：《新唯識論》（語體文本）〈新唯識論全部印行記〉，蕭萐父主編：《熊十力全集》第三卷，頁 3。

[4]　熊十力：《新唯識論》（語體文本）〈初印上中卷序言〉，蕭萐父主編：《熊十力全集》第三卷，頁 3。

[5]　熊十力於三十六歲（1920）時，因梁漱溟推介赴南京內學院從遊於歐陽竟無大師，至三十八歲（1922）受聘於北京大學講授「唯識學」，於次年開始構思新唯識論。詳見蔡仁厚：《熊十力先生學行年表》（臺北：明文書局，1991 年 6 月），頁 17-20。

一、於人生惑染方面深觀洞照，詳悉說與人看，好令自
反。孔子不訾毀人生，不肯從這方面說，佛家偏要揭穿，
雖不無短，……卻亦是萬不可少的說話。吾以為人生惑染
方面識得最透者，自有天地以來恐無過佛家者。……二、
佛家書形容一真法界空寂、清淨、真實，遠離一切倒妄或
戲論，無上莊嚴，真令人有顏子欲從末由之感。吾於此，
直是窮於讚嘆，人生不識此味，極可惜。孔子於此方面只
是引而不發，大概恐人作光景玩弄，欲人深造自得之，孔
子甚切實，但有佛家說一番卻好。三、佛家書破除知見或
情識處，直是古今中外無量哲人罕有如斯深遠。[6]

人身處在現實社會之中，恒有欲力糾葛而使人相互傾軋，淪溺其
間，遂逐漸養成壞的習氣而陷入可悲之境，重重網羅，身不由
己。或縱情自適，或與世浮沉，其所謂之自己，恆由外在事物所
決定，人之生命始終纏錮於物質中，此謂之迷闇。「迷闇」是指
對真理迷失的狀態。儒家講覺、講復性、講求其放心，都是要人
讓由本心作主，不教欲力遮蔽了而迷失了人的真實生命。然而儒
家對人生社會畢竟抱持積極態度，所謂「吾非斯人之徒與而誰
與？」（《論語・微子》），與佛家「從無住本立一切法」
（《維摩詰經・觀眾生品》）顯然人生態度極為不同。佛家以眾
生淪溺生死海，以為「人生純為一大苦聚」[7]，因此要出離生死

6　熊十力：《新唯識論》（語體文本）〈答問難〉，蕭萐父主編：《熊十
　　力全集》第三卷，頁525。

7　熊十力：《新唯識論》（語體文本），蕭萐父主編：《熊十力全集》第
　　三卷，頁168。

海，斷盡諸惑，證得涅槃寂靜。無論對真理的理解如何不同，熊十力認為佛家對人生之迷闇「識得最透」。佛家認為人之所以迷闇，在於「惑染」。所謂「惑染」，乃因惑而染，佛家以「貪、嗔、癡」為「三本惑」[8]，意指一切染著皆由此而引起。所謂染著，熊十力曾以染絲作喻：「吾人拘於形，故自成為一物，以此物與他物交，則有染着，如顏料之於絲然，欲免於染不得也。」[9]人若忘了自己的靈明而自甘物化，難免不沾染，如絲本透明而染上了顏色，再難還其純潔。正如孟子所謂「物交物，則引之而已矣。」（《孟子‧告子上》）既已引之，則往而不返，雖欲求其放心而不得。如此說來，則人類生存在世間，則難免於染污，勢必永沈苦海，則人生豈非一大苦聚？佛家於此，則示人染污之源在於「惑」，故稱「因惑而染」，若能不惑則得離染，因此教人「破除知見、情識」，如此則能明心見性。熊氏藉由對人生迷闇理解極深刻之佛家唯識學來入路，此中不無透露出其對於人類生命迷闇，不見自性之哀思。故其慨嘆曰：「人生畢竟在迷妄中過活，始終不見自性，始終向外狂馳。由此等人生態度而發展其知識技能，外馳不反，欲人類毋自相殘殺而何可得耶？自吾有知，恒念及此而不容已於悲也。《新論》之作，為此也。」[10]由

8　熊十力：「貪、嗔、癡三法，號三不善根。一切染法，依把為根本而得起故，又名三毒。」熊十力：《佛家名相通釋》（臺北：明文書局，1994 年 8 月），頁 83。

9　熊十力：《新唯識論》（語體文本），蕭萐父主編：《熊十力全集》第三卷，頁 267。

10　熊十力：《十力語要》卷三〈答林同濟〉（臺北：明文書局，1989 年 8 月），頁 355-356。

此可知熊十力造《新論》，實是對人類處於現實中之種種迷妄而興起之悲願。故其藉佛家深解人生之迷闇，由此闡發其「見體」之學。

第二節　從「習氣」有染淨理解人生命的複雜性

　　熊十力認為「見體」是指對本體（真理）的體證。人生雖然常處迷闇之中，但是仍有一點靈明不昧，使其嚮往光明。亦因有此不昧，故人恆感迷闇之痛楚與可悲。可見此靈明，亦是消解此痛楚與可悲之關鍵。靈明與迷闇，看似生命之截然兩端，卻為不可分的整體，這也顯示生命具有生生不息的動能。此兩端，熊十力嘗引《易・坤卦・文言》「陰疑於陽必戰」來解釋，謂「夫生命一息亡戰，則物於物，（猶云被侵蝕於物。）而生命熄矣。」[11]此陰陽之戰，即理欲交戰，靈明與迷闇之戰，乃人類之不甘於物化，是生命價值的自拔自顯。此中有對生命正面積極的肯定，更有極紛紜複雜的習氣之作用。熊十力將習氣視為「人生後起的狂惑追求」[12]，又曰：「吾人生活內容，莫非習氣。」[13]對於習氣之所以產生及作用，他深有闡析。他認為：「東方哲學的精

11　熊十力：《新唯識論》（語體文本），蕭萐父主編：《熊十力全集》第三卷，頁350。

12　熊十力：《新唯識論》（語體文本），蕭萐父主編：《熊十力全集》第三卷，頁193。

13　熊十力：《新唯識論》（語體文本），蕭萐父主編：《熊十力全集》第三卷，頁271。

神，只在教人去壞習。壞習去，然後真性顯。」[14]因此能夠了解習氣之形成以及對治之方法，便有可能了解生命的本然狀態並掌握「見體」的關鍵。

在《新唯識論》中，熊十力借用佛家的概念來說明「習氣」的形成，他將「業」與「習氣」的概念關聯起來理解：

> 我以為，凡人意念乍動之微，與發動身語或事為之著者，通名造作，亦名為業。（發動身語者，謂意念乍動，曰意業。即由意業轉強，而發為口語，曰語業。發為身體上之動作，曰身業。後二業，即已見之行事。）一切造作，不唐捐故，……皆必有餘勢續起而成為潛存的勢力，……是名習氣。這千條萬緒的習氣，所以各各等流不絕者，（……等流，謂各各習氣的自身均非固定的，都是剎那剎那、生滅滅生、相續流去，故云等流。等者，似義，後起似前曰等。）就因為人生有儲留過去一切作業，以利將來之欲。……這個欲雖不顯著，而確是凡有情識的生類所同有的。如其無此欲，則一切作業纔起即滅，都無續起的餘勢。以彼造作或業起時，無儲留此作業之希欲故，故業一滅便無餘勢。人生常依據過去，以奔趨茫茫不測之當來，……必不甘過去都消逝無餘，以致絕無依據。所以，凡業起時，必恒有保留之希欲與俱。因此，所作業雖方生方滅，而此業滅時即有餘勢續生，名為習氣。……此習氣

14　熊十力：《新唯識論》（語體文本），蕭萐父主編：《熊十力全集》第三卷，頁259。

> 恒自潛伏等流，而成為吾人生活的潛力。申言之，一切習
> 氣恒互相倚伏，成為吾人生活的內在深淵，可以說為習
> 海。習海是我人所取資的，亦能淪沒吾人的。[15]

「業」（梵語 karman）有造作之義。[16]分而言之，即包含身、語、意種種創造與作為。熊十力解釋的很清楚，一切有情眾生，皆有從意念乍動到身體上的動作，通稱為業。其力量作用，看似乍起乍滅，卻有餘勢。其作用從過去延續到未來，穿越歷史，猶如伏流不斷，這是由於人的生命有依據過去以便將來行事的希求欲望，這樣的欲求，使得此種力量作用不斷地延續，甚至潛伏在生命中，透過你我生命的具體存在，隨時隨地地萌發出來。此種潛伏的力量作用，熊十力稱為「習氣」（或言「習」）。熊十力曰：「凡業皆有餘勢，等流不絕。以此餘勢為過去所慣習故，故名為習。」[17]習氣，是業的餘勢，人的欲求又使得此衍生的勢力續起不絕。因此造業之時，看似有起有滅，但是其所引動之習氣卻如水流不絕，甚至相互作用，潛存匯聚，而成為含藏於人深層內在生命的「習海」。此「習海」可以成為吾人引動生存力量的根源，也有可能變成吞噬性靈，使人物化而沈淪的淵藪。

15　熊十力：《新唯識論》（語體文本），蕭萐父主編：《熊十力全集》第三卷，頁 258-259。

16　丁福保編著：《丁福保佛學大辭典》，「業」karman 辭條，一行佛學辭典搜尋，http://www.muni-buddha.com.tw/buddhism/dictionary-google.html（2019/08/29 瀏覽）。

17　熊十力：《新唯識論》（語體文本），蕭萐父主編：《熊十力全集》第三卷，頁 265。

　　習氣是吾人生活的內容，其中善惡交混、理欲交雜，顯示出人生命的複雜性。此複雜性，是在具體的生命中表現出來，並且其力量延續不斷。面對此複雜性，熊十力進一步用染、淨之別，說明「習氣」有染淨之相，除了瞭解其形成的原因及種種樣態，進而又以「性習有別」，指出人類如何能夠不受惑染，並且「轉習成性」（復其性），將此盤根錯結的力量消解的可能。首先當說明習氣如何分染、淨：

> 無漏習氣，亦名淨習。有漏習氣，亦名染習。夫習所謂有染淨異性者，揆厥所由，則以吾人一切作業有染淨之殊故。染業者，如自作意至動發諸業，（作意，謂意業。此以意欲創發，乃至計慮、審決等心理的過程，通名作意，與心所法中作意義別。動發，即見之身語而形諸事為，此業便粗。）壹是皆狥形軀之私而起者。此業不虛作，必皆有餘勢潛存，名有漏習。……又一切業狥形骸之私而起者，通成染習。此處須深玩。染即是惡。須知，惡本無根。吾人本性無染，何故流於惡耶？只狥形骸之私，便成乎惡，王陽明先生所謂「隨順軀殼起念」是也。[18]

　　染淨是相對的概念。染是染污，淨則是無染。漏在佛家是煩惱的別名[19]，熊十力借用「漏」的概念來說明，習氣的染污義與

---

[18]　熊十力：《新唯識論》（語體文本），蕭萐父主編：《熊十力全集》第三卷，頁265-266。

[19]　「（術語）梵語 Āsrava 煩惱之異名也。漏為流注漏泄之義，三界之有情，由眼耳等六瘡門，日夜流注漏泄煩惱而不止，故名漏。又煩惱現

清淨義。熊十力：「漏，謂染法，取喻漏器，順物下墜故。有漏、無漏，相反得名。」[20]漏有沉墜的意思，有漏、無漏，顯示習氣之可上可下。順物沉墜，其勢力往而不返，稱之為染；不隨物化，則精神向上而自作主宰，名之為淨。然其無論取上或取下，皆屬後天人為的意欲，並通過落實在現實中表現。習氣有染淨，是由於業力有染淨，業力有染淨是由於人處在現實當中的「作意」。所謂「作意」，熊十力解釋道：「意者，意欲。作意，猶云有造作的意欲。」[21]，也就是這裡講的「意欲創發」，人處於現實中的種種思慮、判斷等心理活動，簡而言之，作意即是指意念的作動。在現實中，人心之作動，若是「徇形軀之私」而起，就會使人隨物沉墜，形成染業，其餘勢則流於染習，也就是惡習。雖是起於意念的作動，然其衍生的勢力龐大，終於讓人身不由己，其作動之意念，恐怕亦非出於本心。如果在現實中，人心能夠「循理而動」，就會形成淨習。此言「心所法」的作意，是「如理作意」，能使污染不足障蔽此心，相當於淨習。[22]因此說與染業的作意不同。總而言之，或為染，或為淨，則源於人落在現實當中其人心發動的意念不同。分辨習之染淨，乃是在

行，使心連注流散而不絕，故名漏。煩惱如漏器漏舍也。」丁福保：《佛學大辭典》，「漏」辭條，一行佛學辭典搜尋，http://buddhaspace.org/dict/dfb/data/（2019/09/01 瀏覽）。

[20]　熊十力：《新唯識論》（語體文本），蕭萐父主編：《熊十力全集》第三卷，頁 264。

[21]　熊十力：《新唯識論》（語體文本），蕭萐父主編：《熊十力全集》第三卷，頁 339。

[22]　熊十力：《新唯識論》（語體文本），蕭萐父主編：《熊十力全集》第三卷，頁 437。

意念上作工夫。

第三節　淨習可為見體之憑藉

　　人處於現實中，染淨相依。一念之差，引動之餘勢往往教人
追悔莫及。若能有所抉擇，有所持守，則「言寡尤，行寡悔，祿
在其中矣。」（《論語·為政》）相對於染習，則為「淨習」。
染習的勢用，順物沉墜。淨習則可以顯其本性，是見體之憑藉。
熊十力曰：

> 淨業者，如自作意至動發諸業，壹是皆循理而動，未嘗拘
> 於形骸之私者。此業亦不虛作，必皆有餘勢潛存，名無漏
> 習。一切淨業，皆是循理而動。淨即是善。循理者，即凡
> 意身等業，壹皆順從乎天性本然之善，而動以不迷者也。
> 《中庸》所謂率性是也。率性即不役於小己形骸之私。孟
> 子以彊恕為近仁。恕者，即能超脫乎一身之外，不在一身
> 利害得失上打算，唯理是從。不以己身與萬物作對，而通
> 物我為一者也，故曰近仁。仁之為德，生而不有，至公無
> 私，即性也。彊恕則復性之功，猶未即是性，故以近仁言
> 之。彊字吃緊。意身等業，皆不外乎彊恕之道，即業無不
> 淨，而動皆率性。此等淨業之餘勢等流，便名淨習。凡習
> 染淨由來，大較如此。[23]

23　熊十力：《新唯識論》（語體文本），蕭萐父主編：《熊十力全集》第
　　三卷，頁 266。

人活在現實世界中，心的作動要不受形骸之私的限制，恐怕至為艱難。然而習氣是後天所養成，倘有不隨物之心，循理而動，即有可能變染為淨。人如何能不隨物？一是要有先天的依據，二是要有後天的工夫修養。所謂先天之依據，即這裡所說的「天性本然之善」，即吾人所意所循之理、所依之仁、所率之性。其所循之理，非外在於我之客觀事理，而是指人的身口意之作動行為，皆順於本然之善性。故所循之理，不純從事物上說，而是必須關聯著心性的本體來說。於此當有所抉擇。然而這也不是教人純粹收攝於主觀心性來說，其強調作意發動諸業，以至成為慣習，必然也關聯著人的客觀外在活動。養成好的慣習，有所持守，營造讓自己不受染污的生命情境，這是後天人為的努力。落在現實中，人能有所抉擇，有所持守，則可以超克形骸之限，自進於清淨之境。「淨習」的重要可以從這裡來理解。熊十力提到當「創起淨習」：

> 蓋人生本來之性，必資後起淨法，始得顯現。雖處染中，以此自性力故，常起淨法不斷。（起者創義，依據自性力故，而得創起淨習不斷。即自性常顯現而不至物化故。）依此淨法，說名為學。（創起淨習，即是認識了自家底生命，而創新不已。這個自識自創的功用，總說名覺。只此覺，纔是真學問。）若向外馳求，取著於物，只成染法，不了自性，非此所謂學。[24]

24　熊十力：《新唯識論》（語體文本），蕭萐父主編：《熊十力全集》第三卷，頁 462。

　　熊十力曾提到「本來性淨為天，後起淨習為人。」[25]，順由「天性本然之善」，可以說是本然之「性淨」，而「淨習」則是透過人為後天學習的養成，因此說是「後起淨法」。淨法如前面引《中庸》所提到的「彊恕」、「至公無私」……等，是指人的生命表現出種種具有道德意義的行為。後起，是指它是通過人的實踐活動顯發出來的。後起之淨法，是以本來之性淨為依據，因此雖說是創起，其實是源於性淨的動能。可以說，人之所以能創起不斷，是源於生命動能之不容已。而此自性清淨，也是由淨習之不斷，而得以顯現。後天淨習的創起，是離染得淨的關鍵。然此淨習也非一一對治染習而起，它只是要人自識其本性之清淨。如同我們先前所提到的，染習的勢用強大而且盤根錯結，如果教人要一一對治它的問題，而一一解開它，恐怕只是治標不治本。如果重點只放在解決問題上，難免仍是向外馳求，從心生起對治之相，因而執取泥著在物上頭。熊十力認為真正的關鍵點是在於「自識自創」。所謂自識，是要了別染淨之殊異進而正識吾人生命之清淨本體。所謂自創，是要創起淨習，也就是所謂養成良好習慣，進而在此良好習慣的作用下，能夠開啟對本性的覺知。前者是觀念上的清楚，後者是實踐上的明白。熊十力以佛家染、淨概念來說明人的執著性，進一步指點儒家「學以明覺」的道德實踐工夫，以淨法說名為學工夫，以能覺指點人何以不惑於染污。藉由佛家對生命迷闇的深刻瞭解，返證儒家對性善之肯定，這是瞭解熊十力「見體」之學不可忽略之處。

25　熊十力：《新唯識論》（語體文本），蕭蓮父主編：《熊十力全集》第三卷，頁465。

　　「淨習」最終的目的，仍在達成對「自家底生命」的認識，也就是對本然之「性淨」的肯定。熊十力提到：「淨習者，所仗以達於本體呈露之地也。本體呈露方是明，必使本體毫無蔽障方是明得盡。至此，則淨習亦渾融無迹，即習乃轉化而成性也。」[26]習是吾人生活的內容，是生命所展現出來的種種迹象，此種種迹象若能時時呈現其價值意義，而形成美好的生命姿態，則稱為淨習。然淨習猶是外在的迹象，是後天所為，我們可以據此來返求「本心」，認識自家真實的生命，但是卻不能耽溺於此種種美好姿態，甚至執定說此迹象即為本然之性淨。熊十力曰：「即淨習用事，亦是以人力來妨礙天機，（人力，謂淨習。天機，謂生命。）以後起的東西（淨習。）誤認為本來面目，……所以前哲用功，染習固克治務盡，即淨習亦終歸渾化。」[27]染習固然當戒，然淨習亦有可畏，過猶不及，皆會對生命造成妨礙。故而習分染淨，然其不可執著一也。

　　創發淨習仍是可貴的，但是其所以可貴終究在能「化習成性」，也就是說，要能夠讓外在的習慣成為本性的自然彰顯，否則執著淨習，終究不過落入習氣之勢流中。所謂「化習成性」，如《中庸》所說的「不勉而中，不思而得，從容中道。」（《中庸》第二十章）行為思慮皆不必勉強，真實無妄的本性自然就能表現出來。《中庸》以此描述聖人德性生命的渾然天成，但是眾生仍生活在習氣所成的世界中，對未達到聖人境界的一般人來

26　熊十力：《新唯識論》（語體文本），蕭萐父主編：《熊十力全集》第三卷，頁263。

27　熊十力：《新唯識論》（語體文本），蕭萐父主編：《熊十力全集》第三卷，頁263。

說，正是需要透過擇善固執的工夫來扭轉習氣的拉扯，以擺脫生
命的迷闇，擺脫了生命迷闇，才能進一步讓生命充實而飽滿，日
遷於善，卒能識得本心，證得本性。

第四節　結語：超克習氣以證本體

　　見體之學，不是高舉道德良知的理想性，而忽略對現實人生
的關懷。它是藉由對生命迷闇的深刻反省，返證儒家對良知性善
的肯定。它能理解人身處現實情境中利害交織、理欲紛呈的複雜
性，以及透過意念造作及各種人為活動所產生的力量，如何潛伏
在生命的底層伺機引動；更能了解當生命真實的力量啟動時，
「妄習斷盡，性智全顯」[28]的燦然明照。

　　透過對習氣的深刻理解，我們瞭解到人類生活當中種種面對
事物的活動，往往是出於「習心」的作用，它讓我們習慣性地以
經驗的方式來判斷價值，並將外在的客觀世界當作是真實的存
在。其作用甚至潛伏在人們的心靈意識當中，隨著人的活動而輾
轉隨增。熊十力說：「每一習氣之潛存者，皆有起而左右將來生
活之一種傾向。」[29]無論好壞，它都關聯著過去、現在與未來。
成為個人經驗或者社會風氣，甚至成為歷史或文化的一部分。熊
十力的習氣說，讓我們了解其見體之學，其實也深刻地著重「歷

---

[28]　熊十力：《新唯識論》（語體文本），蕭萐父主編：《熊十力全集》第
　　三卷，頁17。

[29]　熊十力：《新唯識論》（語體文本），蕭萐父主編：《熊十力全集》第
　　三卷，頁262。

史性與社會性」。[30]

　　習分染、淨，指出了習氣之可上可下。所謂染，是指生命順物沉墜而失去自我；所謂淨，是指生命不隨物化而能自作主宰。其可上可下，正顯示習氣狀態下生命之不定。無論染淨，皆為後天所為，也就是說必然是落在現實的生活經驗上來說。後天的生活經驗，有其可泥著性，因之而成習。故而生命終究必須能超克習氣，以覺其真正的自我。因此便不能只落在經驗習氣上說。對於染習或淨習的理解，熊十力不訂定客觀化的知識標準來判斷它，而是從「作意」——意念的作動能否「循理」來分辨它。現實生活中人心的可上可下，顯然是重要關鍵。人的意念在現實情境中的作動，如果是「狥形軀之私」而起，就會形成染習；如果能「循理而動」，就會形成淨習。其所循之「理」，並非客觀知識對象所成之理，乃是即於本心自明自覺的良知天理。因此，對治習染或私欲的工夫，其目的不外在求得本心的自明內證。熊十力稱之為「證體」。此體，乃心境圓融，物我無對之體，不但染習化盡，淨習亦渾融無迹。熊十力有時也以「清淨」來形容這種狀態，只是這種清淨非關染淨之殊相，而是「法爾清淨」[31]，也就是生命的本然狀態。因此，熊十力的習氣說，實能正視現實生命中染、淨混雜的狀態，然其更強調其中的一點明覺之不滅，使

30　林安梧先生：「『習氣』之說著重在歷史性與社會性。熊氏固然著重一實踐的根源性與超越性，但彼亦深切的重視此歷史性與社會性也。」林安梧：《存有‧意識與實踐》（臺北：東大圖書公司，1993 年 5 月），頁 209。

31　熊十力：《新唯識論》（語體文本），蕭萐父主編：《熊十力全集》第三卷，頁 94。

得吾人可以超脫俗境，離染取淨，讓生命恢復其本然清淨的狀
態。

　　熊十力認為人的生活內容，莫不受到習氣的影響。在習氣所
成的日常生活中，我們通常是透過「習心」來認識世界，也就是
所謂的「習心取境」，這是處在一種物我相對的狀態。此習心，
熊十力又稱為「量智」，它是從一切日常生活的經驗裡歷練出來
的，也就是一般所說的「理智」作用，這是現代科學經驗所極重
視的，然而熊十力卻認為，其作用畢竟是染、淨交離的，我們所
引以為傲的理智，往往也是理、欲交織下的產物。熊十力終究是
以習心為有染、為虛妄，並以此對顯本心為清淨、為真實，他認
為「習心常障礙本心」。[32]或許是其所處時空情境，使得他對生
命的迷闇興起了沈痛的感慨：「近日歐風東來，舊有之道德信
條，國人視之廢然無足重。遂使不肖者有所借口，公然冒大不韙
而不顧，是其不敢之情絕。浸假習偽以為正，而賢者不忍之心亦
將窮乎無存。樊籬決而人欲肆，天下滔滔，日趨於禽獸而不知，
可無痛乎！」[33]天下滔滔，眾生愚昧癡狂，稍有一點不昧，亦難
免不受其引動而感覺痛苦，乃至於痛不可當，終將為滔滔濁流所
吞沒。熊十力辨別虛妄，顯立本心，「自悲，而亦悲群生之昏冥
也。」[34]其生命中時有不平之氣，故雖重視「即用顯體」[35]，終

---

[32]　熊十力：「人人具此本心，而常為習心所障礙者，則以無存持之功故
　　耳。」見氏著：《新唯識論》（語體文本），蕭萐父主編：《熊十力全
　　集》第三卷，頁385。
[33]　熊十力：《十力語要》卷四，頁490。
[34]　熊十力：《十力語要》卷二〈答張默生〉，頁291。

究帶有強烈的本心論色彩。然其能正視生命落於現實之有限，其「見體之學」，能於本根處立得住腳跟，進而超越個體之有限，回歸天地萬物一體之本源，終究能即此本心來參贊天地，而開顯出萬物自如如的生活世界。

35　熊十力：「本論的旨趣是在即用顯體。」氏著：《新唯識論》（語體文本），蕭萐父主編：《熊十力全集》第三卷，頁 234。

第三章　熊十力的「會通」之學 ——從「唯識」到「本心」

第一節　從熊十力會通的為學方法說起

　　熊十力的哲學規模宏大，自成體系，在現代中國哲學的發展中具有革命性的價值。其學問或涉經學，如《讀經示要》、《論六經》、《乾坤衍》；或涉諸子，如《韓非子評論》；或涉儒學，如《船山自學記》、《原儒》、《體用論》、《明心篇》；或涉歷史、政治，如《中國歷史講話》、《與友人論張江陵》；或涉西洋科學，如《中國哲學與西洋科學》。其中最引人注意的，是他對佛學的深入研究，相關專著有《唯識學概論》、《因明大疏刪注》、《佛家名相通釋》、《讀智論鈔》、《摧惑顯宗記》、《存齋隨筆》。其中最重要的，便是他的《新唯識論》（先後有文言文本、語體文本、王辰刪定本三個版本。）在一九三十到四十年代，甚至引發了現代的儒佛論爭。[1]

　　他的體用合一的哲學體系，顯然是在這樣豐厚的學問資源為基底所建構出來的。他之所以能銷融如此龐大的學問資源，靠的

---

[1]　此處可參考林安梧先生輯錄之《現代儒佛之爭》一書。林安梧輯：《現代儒佛之爭》〈卷前語〉（臺北：文海學術思想研究發展文教基金會，1997 年 10 月），頁 1-5。

不是學究式的工夫。熊十力自稱：「吾書乃自成一家言，自有體系，非為佛家作概念或歷史也。焉得一一取而論定之乎？」（〈新唯識論問答〉）[2]耙梳思想史或者構築知識體系不是他的興趣，因為他認為哲學的旨趣本身就不是在知識的探求，而是在於對真理的證會，他對佛學、經學、諸子、儒學乃至西洋科學的探究莫不如此。因此，與其尋章摘句地說明他的哲學如何融攝諸家，更應該留意他的哲學旨趣，特別是他對於「真理」的意義是如何理解。

　　熊十力將學問區分為兩個向度：一為科學、一為哲學（或稱玄學）。科學從日常經驗現象出發，重在推求知識；哲學則是窮究現象之源，要在證會本體。[3]他的學問旨趣顯然是在後者。經驗現象表現種種跡象，可以運用實測來推度構畫其理路。然而這種構畫，是概念性的、對象化的思考，他假定事物是獨立於我之外的客觀實在。但是事物卻是時刻都在變化中，所謂的實在其實只是現似的跡象，畢竟只是暫時的。熊十力認為要探求真正的實在，也就是所謂的真理，則必須深入變化的根源，然而變化是無窮的，已然非知識所能把握。熊十力提出了一種「超脫思議」，歸返自家「證會」的方式：

　　　　窮理到極致的地方，是要超脫思議，而歸趨證會。證會一
　　　　詞，其意義極難說。能證即所證，冥冥契會，而實無有能

2　熊十力：〈新唯識論問答〉，蕭萐父主編：《熊十力全集》第八卷（武漢：湖北教育出版社，2001 年 8 月），頁 209-210。

3　熊十力：《新唯識論》（語體文本），蕭萐父主編：《熊十力全集》第三卷，頁 14。

所可分者，是名證會。這種境界，必須滌除一切情見，
（凡知見之不能與究極的真理相應者，皆名情見。）直任
寂寥無匹的性智，恆現在前，始可達到。（寂寥，無形
貌，及虛靜貌。無匹者，絕待義。性智即是吾心之本體，
故云無匹。）我們說到變，已經窮至萬物的本源，和造化
的秘奧，真是窮理到極至的地方。如果向這裏馳逐思議，
或尋找道理。不但無法透入實際，還要無端的加增許多不
相干的迷惘。所以說變，是不可思議的。這裏只有證會，
才可相應。[4]

　　變化之源，指的是本體。本體是無窮無盡的造化之源，非思
議所及之對象。也就是說，本體並非知識所能掌握的對象，他不
是通過概念性的、對象化的思考活動所能描述，而是必須通過
「性智」來證會。所謂「性智」，其實是吾人本來具有的，同時
也是吾心之本體。證本體，就是性智的自明自識。能證之吾心，
即所證之本體。換而言之，探究本體的活動其實就是探究吾心之
本體的活動，不必向外追求。此種理論背景，乃是源於宇宙與人
的內在的同一性，這是基於傳統「天人合一」的格局下展開的思
考，或者說是由天道彰顯為萬物的思考。這是熊氏體用不二哲學
立論的基礎。熊氏曰：「因為我人的生命與宇宙大生命原來不
二，所以，我們憑著性智的自明自識才能證本體，才自信真理不

---

[4]　熊十力：《新唯識論》（語體文本），蕭萐父主編：《熊十力全集》第
　　三卷，頁145-146。

待外求，才自覺生活有無窮無盡的寶藏。」[5]所謂「性智」畢竟是人人本來同具的，故而此同一性，不僅連結我人與宇宙之大生命，亦使得真理得以同證。熊十力的哲學之所以強調「會通」，正是在其追求對於此種天人物我通而為一的一體觀的真理的「同證」。哲學的真理，也就是要見得此「體」。熊十力自稱：「吾學在見體」，[6]此體非認識活動所及的知識概念，更不是我自執以為是的情見，而是天人物我通而為一的同證之體。

第二節　會通的學問方式與見體的終極關懷

哲學家若能追求「見體」之學，則其至究竟處，自可有相同的證會。熊十力曰：「此體，非戲論安足處所，只要各哲學家都得滌除情見淨盡，他們到這裏（本體），自有相同的證會。」[7]可知從根源處來說，學問應當是可以「會通」的。但是為何哲學家們卻總是各說各的道理，難以會通？熊十力指出了「情見」的限制：

> 性智是人人本來同具的。雖情見錮蔽，要不無智光微露時。因此，我們應相信任何哲學家縱未免戲論，也不會全

5　熊十力：《新唯識論》（語體文本），蕭萐父主編：《熊十力全集》第三卷，頁22。

6　熊十力：《十力語要》卷四〈高贊非記語〉（臺北：明文書局，1989年8月），頁473。

7　熊十力：《新唯識論》（語體文本），蕭萐父主編：《熊十力全集》第三卷，頁197。

無是處。而且古今來，於真理確有所見的哲學家，何曾絕無？我們只要不要封執門戶見，更不要忽視東方哲學的修養方法，（如中國儒家、道家、及印度佛家等。）努力克治情見，常令胸間廓然無滯礙，（此語吃緊。）久之，神解超脫，自然洞達性真。（性真者：此理生來本具曰性，無有虛妄曰真，即謂吾人與萬物同具之本體。）自家既有正見，而復參稽各哲學家之說，其有的然證真者，則吾因得同證，而益無礙無謬。其或蔽歟，則遮其蔽，而誘之以通。其所見失之似歟，則繩其似，而引之趣真。（似之害，乃過於蔽。）其所見失之淺歟，則就其淺，而導之入深。（淺與似微異。似之失亂，淺之失膚，其障真則同。）其所見失之偏歟，則融其偏，而擴之得全。（偏之一字最害事，見地稍偏一點，便步步入歧途，至與真理完全相背。所謂差毫釐、謬千里是也。）如此治學，方乃觀其會通，庶幾不迷謬於真理。[8]

　　熊十力「觀其會通」的治學方式與其「見體」的學問態度是密切關聯的。人人本來同具的「性智」，確保了吾人證見真理的可能。此性智，只要不限隔它，總是會顯露出來。我們也得以在任何哲學家的理論當中，找尋到智慧的光照。「參稽各哲學家之說」，則此種智慧的光照，也能引發吾人之同證，然而這必須是在自家不受「情見」的錮蔽下始有可能。人的心靈落在現實經驗

8　熊十力：《新唯識論》（語體文本），蕭萐父主編：《熊十力全集》第三卷，頁 198-199。

中，形成慣習，因此慣習而執取現實經驗，卒以爲智慧之光照乃由於官能作用或現實經驗而引起，於是不能肯定人人本來同具的「性智」，與真理終不得相應而墮入虛妄。此種與真理不得相應的狀態，就是所謂的情見。所謂「情見」，熊氏言：「情見者，凡計有境物，即與究極的真理不相應，便謂情見，以不離妄情分別故。」[9]也就是說，一般人所謂的客觀知識與經驗。它透過官能、意識之覺察而肯定其實在的。但是從真理的角度來說，它將事物視爲客觀獨立存在，卻是一種虛妄的見解。

熊十力提出「克治情見」的修養工夫，正是要人從此虛妄當中解脫出來，肯定吾人本具之性智，而真見得真實之本體。在熊氏的治學方式中，特別提到儒、道、佛修養工夫的重要。我們可以看到熊氏的學問十分關注心靈意識的作用，「證真」的過程中顯然是一種全幅生命的契入。他提到「情見」在治學的過程中造成的種種限制，也就是「情見之蔽」：似、淺、偏，並指出了化解這整整限制的可能，必藉會而通之，以得其：真、深、全。這種種的限制，其實正是吾人將經驗世界視爲客觀實存，因而任憑理智來把握世界，乃至疲於逐物而不返，終於失了「吾人與萬物同具之真實本體」。熊氏「會通」的學問方式，點出了生命容易受到障蔽而陷入迷謬的實況，然而也肯定了吾人之有性智，具有突破此障蔽的可能。

「會通」之學，是要在種種障蔽中尋求微露的智光，以引發吾人之同證，進而趨向真理的治學方法。

9　熊十力：《新唯識論》（語體文本），蕭萐父主編：《熊十力全集》第三卷，頁30。

會通者，必其脫然超悟之餘，將推闡其旨，猶不肯守一家
言或一己之見，而以旁通博採為務。固已自有權衡，於眾
家知所抉擇，旁蹊曲徑，令入通途，非漫然牽合，紛然雜
集之謂也。（紛然，亂貌。）哲學家所患者，自家沒有克
治情見一段工夫，即根本沒有正見，如是而言哲學，入主
出奴，固是不可，即或涉獵百家，益成雜毒攻心，膚亂成
說，橫通持論，其誤己誤人尤甚。故哲學所貴在會通，要
必為是學者，能自伏除情見，而得正見，然後可出入百
家，觀其會通。[10]

「會通」的學問方式，是以證見真理為目標。所謂「證見真
理」，就是要證得「吾人與萬物同具之本體」。此「本體」，乃
是整全之體。所謂「正見」，就是要能夠識得此「本體」為整全
之體，因此「不肯守一家言或一己之見」，而是要「會而通之，
便識全體。」不肯為「情見」所奪，而是要在百家眾說中知所抉
擇，入於通途。可以說，「會通」是熊十力「證見本體」（以下
稱見體）之學必然表現出來的治學方式。「見體」實貫串了熊十
力學問的全部。他既是目標也是起點，既關聯著方法，也是工夫
歷程。熊十力在一封與梁漱溟的書信中提到：「證體之學，吾意
此祇是為學入手工夫，不可以此為究竟。」[11]證體之學，即見
體。不可以為究竟，是恐人耽溺於境界之追求，玩弄光景，忽略

10　熊十力：《新唯識論》（語體文本），蕭萐父主編：《熊十力全集》第
　　三卷，頁199。

11　熊十力：〈與梁漱溟〉（1951年七月二十七日），蕭萐父主編：《熊
　　十力全集》第八卷，頁657。

真實的學問工夫。又曰：「苟非自窮真極，而徒欲泛求之百氏，則陷於雜博，未能臻至理也。」[12]只有學問工夫，而沒有體真極、證本源的決心，恐怕生命終歸於徒勞。

　　熊十力如何在百家眾說之中，運用「會通」的方式表現其「見體」之學？其體系龐大，實非單篇論文所能及。會者，會其實證，通者，通於本源。所通之處，在於回溯其根源，也就是本體。熊十力《新唯識論》甫出，便以會通儒佛為時人熱議：「自《新論》初版問世以來，世之以糅雜儒佛議吾者，吾聞之熟矣。世之所執者，儒佛二家門戶之見也。吾之所究明者，真理也。真理是至易至簡的，亦是無窮無盡的，是無窮無盡的，亦是至易至簡的。易簡者，言其無差別相，是萬法本體故。無窮無盡者，言其為用萬殊故。哲學要在於萬殊證會本體，所以為眾理之總會，群學之歸宿也。此體，非戲論安足處所，只要各哲學家都得滌除情見淨盡，他們到這裏（本體）。自有相同的證會。」[13]又曰：「《新論》於西洋學術上根底意思頗有借鑑，要自不敢輕於持論。若乃儒佛二家號為互異，但究其玄極，無礙觀同。」[14]熊氏欲於本體處，尋得群學相同的證會，則所謂《新唯識論》中於「唯識」之取義，最能提供我們瞭解其所謂儒佛證於本體之相應處，亦最能表現其「會通」之精神，故而以下就熊氏所論「唯

12　熊十力：〈新唯識論全部印行記〉，蕭萐父主編：《熊十力全集》第三卷，頁3。

13　熊十力：《新唯識論》（語體文本），蕭萐父主編：《熊十力全集》第三卷，頁196-197。

14　熊十力：《新唯識論》（語體文本），蕭萐父主編：《熊十力全集》第三卷，頁200。

識」之概念梳理之，以觀其會通儒佛之處。此外，熊氏曾言：
「《新論》語體本，比文言本，精密得多。此書極重要。」[15]故
而文言文本雖為理解《新唯識論》之重要文獻，本文引據仍當以
語體文本為基礎，以詳其論證。

第三節　《新論》的「唯識」旨趣

一、「唯識」之取義

關於「唯識」一詞，熊氏採取義玄奘弟子窺基法師《成唯識
論述記》之理解為：

> 唯字，是駁斥的詞，對執外境實有的見解而加以駁斥，因
> 為如世間所執為那樣有的意義，是不合真理的。識字，是
> 簡別的詞，對彼執心是空的見解而加以簡別，即是表示與
> 一般否認心是有的這種人底見解根本不同。因為把心看作
> 是空無的，這便是沉溺於一切都空的見解，佛家呵責為空
> 見，這更是不合真理的。所以說唯識者，蓋謂世間所計心
> 外之境，確實是空無，但心則不可謂之空無。[16]

「唯」，是對「執外境實有」的駁斥，具有遮撥的意義；「識」

15　熊十力：〈與友論新唯識論〉，蕭萐父主編：《熊十力全集》第八卷，
　　頁 331。

16　熊十力：《新唯識論》（語體文本），蕭萐父主編：《熊十力全集》第
　　三卷，頁 23-24。

是對「執心是空」的簡別，也就是別異於一段人否定心是實有的見解。佛家唯識宗，不承認離開主體的心識活動有客觀外境的存在。也就是說現象之存有，不離心識之主體。因此，世間所謂的有其實是心外之境，可以說不是實在的，但是卻不可說此能簡別之心識為空無。熊十力認為「此所謂識，是取境的識。」換而言之，「識」可以決定「境」。熊十力：「有宗談唯識，不許有離識而獨在的世界。」[17] 萬有一切的存在，離不開取境的識。藉由境與識的橫攝關係，構造出佛家特殊的存有論的觀點。[18]

　　熊十力借用了佛家唯識對於境、識概念的分析方式，但是對其說法不甚滿意。他認為唯識學指出萬物的存在離不開心識的作用，理論相當嚴密，它破斥了世間執取離心外有實在的境的觀點，值得肯定。但是他們卻忽略了，此種執取固然是虛妄的，而這個「取境」的「識」，本身也是虛妄的，因此熊氏反對將此「識心之執」當作是實在的。境其實是心思構、追求的對象；識，是取境的識，也就是對於境能起思慮，乃至有所黏著的心。熊十力認為：「這個取境的識，他本身就是虛妄的，是對境起執的，他根本不是本來的心，如何可說不空？」[19] 熊十力反對以此「識心之執」來理解世界的存在，因此藉由對「唯識」的重新理解，彰明存有之根源。

---

[17] 熊十力：《新唯識論》（語體文本），蕭萐父主編：《熊十力全集》第三卷，頁469。

[18] 存在不能離開主體之心識，此為「佛家式的存有論」。參考陳沛然：《佛家哲理通析》（臺北：東大圖書公司，2014年8月），頁19。

[19] 熊十力：《新唯識論》（語體文本），蕭萐父主編：《熊十力全集》第三卷，頁24。

吾先研佛家唯識論，曾有撰述，漸不滿舊學，遂毀夙作，
而欲自抒所見，乃為《新論》。夫新之云者，明異於舊義
也。異舊義者，冥探真極，……而參驗之此土儒宗及諸鉅
子，抉擇得失，辨異觀同，所謂觀會通而握玄珠者
也。……破門戶之私執，契玄同而無礙，此所以異舊異而
立新名也。識者，心之異名。唯者，顯其殊特。即萬化之
原而名之以本心，是最殊特。言其勝用，則宰物而不為物
役，亦足徵殊特。《新論》究萬殊而歸一本，要在反之此
心，是故以唯識彰名。[20]

熊十力三十八歲時（西元 1922 年）在北大講授《唯識學概
論》，之後開始對玄奘、窺基所說的「唯識」義不滿，因此另作
「新」論。[21]所以新者，在其對「唯識」的取義不同。此不同
處，熊氏自許為探道之真極處，將以此觀眾學之會通。其所謂
「唯識」：「唯」，是彰顯其殊特義；「識」，是指本心。以本
心為萬化之源，其作用殊特，能了知分別和運用一切物，主宰乎
物而不隨物轉，故而說「唯」。熊氏直指本心，顯立本體，以此
為本心為吾身與天地萬物同具之本體，與佛家「唯識」義有絕大
不同。

---

[20] 熊十力：〈新唯識論全部印行記〉，蕭萐父主編：《熊十力全集》第三
卷，頁3。

[21] 熊十力稱：「唯識更張，是一大事。」《十力語要》中嘗述其始末。參
考氏著：《十力語要》卷四，頁470。

二、為何要藉唯識立說

　　熊十力既要彰明本心，何以不從宋明儒所言「心即理」或「良知本心」立論，偏要從唯識立說？熊氏認為宋明諸儒，在反己之學上確實能繼承孔門精神，但其有意對峙佛學乃至晚周諸子，思想難免拘礙，[22]由此入手，恐與熊氏「觀其會通」的哲學旨趣不符。此外，熊氏更要藉「唯識」精密的宇宙論體系，對比而彰顯其活生生實存而有之真實本體，其系統性與深刻度可說是歷來少見[23]。除了其自身的學問因緣外，熊十力自稱之所以要藉「唯識」立說，有幾個目的：

> 本來，境和心是不可分的整體之兩方面，我們似乎不必說識名唯。但因對治他們把一切境看作是心外獨立的這種倒見，所以要說唯識。又復當知，由二義故，不得不說識名唯。一、會物歸己，得入無待故。如果把萬物看作是心外獨存的境，便有萬物和自己對待，而不得與絕對精神為一。今說唯識，即融攝萬物為自己，當下便是絕對的了。二、攝所歸能，得入實智故。能謂心，所謂境。心能了別境，且能改造境的，故說心名能。境但是心之所了別的，

---

[22]　熊十力：「宋明諸師，於大乘學都不研究，若懼其洗我然，即晚周諸子亦無弗擯斥，其思想已狹隘矣。雖稍參禪理，而亦未能虛懷以究其旨。」氏著：《新唯識論》（語體文本），蕭萐父主編：《熊十力全集》第三卷，頁408。

[23]　林安梧先生曾慨嘆：「佛教傳入中國約近兩千年，闡佛者歷代有之，但系統如熊氏者，深刻如熊氏者，……可謂絕無僅有。」氏著：《存有・意識與實踐》（臺北：東大圖書公司，1993年5月），頁39。

且隨心轉的，故說境名所。唯識的旨趣，是把境來從屬於
心，即顯心是運用一切境而為其主宰的，是獨立的，是不
役於境的。但這個心，是真實的智，而不是虛妄的心。此
不容混。[24]

　　熊氏藉「唯識」立說，一方面是批評「把一切境看作心外獨
立」的錯誤見解。更重要的是表達出兩個觀念：一是「會物歸
已，得入無待」；二是「攝所歸能，得入實智」。總體而言，是
要藉由「境」與「心」的關係，強調「心與境是不可分的整
體」，進一步指出不役於境的「真實的智」，也就是對比於妄心
的本心。首先當說明「境」的概念，以及熊十力何以要破斥有獨
立的境的見解。

　　所謂「境」，熊十力提到：

　　　我們要知道，從我底身，以迄日星大地，乃至他心，這一
　　　切一切，都叫做境。（此中他心者，謂他人或眾生的
　　　心。）我底身這個境，是不離我底心而存在的，（凡屬所
　　　知，通名為境。自身對於自心亦得境名，是所知故。）無
　　　論何人，都不會否認的。至若日星大地，乃至他心等等
　　　境，都是我的心所涵攝的，都是我的心所流通的，絕無內
　　　外可分的。[25]

24　熊十力：《新唯識論》（語體文本），蕭萐父主編：《熊十力全集》第
　　三卷，頁47。
25　熊十力：《新唯識論》（語體文本），蕭萐父主編：《熊十力全集》第
　　三卷，頁42。

　　一般人將一切境看作「心外獨立」，也就是說將我的身乃至一切事物，甚至是他人的心，皆視為是客觀外在於我之對象，可以被認知、理解。此種對象化的認知活動，從佛家唯識學中「取境的識」的觀點來說，也是一種執著性的活動。[26]將此執著性、對象化的活動認為理所當然，熊十力稱此為「妄執」，此種妄執，仍是屬於心靈意識的活動，若要以此來推求一切事物存在的基礎，不但無法探得究竟真理，更將產生極荒謬的結果。由於境不離心而存在，萬物皆是我的心所流通，故要探求究竟的真理，自然是不假外求，因此說「得入無待」。

　　「境」的存在，繫乎「心」之了別、認取。但是當我們用「境」的概念來說明認識的活動時，並非要否認現實世界的存在，而是強調心和境是整體的。它不僅破解了一般人習慣的主客對立的執著性的思考，更可以開啟物我同源的「整體觀」或者說是「一體觀」的格局：[27]

> 　　只是不承認有離心獨存的外境，却非不承認有境。因為心是對境而彰名的，纔說心，便有境，若無境，即心之名也不立了。實則心和境，本是具有內在矛盾的發展底整體。

---

[26] 熊十力：「此所謂識，是取境的識。此中取字，含義略有三：一、心行於境；二、心於境起思慮等；三、心於境有所黏滯，如膠著然，即名為執。」氏著：《新唯識論》（語體文本），蕭萐父主編：《熊十力全集》第三卷，頁24。

[27] 林安梧先生稱之為「現象學式的本體學」或「現象學式的存有學」。參考氏著：《存有・意識與實踐：熊十力體用哲學之詮釋與重建》，頁33。

就玄學的觀點來說，這個整體底本身並不是實在的，而只是絕對的功能的顯現。……現在只赶就這個整體底本身來說，他整體底本身却是具有內在矛盾的發展的，因為他是一方面，詐現似所取的相貌，就叫做境；另一方面，詐現似能取的相貌，就叫做心。……境的方面，是有和心相反的趨勢。心的方面，是有自由的、向上的、任持自性、不為境縛的主宰力。所以心和境兩方面，就是整體的內在矛盾的發展，現為如此的。[28]

境是不離心而存在，心是對境而彰明。前段引文提到，心能了別境，改造境，因此稱之為能；境是心所了別的，且隨心轉，因此稱之為所。在現象世界中，心之能亦是對境而起的，顯示心與境的關係是不可截然分別的。熊十力在這裡又提到，心和境的關係是「具有內在矛盾的發展底整體」。所謂的整體，並非指一實在的物質，而是「絕對的功能的顯現」。此功能，熊氏或稱之為「恆轉」，其顯現為大用流行。熊氏認為，宇宙本身即是大用流行，是藉由相反相成的方式來呈現其神妙無窮的變化。所謂矛盾，其實就是相對的意思。熊十力常用相對的觀念來闡述變化的道理，例如翕闢、生滅、心物、能所，其作用雖殊異，而實為一整體。心與境、能取與所取，其本身並無實體，而是此大用流行所顯之「相對待」的相狀，是「絕對的功能」的顯現。如此便將心與境、能與所的關係，一轉而成為大用流行的顯現，將認識論

28　熊十力：《新唯識論》（語體本文），蕭萐父主編：《熊十力全集》第三卷，頁 41-42。

的關係轉為具有縱貫創生義的理解。除了要說心與境兩方面乃是整體的關係外，更要進一步地說，心和境是絕對之本體的顯現：

> 心和境（境謂物。）是唯一的本體的顯現的兩方面。（唯一者，絕對義。一不與二對。）這兩方面的現象，是不容淆亂的。譬如一紙之有表裏，不可說有表而無裏，也不可說有裏而無表的。今若尅就現象上說，不可說唯獨有心而無有境，（只可說境不離心獨在，不可說無境。）亦不可說唯獨有境而無所謂心。[29]

通極於本體來說，則心與境皆此絕對真實之顯現。心與境詐現之跡象，卒有真實之本體以為根源，故不流於虛無幻化。然而在變化紛雜之現象當中，若要藉由認識的機能來循其跡象而推測真極，恐怕亦落入心境相對的執取當中。要從相對進到絕對，必須跨過執定而回溯到根源處。這已經不是知識層次的問題，而是理念層次的問題。熊十力提出的「攝所歸能，得入實智」，所謂「實智」即是指本心，此心能泯除心境對待，能宰物而不隨物轉，歸返生生不息之本體：

> 夫心者，以宰物為功，（心者，神明義。以其主乎吾人之一身，而控御萬物，不爽其則，故謂之心。）此固是用。（用者，言乎本體之動也。……夫所謂心者，只是依本體

29　熊十力：《新唯識論》（語體文本），蕭萐父主編：《熊十力全集》第三卷，頁65。

之動而得名。所以云心即是用。）而即於用識體，以離用
不可得體故。是故剋就吾人而顯示其渾然與宇宙萬有同具
之本體，則確然直指本心。人人可以反求自識，而無事乎
向外追索矣。[30]

此處所謂心，當指本心而言。所謂本心，並非指涉一實質之
物件，而是就功用來說，它可以說是本體所顯之功用。以其在吾
人能為一身之主，因應萬物而不失其則，這就是宰物，也就是本
心的作用。此作用，是依於本體之動而顯之功用，吾人以此而稱
本心之名，同時亦由此而識得吾人與宇宙萬物同具之體。此為
「即用識體」。吾人得因本心能自覺自主，於應對天地萬物中而
一切不起滯礙，於是隨處所見皆天理之展現，現前相對之宇宙，
即絕對之真實，何需追求寂滅。熊氏《新論》說的「唯識」，正
是要直指此種「宰物而不為物役」的「本心」。即此「本心」，
得以探究真實之本體，得以參與、證見本體流行之生生不息，此
即所謂天道流行。此本心是依於天道流行的本心，以如此之「本
心」來作為存有基礎的「唯識」，與窺基法師的解釋炯然異趣。

第四節 本心與習心之辨

熊十力將佛家有宗所說的唯「識」，理解為「識心之執」，
他將此稱為「妄執的心」或「習心」，與真實的「本心」做出對

---

[30] 熊十力：《新唯識論》（語體文本），蕭萐父主編：《熊十力全集》第
三卷，頁378。

比與關聯，並且深入闡發了「識心之執」的作用與限制，指出了「本心」的特性。顯立此「本心」，才是熊氏真正要強調的「唯識」。以下將從「本心」與「習心」的對比與關聯說起。

> 取境的識，他本身就是虛妄的，是對境起執的，他根本不是本來的心……妄執的心，雖亦依本來的心而始有。但他妄執的心是由官能假本心之力用。而自成為形氣之靈。於是向外馳求而不已。故此心（妄執的心）是從日常生活裏面、接觸與處理事物的經驗累積而發展。所以說他是虛妄不實的。是對境起執的。他與本來的心、畢竟不相似的。……我們以為妄執的心實際上是空無的，因為他是後起的東西，只有本來的心才是絕對的、真實的。[31]

我們很容易察覺到經驗客觀的事物對我們的現實生活帶來的影響，但是卻忽略了心靈意識的染執性對於我們的影響更加劇烈，甚至不知不覺地障蔽我們的心靈。熊十力對妄心與真心，或者說習心與本心的區別，就是要彰顯心靈意識的染執性造成的影響。「取境的識」又稱「妄執的心」，也稱做「習心」[32]，之所以說虛妄，是因為它本非實有。但是它又是從日常生活中發展出來的，因此特別容易讓人取信而執有。熊十力強調此種心並非本來

---

[31] 熊十力：《新唯識論》（語體文本），蕭萐父主編：《熊十力全集》第三卷，頁 24-25。

[32] 熊十力：「有取之心，謂習心也。習心常有所追求，常有所執著，故云。」氏著：《新唯識論》（語體文本），蕭萐父主編：《熊十力全集》第三卷，頁 195。

的心，它是後起的，是依於本來的心而有的。但是它又不能視為是本心的直接起用，因為它受到官能的影響，因而帶有染污性，即便它也能表現心的「靈明」特性，但是卻只是形氣之靈明，實已異於本心固有之靈明。熊十力提到「習心」產生的過程中也提到「形氣之靈」的關鍵性：

> 習心者，原於形氣之靈。由本心之發用，不能不憑官能以顯，而官能即得假借之，以成為官能之靈明，故云形氣之靈，非謂形氣為本原，而靈明是其發現也。形氣之靈發而成乎習，習成而復與形氣之靈叶合為一，以追逐境物，是謂習心。故習心，物化者也，與凡物皆相待相需，非能超物而為御物之主也，此後起之妄也。[33]

習心產生的過程，是從本心發用而起。本心必須憑藉官能而起作用，此官能即佛家所謂五根：眼根、耳根、鼻根、舌根、身根，熊十力稱之為「最微妙的機能」。[34]這些機能假借著本心的靈明以追逐外在境物，成了所謂形氣之靈。此形氣之靈以追逐境物為功用，進而成為慣習，自成勢力，也就成了習心。由於它是在追逐境物過程中形成的作用，因此說他是後起的。這個習心雖是從本心發用，但是其作用往往與本然固有的本心相違。一般人所認定的心，通常是此習心。

---

[33] 熊十力：《新唯識論》（語體文本），蕭萐父主編：《熊十力全集》第三卷，頁20。

[34] 熊十力：《新唯識論》（語體文本），蕭萐父主編：《熊十力全集》第三卷，頁375。

> 夫眾生一向是習心用事，習心只向外逐境，故妄執境物，
> 而不可反識自己。（自己，謂吾與天地萬物同體之本性。
> 以其為吾身之主宰而言，則謂之本心。）習心是物化者
> 也，是與一切物相待者也。本心則超越物表，獨立無匹者
> 也。既習心乘權，則本心恒蔽錮而不顯。是以吾人一切見
> 聞覺知，只是於境物上生解，終不獲見自本性。[35]

一般人受習心影響，將形氣之靈當作是本心的靈明，將見聞覺知的作用當作真實，把外在境物視為客觀實在，因此習慣接受外在境物的影響，將本心視為茫然不可知，即便偶有覺醒，卻始終心有罣礙，終於逐漸失去真實生命的動能，而與世浮沈，隨物遷化。熊氏藉由「形氣之靈」源於本心卻反而對本心造成障蔽，指出了習心所帶有的染執性，它將人的生命纏縛住，使人失去了自己。識得習心與本心之辨，方能不任習心作主。熊氏簡述了本心的特質：

> 今略說本心義相：一、此心是虛寂的。無形無象，故說為
> 虛。性離擾亂，故說為寂。寂故，其化也神。不寂則亂，
> 惡乎神，惡乎化。虛故，其生也不測；不虛則礙，奚其
> 生，奚其不測。二、此心是明覺的。離闇之謂明，無惑之
> 謂覺。明覺者，無知而無不知。無虛妄分別，故云無知。
> 照體獨立，為一切知之源，故云無不知。備萬理而無

35　熊十力：《新唯識論》（語體文本），蕭萐父主編：《熊十力全集》第三卷，頁381-382。

妄,具眾德而恆如,是故萬化以之行,百物以之成。群有不起於惑,反之明覺,不亦默然深喻哉。[36]

本心有「虛寂」、「明覺」二義。此心虛寂,故無擾亂、滯礙;此心明覺,故無昏昧、迷惑。相較於習心之染執,本心是無執的;相較於習心之逐物,本心是自明自覺的;相較於習心之與物相需相待而為後起,本心能體物而不物於物為一切智之根源。熊十力以見體為學的,此體不假外求,實在返求自家身心,識得此虛寂明覺之本心。孔子以求仁為學,陽明以致良知為學,呂涇野以踐履為學,皆在返證此體。[37]熊十力言:「吾以返本為學,(求識本心或本體,是謂返本。)歷稽儒釋先哲,皆有同揆。」[38]然其說唯名識,以顯本心,當有見得習心作用甚大不容忽略,其染執又對生命障惑太深,故顯立清淨無染之本心,以為明覺之本體,為一切智之根源,由此豁顯吾人之道德意識,開啟吾人參贊生生化育之動能。

熊氏言哲學貴在會通,又稱學者每每陷於情見而不得相應真理,務必要教學者從體真極、究本源的決心下手,引發智慧之光照,以覺察染執之障惑,乃知真理不假外求,得與先哲同證。熊

---

36 熊十力:《新唯識論》(語體文本),蕭萐父主編:《熊十力全集》第三卷,頁 18-19。

37 這些都是熊十力在《新唯識論》中所舉為學之例。詳見氏著:《新唯識論》(語體文本),蕭萐父主編:《熊十力全集》第三卷,頁 399、401。

38 熊十力:《新唯識論》(語體文本),蕭萐父主編:《熊十力全集》第三卷,頁 414。

氏嘗言為學當窮至空寂處,豈非有所慨嘆:

> 為學未窮至空寂處,(空,非空無之謂,乃以無形無相名空。寂,非枯寂之謂,乃以無染無囂亂名寂。前文可覆按。)則惑習潛存;(必證得空寂本體,保住涵養而勿失之,惑習便自伏除。否則惑根蘊積於中,反障其空寂本體矣。)任情卜度,都無智炬;逞臆尋求,難探道要;障真理之門,絕生民之慧;人生悖於至道,安於墮沒,甚可悲也。(墮沒者,謂其墮落淪溺,幾於喪失其生命也。)[39]

空寂,形容本體無形象、無染污、無作意。吾人必須保存持守之,使無染之本心恆常作主,不任惑習潛伏,障礙吾心之靈明,如此才能證得天人物我通而為一體之真源。所謂惑習,是指其習於用形氣之靈明追逐外在境物,並行此理智以向外求索真理,以情見猜測、以思慮構造、乃至否定真理,墮於形氣,自甘物化。《老子》有「失道後德」之語(《老子》第三十八章),失其根源、忘其本性、染污了心靈、混亂了客觀性、嘲笑禮儀、解構權威,之後就只有各憑本事,玩法弄權了。生民有欲,不究真極,不識本心,隨俗流轉,自可遺憾。既以學者為稱,又不求智炬獨照,徒任情見,隨惑染,執快意,不恤生民,如此則人道將絕,悲之甚矣!熊十力以唯識說顯立道德意識,其有深意哉!

---

39 熊十力:《新唯識論》(語體文本),蕭萐父主編:《熊十力全集》第三卷,頁 195。

第五節　結語：在根源處通透

　　熊十力嘗言「為人不易，為學實難。」牟先生認為這裡的意思是要強調：「無論為人或為學同是要拿出我們的真實生命才能夠有點真實的結果。」[40]其所以不易，所以艱難，實因吾人要面對客觀現實世界，面對生命的有限性，面臨種種欲力糾纏之境，要能坦然自在，做真實的學問，又是何嘗不易。熊先生返諸自家身心的證體之學，他對境識關係的分析，對習心染執的深刻反省，在我們所處的數位科技化時代中，依然顯得彌足珍貴。他所謂的本體，是一無分別的整全之體，以其為一切存有之本源，故稱本體；以其為人人固有之智慧，故稱性智；以其虛寂明覺，能轉物而不為物轉，故稱本心。其名雖殊，實指一也。

　　本文初由其會通諸學成一家之言的宏觀偉視著眼，指出其會通的學問方式，實以見體之學貫穿全體，故而其會通不可以學術概念的融攝或知識性的統整來理解，而當返求自家生命根源來求其相應。其次從熊十力對佛家「唯識」概念的取義來說其「會通」。熊氏藉「唯識」立說，而別有取義。其所謂「唯識」：「唯」，是彰顯其殊特義；「識」，是指本心。以本心為萬化之源，其作用殊特，能了知分別和運用一切物，主宰乎物而不隨物轉，故而說「唯」。換而言之，此本心是觸動一切境物，使其不流於虛妄，而得以為真實存在的關鍵。故而由此能夠所觸皆實，證見生生不息的大化之流。因此說熊氏之直指本心、顯立本體，

---

[40] 牟宗三先生認為此中繫乎熊先生「無限的感慨。」詳見氏著：《生命的學問》〈為學與為人〉（臺北：三民書局，1997 年 3 月），頁 119-131。

以此本心為吾身與天地萬物同具之本體，實與佛家「唯識」義絕大不同。

其次再從「境」與「心」的關係，強調「心與境是不可分的整體」，進一步指出不役於境的「真實的智」，也就是對比於妄心的「本心」。最後以本心與習心之辨，說明熊十力如何強調習心之染執對生命障惑的嚴重性，進而對顯出本心清淨無染的特質，因而得以為明覺之本體。通過這樣的對比，將人生命從染執中拔出，由此而豁顯吾人之道德意識，開啟吾人參贊生生化育之動能。此可說是得益於佛家之處。

「會通」之學，是要在根源處通透。必須藉由致力融通各家的學問，在種種障蔽中尋求微露的智光，以引發吾人之同證，進而趨向真理。此種學問的工夫，能使人顯露智光，超拔於俗染。因此熊十力說：「人非力學，難言去俗。知識道德高一分，俗情方去一分。」[41]然而致力於學問固然可以讓吾人增長智慧，但是卻不能取代真實的生活經驗。熊十力又說：「讀書最怕依文生解。自謂見到，卻完全沒有親自體驗過。」[42]然而經驗又容易囿限於個人的形軀觀感，因此必須汲取古今之學問與智慧，進而還證於吾人之生活世界中。熊十力的「見體」之學，強調「即用顯體」，也就是要從「大用流行」來證得本體。[43]如此說，見體之學，必然關聯到吾人所處之「生活世界」。

---

[41] 熊十力：《十力語要》卷四〈高贊非記語〉，頁 486。

[42] 熊十力：《十力語要》卷一，頁 47。

[43] 熊十力：「本體是什麼，非想所及，非言可表。無已，則唯即用顯體，庶幾方便，而得相應。」氏著：《十力語要》卷一，頁 30。

第四章　生活世界與見體之學
——胡塞爾與熊十力的對比理解

第一節　問題的源起

生活世界（Life-world、Lebenswelt），是德國現象學家埃得蒙德·胡塞爾（Edmund Husserl, 1859-1938）晚年特別重視的問題，也是 20 世紀廣受討論的概念。[1]洪漢鼎認為「生活世界現象學可以說是胡塞爾現象學的最後歸宿。」[2]這位終身致力於「做為嚴格科學的哲學」的學者，晚年表現出對「生活世界」的積極興趣，似乎轉向更加地重視人的主觀性以及存在事物的經驗。然其將「返回生活世界」視為「實現先驗還原的一條途徑。」[3]藉

---

[1] （愛爾蘭）德爾默·莫蘭（Dermot Moran）、約瑟夫·科恩（Joseph Cohen）著，李幼蒸譯：《胡塞爾辭典》（北京：中國人民大學出版社，2015 年 7 月）。在「生活世界」（Life-world）的詞條中提到：「胡塞爾的『生活世界』概念，在哲學、社會學和其他人文科學中被廣泛接受。」頁 148。

[2] 洪漢鼎：《重新回到現象學的原點——現象學十四講》（北京：人民出版社，2008 年 9 月），頁 260。

[3] 胡塞爾的《歐洲科學的危機和先驗現象學》第三部分的標題為「回顧和探問預先給予的生活世界是通向現象學的先驗哲學的道路」張慶熊：《熊十力的新唯識論與胡塞爾的現象學》（上海：人民出版社，1997

由說明包括自然科學在內的各種理念化的體系如何形成，指出我們日常可及的經驗世界如何為其形成的基礎，並進而指出應從歷史上各種相對性的認識跨入到「絕對無礙的認識」，也就是「先驗的自我」的「純粹意識世界」。這樣的思考及其引發的問題感，與熊十力（1885-1968）的由實存的體驗而上遂於道的「見體」之學，似乎有些相應之處。熊十力《新唯識論》中，對於「境」、「識」關係的探討，指向一意識之前的「存有的根源」。[4]兩者對於本體的洞察，其實皆關聯著對於「生活世界」的肯定。生活世界或者見體的概念，始終是一種哲學的關懷，它們都關聯著具體存在的人對於普遍的價值與存在意義的探求；其面對的問題，也都反應出對於現代科學文明的反省。當現代文明將科學質測視為衡量真實的唯一尺度時，便阻斷了的歸返真實存在的道路；當永恆的意義與普遍的價值不再是人們所關心的問題時，吾人所及的經驗世界似乎變得乾枯。本文將以「生活世界」為關鍵，對比胡塞爾與熊十力對此概念理解之異同，進一步指出其中可能帶給我們的實踐啟示。

第二節　胡塞爾生活世界概念之提出 ──對科學理性的反省

　　首先我們應對「生活世界」的問題背景有所理解。胡塞爾「生活世界」（Lebenswelt）的概念，最初是以「經驗世界」

年 4 月），頁 127。

4　林安梧：《存有・意識與實踐》（臺北：東大圖書公司，1993 年 5 月），頁 20。

（Erfahrungswelt）的概念出現。[5]此所謂「世界」，乃是「作為我們經驗的一種橫向背景」，它是「一切假定的基礎」，是「一切設定行為的背景」。[6]這裡提出的一切假定與理論，包含我們對行為活動的設定與態度，皆有一始終存在著的視域做為基礎。其所謂「經驗世界」，顯然不只是客觀的外在事物，而是關聯著人的主觀意識。在胡塞爾的後期著作中，「世界」甚至「意味著人類一切意向行為的可想像的最廣界域。」[7]其中最廣受重視的，便是「生活世界」的概念。

　　二十世紀的 20 年代開始，胡塞爾的著作中開始大量出現「生活世界」一詞，特別在《歐洲科學危機和超越現象學》一書中有相當多的論述。[8]胡塞爾提到：

　　　　最為重要的值得重視的世界，是早在伽利略那裡就以數學

---

[5]　洪漢鼎：《重新回到現象學的原點——現象學十四講》，頁 251。

[6]　德爾默・莫蘭、約瑟夫・科恩著，李幼蒸譯：《胡塞爾辭典》，頁 147。

[7]　德爾默・莫蘭、約瑟夫・科恩著，李幼蒸譯：《胡塞爾辭典》，頁 279。

[8]　關於胡塞爾對「生活世界」的提出與論述的資料，張慶熊提到：「從 20 年代起『生活世界』才被胡塞爾列為專題詳細研究。在 1925 年和 1928 年的課堂講座『現象學的心理學』（見《胡塞爾全集》第九卷）中，在 1926 至 1927 年的課堂講座『現象學哲學導論』（見《胡塞爾全集》第九卷和第十四卷）中，在 1927 年的『自然與精神』（還沒出版）中，以及在他的晚期著作《形式的和先驗的邏輯》（1929 年）和《歐洲科學的危機和先驗現象學》1936 年）中，人們可以瞭解到他有關生活世界的論述。」氏著：《熊十力的新唯識論與胡塞爾的現象學》，頁 119。

> 的方式構成的，理型存有的世界開始偷偷摸摸地取代了做
> 為唯一實在的，通過知覺實際地被給予的、被經驗到並能
> 被經驗到的世界，即我們的日常生活世界。[9]

伽利略（Galileo Galilei, 1564-1642）這位義大利著名數學及天文學家，「以第一位近代實驗科學家和創造了數學物理學的先天性學科而著稱於世。」[10]他被視為近代科學的奠基者之一。胡塞爾之所以對伽利略特別感興趣，在於他開創了近代科學的世界觀。對伽利略來說，世界可以區分為：「客觀的」自存在的自然世界、「主觀的」心理世界。此種我們日常生活主觀感知下的世界，是由我們感官所構造出來的世界，在伽利略看來它是不真實的且不可靠的，只有藉助數學和幾何學精確描述的世界，這樣的「客觀世界」才是真實而可靠的。此種科學的真理，藉由將自然理型化，取代了我們的生活世界，甚至將一切存在簡化為可以靠公式操作應用的「理想的幾何世界」。[11]胡塞爾認為此種世界觀是有問題的。他認為這並非世界本身，而是將生活世界穿上了一件「理型的衣服（Ideenklieid）」：

> 這件「數學和數學的自然科學」的理型的衣服，或這件符

9　（德）埃德蒙德‧胡賽爾 Edmund Husserl 著，張慶熊譯：《歐洲科學危機和超越現象學》（臺北：桂冠圖書公司，1992 年 8 月），頁 51。

10　德爾默‧莫蘭、約瑟夫‧科恩著，李幼蒸譯：《胡塞爾辭典》，頁 99。

11　埃德蒙德‧胡賽爾著，張慶熊譯：《歐洲科學危機和超越現象學》，頁 52。

號的數學理論的符號的衣服，囊括一切對於科學家和受過教育的人來說，做為「客觀實際的、真正的」自然，代表生活世界、化裝生活世界的一切東西。正是這件理型的衣服使得我們把只是一種方法的東西當做真正的存有。[12]

生活世界是具有顏色、聲音、氣味、觸覺的世界，對此我們日常所經驗的可感知的世界，我們通過符號來更精準地測量，使它能夠更可靠地被理解。但是卻不應以符號或概念來替代對於生活世界的真實經驗。將「理型的衣服」當做「真正的存有」正如《韓非子》中「買履取度」的鄭人「寧信度，無自信也。」[13]一樣地荒謬。胡塞爾不僅認為現代自然科學的世界觀無法取代人的經驗，更要強調：「生活世界是自然科學的被遺忘了的意義基礎。」[14]也就是說，我所處的生活世界具有一種充分的首要性與基本性，從中產生了一切科學。但是伽利略卻將科學從生活世界中切割出來，使它成為「自然科學的被遺忘了的意義基礎。」

　　胡塞爾生活世界的問題的提出，顯然是針對現代科學的反省。[15]主客二元論的科學理性，將世界看成對立於我的外在世

12　埃德蒙德・胡賽爾著，張慶熊譯：《歐洲科學危機和超越現象學》，頁54。

13　王先慎：《韓非子集解》卷十一，〈外儲說左上〉，國學整理社：《諸子集成》第五冊（北京：中華書局，1996 年 2 月），頁 209。

14　埃德蒙德・胡賽爾著，張慶熊譯：《歐洲科學危機和超越現象學》，頁51。

15　（美）羅伯索・科羅斯基（Robert Sokolowski）提到：「在現代科學來臨之後，才出現我們要如何看待自己的生活世界這樣的問題。」羅伯索・科羅斯基著，李維倫譯：《現象學十四講》（臺北：心靈工坊文

界，將世界稱之為客觀世界以與自己相對，將知識稱之為理論以
與世界相對，於是理論與知識距離生活世界也越來越遙遠。[16]胡
塞爾提到在自然科學主導下的二元論，它們對世界的理解：「抽
象掉了做為過著人的生活的人的主體，抽象掉了一切精神的東
西，一切在人的實踐中物所附有的文化特性。」故其所謂自然，
乃是「做為實在的自我封閉的物體世界的自然觀。」[17]胡塞爾反
對將人的精神、主體性乃至文化特性抽離出來理解世界。他所提
出的「生活世界」，既是科學的「奠基性基底」（gründende
Boden）更是我們親身經驗的世界，它才是我們唯一的真實世
界。[18]這裡顯示出胡塞爾現象學對於人的主體性以及精神意識的
重視，在現代科學理性獨斷的情境中的確深具啟發性，但是我們
也不能忽略，胡塞爾認為對理性的信仰，是從古希臘以來歐洲哲
學最重要的傳統。他的現象學，其意義是要將人的因素重新帶回
到理性的信仰中。[19]

化，2004 年 3 月），頁 215。

16　此段概括參考洪漢鼎之理解。洪漢鼎：《現象學十四講》，頁 255。

17　埃德蒙德・胡賽爾著，張慶熊譯：《歐洲科學危機和超越現象學》，頁
　　63。

18　德爾默・莫蘭、約瑟夫・科恩著，李幼蒸譯：《胡塞爾辭典》，頁
　　148。

19　洪漢鼎指出：「胡塞爾認為歐洲的人性就是理性，真正歐洲人的人性就
　　是對普遍哲學的信仰，對理性的信仰。……胡塞爾所謂的科學的危機實
　　質上乃是哲學的危機，其根本上就是人的危機，也意味著對於理性信仰
　　的崩潰。」洪漢鼎：《重新回到現象學的原點——現象學十四講》〈第
　　十四講　現象學最後歸宿——生活世界與先驗自我〉，頁 256。

第三節　胡塞爾「生活世界」的概念
及其如何統一

　　關於「胡塞爾的生活世界的概念」，張慶熊認為其意義並不統一。他將胡塞爾「生活世界」的概念歸納為三種：（1）狹義的生活世界（2）特殊義的生活世界（3）廣義的生活世界。[20]今依據他的說法歸納如下：

> （1）狹義的生活世界，是相對於客觀科學的世界而言，是指日常的、知覺地給予的世界。（2）特殊義的生活世界，是根據人各自的實踐活動，因其目的、範圍而造成視野的不同，而產生各自的生活世界。（3）指生活世界統一各個特殊的世界。

狹義的生活世界，是在與客觀科學的對比下產生的理解。特殊的生活世界觀，則是關聯到各種人生態度與實踐活動目標，因而形成每一個體的「地平圈」，[21]它有著各自的封限。然而特殊的世界觀，得以在人們的交流互動中關聯起來，打破封限，形成了更廣義的生活世界概念。也就是說，廣義的生活世界得以成為眾多不同的價值觀念、不同的視野，相互交流的基礎，甚至是相互影響的結果。在此意義上可以說：「凡與人有關的一切世界都屬於

---

[20]　張慶熊：《熊十力的新唯識論與胡塞爾的現象學》（上海：上海人民出版社，1997 年 4 月），頁 119-120。

[21]　張慶熊：《熊十力的新唯識論與胡塞爾的現象學》，頁 120。

生活世界。」[22]、「生活世界是一切實踐的基礎」[23]，而科學世界顯然也屬於此廣義的生活世界的一部分。換而言之，生活世界有：日常的生活世界、個別的生活世界、統一的生活世界，分別指狹義、特殊義到廣義三個生活世界概念。嚴格來說，生活世界雖然不離人的主體認知活動，但是其最重要的意義，仍是「一個具有原初的自明性的領域。」[24]它是「前科學的」，更是「無限開放的、永遠存在著未知物的世界」。[25]在這裡，承載著人類的一切活動。人們透過交流活動，親身展示其意識所及的世界，也在此表現其「生活」。人們彼此交流著思想感情，也交流著科學思想，其交流的基底，正是生活世界。正如張氏所說：「人們在生活世界中通過交流活動吸收和綜合科學世界的概念，協調各種人生態度，形成普遍的價值觀念，明確人類的各種實踐活動的目的意義。」[26]人們正視其身處在生活世界中，在此基礎上相互交流，探尋普遍的價值觀念，確認人類生活中各種實踐活動的目的及意義。從這個意義上看來，生活世界是一切人類實踐活動的基礎，同時也是其交互影響的結果。因而張慶熊強調：「生活世界的概念框架是經過人們的交流活動自然而然形成的，它不是一個完備的體系，它永遠處於變動的過程中。」[27]永遠處於變動的過

---

[22]　張慶熊：《熊十力的新唯識論與胡塞爾的現象學》，頁 121。

[23]　德爾默・莫蘭、約瑟夫・科恩著，李幼蒸譯：《胡塞爾辭典》，頁 148。

[24]　張慶熊：《熊十力的新唯識論與胡塞爾的現象學》，頁 122。

[25]　埃德蒙德・胡賽爾著，張慶熊譯：《歐洲科學危機和超越現象學》，頁 53。

[26]　張慶熊：《熊十力的新唯識論與胡塞爾的現象學》，頁 126。

[27]　張慶熊：《熊十力的新唯識論與胡塞爾的現象學》，頁 125。

程中，表示其生活世界的意義隱含著某種無限性。

　　從對生活世界概念的歸納，我們進一步可以發現，胡塞爾是如何強調人的主體作用在其中扮演的重要意義。一切的概念的獲得都是經由主體活動而產生的。然此中的主體活動，實有一重要目的，即探尋所謂「普通價值觀念」。生活世界是人的主體所直接接觸的世界，提供我們形成「普遍價值觀念」，以及探求真理的基礎。這個「普通價值觀念」，可以說是一種概念的框架，此種框架的構成是在不同的時空條件中不斷地更新發展，一步步逼進可設想的完美領域。胡塞爾曾用「幾何學」來類比此種理性思維的構造活動：

> 在完美化的實踐中，在自由地「一步一步」朝向可設想的完美的領域的逼近中，極限形狀產生出來。這種極限形狀是不斷改進的特殊的系列所永遠逼近的，但永遠達不到的、不變的終極目標。如果我們有興趣於這些觀念的形狀，並不斷地從事於規定它們，和根據已經被規定的東西構造出新的東西，那麼我們就是「幾何學家」。[28]

　　廣義的生活世界包含了科學世界，科學理性當然也可視為是此發展歷程中的一部分，只是我們時常忽略了即便是客觀的科學，也是一系列主體的構成活動的產物。胡塞爾藉由幾何學的源起來說明它，說明一種追求客觀的理念化的歷程中，指出新的概

---

[28]　埃德蒙德・胡賽爾著，張慶熊譯：《歐洲科學危機和超越現象學》，頁26。

念或知識的形成是如何與人的主體活動息息相關。[29]張慶熊提到：「這種極限形狀雖在技術上只能永遠被逼近，永遠不能完全達到，但是我們的理智能夠把握它們。」[30]此種理智的把握，要使之客觀化而具有普遍意義，必須通過生活世界中人與人活動的主體際性。張慶熊進一步解釋道：

> 胡塞爾認為，客觀的理念化的幾何學起源於前科學的、生活世界中的實踐活動，隨著測量技術的發展，隨著新概念的產生，才被逐步構成出來的。幾何學的客觀性在於構成和應用它的人的活動的主體際性。客觀的幾何學不是獨立於人的主體的自在的東西，而是與人的主體休戚相關的，是主體構成活動的產物。[31]

　　在前科學的生活世界中，人們通過測量的技術，尋找並確立共同標準的可能性。這種客觀標準是由主體所建立，但是也是具有公共性的，它並非私人所想像的，而是共同認定的。因此說涉及人的主體之間的關係。它的客觀性之所以構成，必須在語言上、邏輯的規則上、實踐的操作上被普遍接受。張慶熊將之理解為「主體際化的構成活動」。[32]但是這種一致性的關係，似乎不

29　胡塞爾從幾何學的源起，說明了它是如何從測量的技藝轉化成為對純粹的極限形式的探尋。參考張慶熊：《熊十力的新唯識論與胡塞爾的現象學》，頁 130-132。

30　張慶熊：《熊十力的新唯識論與胡塞爾的現象學》，頁 129。

31　張慶熊：《熊十力的新唯識論與胡塞爾的現象學》，頁 130。

32　張慶熊：《熊十力的新唯識論與胡塞爾的現象學》，頁 129。

只是世俗經驗中的約定俗成，而是具有先驗性的意義。鄧曉芒提到：

> 人與人的一致並不是約定俗成的，不是通過交流形成的，而是表明先驗的主體間性是一個獨立的、絕對的存在基礎，一切人的所謂約定俗成之所以可能是因為他們先天就具有可能，他們的意識中存在的是同一個意識結構，所以他們能夠相通。[33]

　　這裡提到人的交流之所以能產生一致性，在於「意識結構裏面同一個先驗的主體」。這樣的先驗主體，是在諸相互交流的主體所組成的。洪漢鼎提到：「先驗自我或先驗主體的真正意思是說：我的感知向我呈現可以在主體間通達的存在者，即不單單是為我而存在的存在者，而是為每一個人存在的存在者。我們將對象，事件以及行為作為公共的，而非私人的東西去經驗，因此先驗自我的真正意思就是主體間性。」[34]先驗自我或先驗主體，其實就是主體間性。它是一種交互主體的概念。胡塞爾的「主體際性」（或譯作「主體間性」）（Intersubjectivity）[35]或者「先驗

---

[33]　鄧曉芒：《哲學史方法論十四講》（重慶：重慶大學出版社，2015 年 1 月），頁 291。

[34]　洪漢鼎：《重新回到現象學的原點——現象學十四講》，頁 260-261。

[35]　「主體間性」中文或譯作「交互主體性」。參考倪梁康：「在胡塞爾現象學中，『交互主體性』概念被用來標誌多個先驗自我或多個世間自我之間所具有的所有交互形式。」「『純粹——心靈的交互主體性』是『生活世界』中人與人之間理解、互通、交往的前提。」氏著：《胡塞爾現象學概念通釋（修訂版）》（北京：生活・讀書・新知三聯書店，

的主體間性」（Transcendental intersubjectivity）概念，是用來標誌多個世間的自我之間或先驗的自我之間所具有的交互形式。它是人之所以能相互溝通的前提，而不是經驗造成的結果。此先驗的主體間性，是使得一切客觀事物之所以存在以及具有意義的基礎，它與生活世界的概念密不可分。同時也可以說，正是此種主體間性，才是構成人們所知覺的世界與現象的可能性條件。胡塞爾說：

> 具體的完全的先驗主體性，是一個由許多我所組成的開放的共同體的總體，一個從內部而來的被純粹先驗地統一起來的，並且僅僅以這種方式才是具體的總體。先驗主體間性是絕對的並且是唯一自足的存在地基（Seinsboden），每個客觀事物都從那裡（客觀地真實的東西的總體，並且也是每個客觀的觀念世界的總體）獲得其意義和有效性。[36]

先驗主體性其實是「由許多我所組成的開放的共同體的總體」，它是「唯一自足的存在基礎」。所謂「世界」，可以視為是此共同體的成就。這裡我們或許可以回應到張慶熊所說的「為什麼生活世界能對各個特殊世界起整合作用」[37]的問題，它顯然不只是感性經驗的交流活動，而是涉及更深層的先驗主體間性。或許我們可以說，先驗主體性與生活世界，看似能、所對立，其實隱含著一體之關聯。

2007 年 8 月），頁 256、260。

[36] 洪漢鼎：《重新回到現象學的原點──現象學十四講》，頁 261。

[37] 張慶熊：《熊十力的新唯識論與胡塞爾的現象學》，頁 122。

　　凡是與人有關的一切世界都屬於生活世界，而生活世界的豐富性也在人的活動中實現。此活動，似乎更強調一種認知的、知識構成的活動。但是胡塞爾將它提到先驗的層次，似乎也賦予了生活世界一種本體論的意味。張慶熊認為：胡塞爾的「生活世界」是實現「先驗還原」的途徑。他指出胡塞爾的生活世界理論，仍是在揭示其「終生堅持哲學作為統一的、嚴格的科學的理念。」[38]正如胡塞爾所指出的：「哲學和科學本來應該是揭示普遍的、人『生而固有的』理性的歷史運動。」[39]其生活世界的概念，隱含著繼承並致力於延續西方理性主義精神文明的使命。

第四節　熊十力體用合一論中「生活世界」的意蘊

　　探尋真理之途徑，本來就不是只有一條道路。從文獻來說，熊十力雖然並未使用「生活世界」一詞。[40]但是他的「體用不二」的哲學，強調「實體不是超脫現象界而獨存之一世界」[41]，

---

[38] 張慶熊：《熊十力的新唯識論與胡塞爾的現象學》，頁134。

[39] 埃德蒙德・胡賽爾著，張慶熊譯：《歐洲科學危機和超越現象學》，頁14。

[40] 在《新唯識論》（語體文本）中，熊十力提及「世界」一詞有109次，包含了「物理的世界」、「外在的世界」、「現實世界」、「無量世界」、「生滅的世界」、「理體世界」、「大用流行的世界」、「本體世界」、「無為世界」……等眾多概念，本文所關注者為人如何以「實存世界」為基礎而開啟的「見體」之路。

[41] 熊十力：《新唯識論》（語體文本），蕭萐父主編：《熊十力全集》第三卷（武漢：湖北教育出版社，2001年8月），頁506。

實能顯示出一有別於西方理性主義傳統下的「生活世界」概念。
關於熊十力哲學中蘊含著「生活世界」的概念，實由林安梧先生
所提出。林安梧認為熊十力「體用合一」的哲學模型，可以成為
中西哲學匯通的要道，並指出「在某一個意義下，熊十力的哲學
是前現代的，但這個前現代的哲學內容卻有著一個後現代的規
模」[42]。他藉由彰顯熊十力的「活生生實存而有的體用哲學」，
進一步指出其中所蘊含的強調「生活世界」的概念。然此「生活
世界」與胡塞爾「生活世界」（Lebenswelt）之意義其實頗有不
同。

　　當代熊十力研究中與現象學相關聯者，值得關注者有張慶熊
《熊十力的新唯識論與胡塞爾的現象學》（1995 年）、吳汝鈞
《純粹力動現象學》（2005 年）、以及較早的林安梧《存有·
意識與實踐》（1993 年）。張氏從主體的意識結構，指出胡塞
爾的現象學與熊十力的《新唯識論》的相通處[43]；吳汝鈞從實體
主義的角度指出熊十力體用哲學的限制，並吸收胡塞爾「絕對意
識」的概念，提出了其「純粹現象學」的理論。[44]林安梧則是從
「活生生的實存而有」的存有學的角度，進而關聯到「生活世

[42] 林安梧：《牟宗三前後——當代新儒家哲學思想史論》第三章〈熊十力
　　體用哲學之理解與詮釋〉（臺北：臺灣學生書局，2011 年 9 月），頁
　　35。按：此種判斷，可以說是對比於牟宗三先生的「兩層存有論」之偏
　　重「道德主體性」而起的反省，進而關聯其「後新儒學」的提出。另可
　　參考林安梧：《牟宗三前後——當代新儒家哲學思想史論》第十三章
　　〈後新儒學的思考〉，頁 165。

[43] 張慶熊：《熊十力的新唯識論與胡塞爾的現象學》，頁 290。

[44] 吳汝鈞：《純粹動力現象學》（臺北：臺灣商務印書館，2005 年 5
　　月），頁 40-41。

界」的概念，以詮釋熊十力的體用哲學，並且進一步指出當中隱含「現象學式的存有學」的特質。[45]他對熊十力哲學體系的把握，較前二者更加地完整、深入，其活生生實存而有的契入方式，對於當代儒學的實踐也具有啟發性，因此本文特別關注其所闡發的熊十力的「生活世界」概念，對比於胡塞爾的現象學的「生活世界」概念，探尋對於儒學當代實踐的啟示。

所謂「活生生的實存而有」，林安梧提到：

> 「活生生的實存而有」一詞指的是就人這個存在來說，他是不同於其他一切存在的，因為他不只是一被拋擲到人世間來的存在，他更是去迎向世間，並在此世間開顯其自己並同時開顯這世界一切的存有。或者，我們可以說：人是以整個生活世界作為其實存的基底，同時這樣的實存的基底也就是其理解與詮釋的基底，而且所謂實存的基底與理解、詮釋的基底並不是一靜態而客觀擺置於彼這樣的基底，而是人迎向世界，世界同時迎向人，人與世界一體開顯而成的基底。[46]

「活生生的實存而有」是就人的「存在」而說的。人主動迎向世界，開顯其自己，也開顯世界。可以說，其自身的存在，以及此世界之存在，是由我主動地「開顯」出來的。「生活世界」是「實存的基底」，然而此世界之所以成世界，其所以為「基

45　林安梧：《存有・意識與實踐》，頁30。
46　林安梧：《存有・意識與實踐》，頁17-18。

底」，與我的「開顯」息息相關。胡塞爾雖然將「生活世界」視為「一切人類實踐活動的前題」[47]，認為人的主體認知活動在生活世界中彼此交流，藉此擴大了生活世界的概念範圍，但是相較於這裡強調的人與世界的緊密關聯這樣的「一體開顯」所成的世界，似乎仍是偏重概念認知所構成的世界，仍不離西方理性傳統中「思維與存在的一致性」的原則。[48]

由「活生生的實存而有」所開顯的「世界」，此中人與世界的關聯，不只是平鋪的橫面的連結，而是通天接地，具有本體意義的連結。所謂「生活世界」中的「生活」一詞，實有兩層意義：

> 所謂的「生活世界」的「生活」一詞，更不只是一般所謂的生活而已，活者，健動不息，生者，源泉滾滾，我們在這裏所取的「生活」二字的意義，一方面指的是我們生活週遭所謂的生活，而另方面則是強調它必通極於道，歸本於體而說的生活，生活世界指的是那有本有源、通極於道

---

[47] 胡塞爾：「每一個實踐的世界。每一種科學，都以生活世界為前提。它們作為目標構成物是與『自然而然』地已經存在並將繼續存在的生活世界相對峙的。另一方面每一種人（個體和群體）的創作和成就都是生活世界的一部分。」（《胡塞爾全集》第六卷）引自張慶熊：《熊十力的新唯識論與胡塞爾的現象學》，頁126。

[48] 林安梧以「生命與價值的和合性」與「存在與思維的一致性」作為東西方哲學傳統，關於「話語、思考、存在、認知」等問題的對比。本文藉此來區別胡塞爾與熊十力哲學對於本體之理解的不同向度。參考林安梧：《中國人文詮釋學》（臺北：臺灣學生書局，2009年10月）第五章，頁129-130。

體，流行充周於上下四方、古往今來而成者。……人之作為一個存活者（實存者）（existence），他之為存活（實存）是以其當下的生活感知，即此生活感知而上遂於道也，故此感知經驗非一般認識之經驗，而是一上遂於道的本體經驗，就此「活生生的實存」而說的任何一個「有」（存在）（being），我們說其為「活生生的實存而有」。[49]

「生活週遭」與「通極於道」，分別表現出「生活」的現實層次與價值層次，而這兩重層次，是經由人之作為一個「實存者」以其感知經驗（實踐活動）統一起來，而形成了「生活世界」。因此熊十力的「生活世界」是健動不息、源泉滾滾的富有價值意義的世界。這樣的世界，是具有價值意義、本體意義的世界。用儒家的話語來表達，就是「生生不息」、「大化流行」的世界。熊十力提到：「我嘗說，識得孔氏意思，便悟得人生有無上底崇高的價值，無限的豐富意義。尤其是對於世界，不會有空幻的感想，而自有改造的勇氣。」[50]這樣的世界觀，關鍵在於人能夠「識得」本體，也就是說是否能有「本體經驗」。

　　「生活世界」的意義可以有兩重性，一是就具體的經驗世界來說，一是就其活潑潑的價值世界的意義來說。然而後者顯然又不足以從經驗世界的意義來了解。我們而以說生活世界之活潑，是由人以其當下的生活感知而開啟的，然此感知經驗非一般的

49　林安梧：《存有‧意識與實踐》，頁 18。

50　熊十力：《新唯識論》（語體文本），蕭萐父主編：《熊十力全集》第三卷，頁 142。

「認識之經驗」而是上遂於道的「本體經驗」。一般的認識的活動，都是主客相對的，熊十力稱為「對待的觀念」[51]，它是將事物視為獨立於我之外的客觀存在，而吾人通過理智作用去分辨、理解、運用事物。熊十力提到：「吾人的理智作用、是從日常實際生活裏面、習於向外找東西的緣故、而漸漸的發展得來。」因此具有「向外取物的執着相」[52]。此種執取、把捉外物的傾向，與「生活世界」活潑潑的特質相違。熊十力說：「吾人底理智作用，應日常實際生活的需要，常常是向外去找東西。所以，理智作用不能理會造化的蘊奧。易言之，即不能明了一切物剎那剎那生滅相續的活躍躍的內容。他總是把捉那剎那剎那生滅相續所詐現的相狀。即是將那本來不住的東西，當作存在的東西來看。」[53]健動不息、源泉滾滾的「生活世界」是流行不住的，而理智作用卻是要把握住外在對象，形成知識的世界。理智作用及於客觀經驗世界，而生活世界卻是關乎造化之蘊奧，它必須關聯到「本體的經驗」。熊十力認為「本體非是理智所行的境界」[54]，生活世界，顯然不是通過理智作用來開啟的。這與胡塞爾試圖從生活世界中找到科學理性的基礎，進而要回到追求一種普遍的認識的

---

[51]　熊十力：《新唯識論》（語體文本），蕭萐父主編：《熊十力全集》第三卷，頁 484。

[52]　熊十力：《新唯識論》（語體文本），蕭萐父主編：《熊十力全集》第三卷，頁 76。

[53]　熊十力：《新唯識論》（語體文本），蕭萐父主編：《熊十力全集》第三卷，頁 138-139。

[54]　熊十力：《新唯識論》（語體文本），蕭萐父主編：《熊十力全集》第三卷，頁 14。

哲學的可能性所抱持的信仰，頗有異趣。[55]

　　進一步來說，所謂的「實存」而「有」（being），並非理智作用下的認識活動所執取的形式，而是要跨越此「暫住」之型態，進到變化流行的根源。即此根源，成就一一活潑潑的具有價值意義的存在。即此根源所說的，才是活生生的實存，才是真正的存有。本體經驗下的「生活世界」的「存有」之所以為「活生生的」，正是由於它不是暫住的型態。「生活世界」可以說是「本體」的顯現，而本體顯現為現象，乃是無窮無盡的功用。這正是熊十力《新唯識論》中強調的「即用顯體」的旨趣。[56]我們可以說，熊十力「生活世界」的意義應當從從功用義來理解「生活世界」，不是從現象暫住的跡象來理解。

　　熊十力的「存有」義，林安梧指出它與一般所謂「存有」義的不同：

　　　　熊先生義下的「存有」與一般所謂的「存有」是不同的，一般所謂的「存有」是一客觀的存有，是一「執著性、對象化的存有」，而不是熊先生之所謂的「存有」，它之為一活生生實存而有，是一「無執著性、未對象化的存有」，這是邁越了概念機能總體所成的認識主體之所對的知識境界，而須得進到一道德實踐理念之所要求的實存世界。[57]

---

[55]　洪漢鼎：《重新回到現象學的原點——現象學十四講》，頁 256。

[56]　熊十力：「本論的旨趣是在即用顯體。」氏著：《新唯識論》（語體文本），蕭萐父主編：《熊十力全集》第三卷，頁 234。

[57]　林安梧：《存有‧意識與實踐》，頁 19-20。

　　林安梧在這裡將「存有」的對象區分為二重:「執著性、對象化的存有」以及「無執著性、未對象化的存有」。並以後者為熊先生所強調的存有義。前者可說是世間「俗諦」,後者為證理之「真諦」,具有本體層次的意義。[58]所謂執著性與無執著性、對象化與未對象化,涉及「心、物」的關係,熊十力以「境與識」來說明此關係:前者為「取境的識」[59],後者為「依於本心發用之識」[60]。前者不免對境起執,後者則能了別境物,而明白「境和心是不可分的整體」,因而名「唯識」。[61]林安梧則進一步用「存有三態」來說明:(1)存有的根源、(2)無執著性、未對象化前的存有、(3)執著性、對象化了的存有。並強調要探索存有的根源「必須越過執著性的、對象化的存有,才可能進到一無執著性、未對象化的存有的境域,如此才能進一步觸及到存有的根源。」[62]如果說,知識經驗是執著性、相對待的;本體經驗則是不受此執著性、對象化所限制的原初的狀態。從執著到

58　熊十力:「我們講道理,應該分別俗諦和真諦。隨順世間,設定境是有的,並且把他當作是外在的,這樣,就使知識有立足處,是為俗諦。泯除一切對待的相,唯約真理而談,便不承認境是離心外的,馴至達到心境兩忘、能所不分的理地,是為真諦。」氏著:《新唯識論》(語體文本),蕭萐父主編:《熊十力全集》第三卷,頁50。

59　熊十力將「取境的識」分為:一、心行於境;二、心於境起思慮等;三、心於境有所黏滯。此三者皆為對境起執。詳見氏著:《新唯識論》(語體文本),蕭萐父主編:《熊十力全集》第三卷,頁24。

60　熊十力:「識者,則言乎體之發用也。」氏著:《新唯識論》(語體文本),蕭萐父主編:《熊十力全集》第三卷,頁430。

61　熊十力:《新唯識論》(語體文本),蕭萐父主編:《熊十力全集》第三卷,頁47。

62　林安梧:《存有‧意識與實踐》〈提要〉,頁3。

無執，從有限到無限，此中實有一克治返本的實踐歷程。「存有三態論」指出了探尋存有的根源，意味著回歸到無執著、未對象化之前的狀態。這樣的根源，其意義是豐富無限的，其作用是活潑盛大的。但更重要的是，它強調復歸本體之路，其實是一條充滿各位可能性的道路，每一個實踐的主體，都必須面對其自己的辯證的實踐歷程。我們經驗所及的生活世界，其實正是一條探尋存有之源的徑路。這是一條充滿各種可能性，也充滿著挑戰的道路。

　　人所經驗的當下周遭的「世界」，是由主體認知所對的經驗世界，然而當人之以一「活生生的實存而有」之姿態，進入此「世界」，則將「邁越了知識境界」進一步達到的「道德實踐理念之所要求的實存世界」。當然我們不能忽略，人所經驗的世界是具有染執性的，因此必須歷程從執著到無執，從有限到無限的「實踐歷程」，才能真正的返回存有根源的道路。如何才能跨越執著性、有限性而達到無限？熊十力一再強調，這條探究真實存在之道，並不是透過理智思維所能實現。而是要「返己自識」。他提到：

> 本體不是外在的物事，更不是思維中的概念，或意念中追求的虛幻境界。唯反己深切體認，更自識本來面目。[63]

所謂反己自識，熊十力曰：「反己者，息其逐物之妄，而反諸己

---

[63]　熊十力：《新唯識論》（語體文本），蕭萐父主編：《熊十力全集》第三卷，頁11。

所固有之本心,始信萬化之原,不可向外覓取,不可以物推觀。」[64]可見「反己自識」,就是要由自識「本心」來證會本體。本心的特質是虛寂、明覺而沒有染污的,它是吾人的真性,也是一切物之本體。熊十力強調:「唯吾人的本心,才是吾身與天地萬物所同具的本體。」[65]但是當吾人面對現實情境,憑著感官知覺的作用與物對待時,就成了「習心」。本心是清淨的,習心則有染執性。思維構造、意念追求,都是習心作用。因此熊十力認為探求本體,不能通過思維構造、意念追求,也就是強調不可將本體視為外在境物去執取,而是要回到物我無對的本心狀態,才能就人所處的現實世界來說,所謂回到無我無對的本心狀態,必然對面對著「本心」與「習心」、清淨與染污的對峙的張力。因此,探求本體的活動,或者說自識本心的活動,其實充滿著「辯證的實踐歷程」。人類不斷歷經此種歷程而超克之,在此實踐意義下開顯的世界,才是活潑潑的「生活世界」。經驗世界是世俗諦,生活世界是真諦,真俗可以不二,境心終究圓融。熊十力的「生活世界」實為「存有的根源」的具體展現,然此展現,是藉由「活生生的實存而有」的人,在辯證的實踐歷程中,以其「本體經驗」而開顯的活潑潑的世界。此「本體經驗」關聯著對「本心」的證會,更是關聯著對人性的理解、實踐的方向。

　　因此,熊十力強調的「反己自識」,並不是要將整個「世界」透過一心來收攝,他不從認知的主體來推觀世界,更不是要

---

[64]　熊十力:《新唯識論》(語體文本),蕭萐父主編:《熊十力全集》第三卷,頁 384。

[65]　熊十力:《新唯識論》(語體文本),蕭萐父主編:《熊十力全集》第三卷,頁 18。

以人的道德心來收攝世界。他要藉由「活生生的實存而有」的人來開啟「生活世界」，其背後實關聯著天道論、本心論、實踐論的思考，他要以道德實踐的主體來參與天地無窮盡之大用，見得生機盎然，皆為本體的彰顯，在現象中探尋形上的根源，並在人間世來獲得安身立命。如此之天地是無窮的天地，世界是整全的世界，人是能參天贊地的人。故而「生活世界」是由人的本心迎向世間而開顯的整全的世界，不是由識心執取的知識世界，也不是由意念構造的虛幻世界，而是一道德實踐理念之所要求的立體縱貫的實存世界。

第五節　結語：兩種「生活世界」的對比

　　生活世界的概念，意蘊十分豐富。鄧曉芒認為：胡塞爾的現象學「突破以往的科學理性的封鎖，為現代人的日常的精神生活開闢了一個充分的廣闊的領域。」[66]這段話更適合來說明胡塞爾提出「生活世界」一詞的意義。雖然實質上「生活世界」的意義並不統一，張慶熊就曾經以「狹義、特殊義、廣義」三個面向來解釋此概念，因此其意義看似紛紜，人們卻能夠在主體的交流互動中對其認知取得一致性。生活世界固然是一切人類實踐活動的基礎，它具有一種充分的首要性與基本性，它既是我們發展出客觀科學理性的基礎，同時也可以說是人的主體交互影響的結果。人們對它的意義的構成，永遠處在更新的過程中。就某方面來說，它具有豐富意義與無限性。我們可以說，凡是與人有關的一

---

[66]　鄧曉芒：《哲學史方法論十四講》，頁284。

切世界都屬於生活世界，生活世界是一切實踐的前題，其豐富性也在人們互為主體的（共享的）實踐活動當中實現。然此交流活動，又不只是感性與經驗的活動，而是涉及更深層的先驗主體間性。此先驗主體間性，是使得一切客觀事物之所以存在以及具有意義的基礎，它與生活世界的概念密不可分。它更深入地探討一切知識形式的最終源泉的動機為何，最終歸結到一「先驗自我的純粹意識的世界」，因此胡塞爾認為「返回生活世界是實現先驗先驗還原的一條途徑。」[67]但是他畢竟離不開我們的理性的思維構造活動，胡塞爾現象學的「生活世界」概念，仍然是延續著西方理性主義傳統的知識的進路。

　　當熊十力說：「一切物都是本體顯現……譬如眾漚都是大海水顯現。」[68]將他的體用哲學，以一種極簡潔的、極富衝擊力的形象譬喻——「海水、眾漚」來呈現時，同時也揭示了一個不僅極寬廣，更是徹上徹下且意蘊豐富的世界觀。這樣的世界，是充滿動能的活潑潑的世界。林安梧從「活生生的實存而有」的觀念闡發出熊十力體用哲學中「生活世界」的意蘊。它強調人如何作為一存有者，透過道德實踐理念之要求，去開啟一個「有本有源、通極於道體，流行充周於上下四方、古往今來」的「生活世界」。這背後是本於華人天人不二的格局之道論傳統的思考，它認為宇宙是「流行無礙的整體」[69]，人面對世界，乃是一參贊的

67　張慶熊：《熊十力的新唯識論與胡塞爾的現象學》，頁 126-127。

68　熊十力：《新唯識論》（語體文本），蕭萐父主編：《熊十力全集》第三卷，頁 41。

69　熊十力：《新唯識論》（語體文本），蕭萐父主編：《熊十力全集》第三卷，頁 103。

主體，而世界是由人的實踐而開啟的場域。相較於胡塞爾從西方理性主義的基礎上，強調人之作為認知的主體，世界乃是「通過知覺實際地被給予的、被經驗到的世界」；熊十力立基於華人天人不二的道論傳統，強調人之作為一參贊的主體，世界乃是「人走向世界，而世界迎向人，一體開顯而成的源泉滾滾、健動不息這樣的世界。」我與世界，並非平鋪的認識之關係，而是徹上徹下的一體之關聯。

　　熊十力「生活世界」概念所蘊含的實踐意義是，我們不是通過思辨的方式來彌縫理想價值與現實人生的落差，而是要以「活生生實存而有的人」這樣的道德意識為觸動點，經由實踐的辯證歷程來參贊宇宙的生生不息，在此世界中實現道的生發創造的種種可能。

第五章　從「生活世界」到
「新六藝」的思考
──技藝之道與復歸本體之路

第一節　「生活世界」與探尋本體之路

　　為了探究西方文化真正的目的與方向，二十世紀初，胡塞爾
（Edmund Husserl, 1859-1938）在其生平最後的哲學力作──
《歐洲科學危機和超越現象學》中探討了關於科學危機的問題。
其深刻的洞察力不僅看出了近代科學對於人的主觀經驗以及精神
世界的忽略，更進而指出它導致了西方理性主義逐漸走向瓦解。
[1]他將科學的危機，理解為「西方人性的危機」，也就是失去了
對理性的信仰。他認為：「哲學和科學本來應該是揭示普遍的、
人『生而固有的』理性的歷史運動。」[2]可見他並非反對科學，
而是反對一種忽視人存在意義的物理主義的客觀主義，[3]也就是

---

[1]　（美）S. E. 斯通普夫、J. 菲澤著，匡宏、鄧曉芒等譯：《西方哲學史
　　──從蘇格拉底到薩特及其後》（北京：世界圖書出版公司北京公司，
　　2009 年 3 月），頁 407。

[2]　（德）埃德蒙德・胡賽爾 Edmund Husserl 著，張慶熊譯：《歐洲科學
　　危機和超越現象學》（臺北：桂冠圖書公司，1992 年 8 月），頁 14。

[3]　張慶熊：《歐洲科學危機和超越現象學》〈譯者的話〉，頁 xxiv。

一般所謂自然科學的方法。他將科學視為「理性的啟示」，如果我們拋棄了探求理性的、普遍的哲學的理念，將是忽略了科學自身的意義，也意味著喪失了人生而固有的理性。

為了拯救人類的理性，他提出「生活世界」（Life-world）的概念，強調要正視人的「生活」，也就是要求實現一種有目的的創造活動，這種「有目的的生活」是以人的意識生活為核心。在我們所處的世界中，人所面對的對象不是物理客觀的對象，而是人意識所及的對象。所謂的「世界」其是作為主體的我們所認識的其存在的東西，是「我們的世界經驗的生活」（our world-experiencing life）[4]，而科學則僅是從其中提取出一部分它們關注的對象，提供了對於現實的片面把握。仍有豐富而充滿意義的經驗原素，提供我們發展理性思維、探求真理的基礎。事實上胡塞爾的現象學並不是要反對科學，而是希望「建立一種真正具有科學的嚴格的哲學」以拯救人類的理性。他反對近代自然科學的方法，將自然世界與心靈世界分裂為二。[5]他要求把握精神的本質，克服客觀主義忽略了精神的弊病，而且用更理性思維的方法，以「克服物理主義的客觀主義而達到超越的主體主義。」[6]整體而言，胡塞爾所建立的現象學的方法，包括本質直覺的方法，超越還原的方法，都是為了用理性思維方法來認識世界的本

---

[4] S. E. 斯通普夫、J. 菲澤著，匡宏、鄧曉芒等譯：《西方哲學史——從蘇格拉底到薩特及其後》，頁 412。

[5] 埃德蒙德・胡賽爾著，張慶熊譯：《歐洲科學危機和超越現象學》，頁 63。

[6] 張慶熊：《歐洲科學危機和超越現象學》〈譯者的話〉，頁 xxiv-xxv。

源、結構。[7]然而，世界果真可以用人類的理性思惟一網打盡？
人的情感、道德以及其他種種複雜的因素又將如何安排？

　　幾乎在同時的中國，當代新儒家的開山祖熊十力（1885-
1968），面臨著國族存亡、世道人心衰頹，[8]他將自家生命與時
代的憂患關聯為一體，以悲懷與真心，[9]開啟活生生實存而有的
「見體之學」。在他早期的著作《心書》中曾經提到：「吾國今
日之亂，不緣新舊思潮異趣；仁義絕而人理亡，國無與立也。今
欲明仁義之本，又羣詆為迂闊，無以遏邪說暴行而挽其橫流，吾
國吾種，其終亡滅乎！抑尚有他道以救之也。」[10]在「救亡圖
存」的使命感下，強調彰明「仁義」的道德價值，顯然是儒家淑
世精神的展現，然其孤懷終究不得一般人所理解。民國二十一
年，其哲學代表作《新唯識論》文言文本定稿，其學問從哲學的
角度會通儒佛，參驗百家，創發了「體用不二」之宏構，以此自
信真理不待外求。馬浮（1883-1967）稱其「確然有見於本體之
流行，故一皆出自胸襟，沛然莫之能禦。」[11]對於如何拯救世道

7　張慶熊：《歐洲科學危機和超越現象學》〈譯者的話〉，頁 xxiii.

8　熊十力十八歲參與革命，於三十四歲時深感「黨人絕無在身心上做工夫
　　者，如何撥亂反正？」乃決志學術一途。參考蔡仁厚：《熊十力先生學
　　行年表》（臺北：明文書局，1991 年 6 月），頁 16。

9　牟宗三云：「吾常謂先生之悲懷與真心是一大酵母，凡其所觸及之處，
　　皆無不生動鮮明，而歸於真實。」蔡仁厚：《熊十力先生學行年表》，
　　頁 32。

10　熊十力《心書》〈憂問〉，蕭萐父主編：《熊十力全集》第一卷（武
　　漢：湖北教育出版社，2001 年 8 月），頁 36。

11　馬浮：〈新唯識論（文言文本）序〉，蕭萐父主編：《熊十力全集》第
　　二卷，頁 7。

人心，熊十力此時顯然不必再侷限於傳統的話語當中，而是能運用其自身的哲學系統給出清楚的答案。

他將科學理性（量智）與道德理性（性智）予以區別，認為應當要從道德理性來證見真理。這與胡塞爾從人的認知作用的根源，或者先驗主體性所具有的本質結構所說的理性，意義顯然不同。胡塞爾所反省的自然科學的方法甚至其所謂的「理性現象學」，[12]恐怕較接近於熊十力所謂量智的範疇。熊十力將量智視為「思量和推度，或明辨事物之理則，及於所行所歷，簡擇得失等等的作用」[13]的活動，換而言之即包含各種辨物析理、思慮抉擇的理智活動。熊十力認為此種理智活動亦是「性智」的發用，但是它是憑著官能而起，必定會有「染習之雜」[14]，甚至會自成某種勢用而取代其本然的功能，因此必得回到「性智」，才能證見真理。所謂「性智」是「吾人與萬物所同具之本性」[15]，是「我與宇宙大生命不二」的「本體」，更是「吾人固有的本心」，這是華人天人不二的格局下心性天通貫為一的思考。經由這樣的道德理性所開啟的世界，是活潑潑地充滿意義的世界，也就是本文所關心的熊十力的「生活世界」的意義。

12　倪梁康：《胡塞爾現象學概念通釋（修訂版）》（北京：生活・讀書・新知三聯書店，2007 年 8 月），「理性」（Vernunft）辭條，頁 489-490。

13　熊十力：《新唯識論》（語體文本），蕭萐父主編：《熊十力全集》第三卷，頁 15。

14　熊十力：《新唯識論》（語體文本），蕭萐父主編：《熊十力全集》第三卷，頁 12。

15　熊十力：《新唯識論》（語體文本），蕭萐父主編：《熊十力全集》第三卷，頁 374-375。

　　值得注意的是，熊十力的「生活世界」並非只是理想觀念下
的世界，而是具體而實存的世界。所謂實存的意義有兩重，它既
關乎對根源性價值的嚮往，是道德價值意義的實存；也體現於現
實情境中的染淨交雜、習心乘權，是現實意義的實存。然此兩者
實由人這樣的一個真實的生命關聯在一起。所謂「染淨相資，變
染成淨，祇在一念轉移間耳。」[16]此一念之轉移，是落在染淨相
資、事物紛呈的現實情境中，在此情境下，透過思慮抉擇、慎修
涵養，自明自證其本心，則可以轉染成淨。熊十力強調他的學問
是「思辨與修養交盡之學」[17]，也就是要通過理智思辨與修養工
夫，滌除生命在現實方面無窮無盡的雜染，使得本心在此中脫然
呈現。它一方面強調本心能由思修交盡之學而明白彰顯，也正視
生命落在現實中的染污性。芸芸眾生，恆處習染流行中，然生命
畢竟有「哀黑闇、蘄高明」的意向，亦在「常處缺憾而蘄求不已
之中」[18]尋得人生希望。染與淨、翕與闢、執與無執、習心與本
心、習氣與功能，交織於吾人生存境域之中，由此而產生的種種
張力，是吾人激發道德實踐動能的契機，更是證見生生不息之本
體的基礎。

　　只是熊十力也難免有「人乘權而天且隱」的慨嘆，他認為：
「吾人所稟之形，與其所造之習，通謂之人。已成乎人矣，則人

---

[16]　熊十力：《新唯識論》（文言文本），蕭萐父主編：《熊十力全集》第
　　　二卷，頁145。

[17]　熊十力：《新唯識論》（語體文本），蕭萐父主編：《熊十力全集》第
　　　三卷，頁548。

[18]　熊十力：《新唯識論》（語體文本），蕭萐父主編：《熊十力全集》第
　　　三卷，頁269。

自有權，而其天性反隱而難顯。易言之，即後起的東西來作主，而固有的生命竟被侵蝕了。」[19]先天的氣質跟後天的習氣構成了人存在的現實條件，人也善於利用這些條件來強化自身的存在感，甚至形成種種人為造作的客觀化制度。但是當人愈來愈習慣透過這些東西來說明其自己，甚至瞭解其自己，就會逐漸遺忘了人之所以為人，實有源自天所予我的本性。這是對生命負面的深刻省察。它提醒我們人在現實中活著，很難不被形軀與習氣左右，熊先生思考的克服解決之道，是要從「本心」來開啟真正有意義有價值的世界，並且隨時正視人存在的狀態的種種障礙以及其中潛伏的至誠真幾。

　　現代化之後的 21 世紀，從巨量資訊的處理以及知識結構的快速改變來說，科技文明的發展顯然愈發善巧，擁抱科技的同時，我們也被科技的網羅所包圍，似乎更難有機會意識到是什麼正在侵蝕我們「固有的生命」。在現實的世界中，人也更容易隨物不隨心，不知不覺地離其自己。就胡塞爾來說，科技文明終將竊奪人類的理性；就熊十力所謂「思修交盡」的學問道路來說，果真是「人乘權而天且隱」。追求現代化曾經是人類文明共同致力的美夢，如今卻成了所有人類文明共同的業力。不同的文化系統，勢必從自身的文化智慧中找出解決之道。關心「安身立命」的儒學，又將如何回應現代化之後人類生命的離其自己？處在從「現代」（Modern）到「後現代」（Post-Modern）[20]的發展情

19　熊十力：《新唯識論》（語體文本），蕭萐父主編：《熊十力全集》第三卷，頁 269。

20　沈清松認為，所謂的後現代其實是現代的延續，「自認為不能接受現代（Modern）裡面種種的困境和弊端，反而要對它進行質疑和批判，藉

境中，強調文化連續性的儒學又將如何在全球化的情境中走出自
己的道路？過去當代新儒學面對意義危機的問題，他們「挺立道
德主體」對於中國文化的「形而上的保存」起了重要作用。[21]如
今在政治社會相對穩定的情境下，看似崩壞的人倫價值與被遺忘
的文化傳統，似乎在細微、更貼近我們生活的地方持續蘊釀生長
著。

　　許多被傳統儒家視為小道的技藝活動，長久以來貼近百姓的
生活當中，有些流傳下來被視為藝術、文化資產甚至國粹。它們
表現在宗教、娛樂、競技、節慶、藝術以及日常生活的食衣住行
當中。它們重視師徒相承、重視規則法式、強調精神性、重視行
為活動與身體的統一。由於其重視傳承，因此富有強烈的文化連
續性。其儀式軌範，也讓生命似乎找到可依循的常軌。我們是否
可以將它們視為儒家思想落實於現實生活中的資源？當我們目光
不再著眼於政治權力、綱常名教，而是回到生活世界來理解儒
學，儒學其實可以比我們想像中更加豐富而精彩。

　　問題是，如何讓這些過去被儒者視為「小道」的羊腸小徑成
為我們邁入大道的坦途？這裡當然必須通過恰當的詮釋，進行

以導出一個全新的面貌出來。換言之，『後現代』這個觀念一定要跟
『現代』的觀念連起來思考，它才有意義。」頁 6。另外，他認為現代
性包含了：1. 以「人」作為主體的「主體哲學」（Philosophy of
Subjectivity）的肯定。2.「表象」（representation）的思想。3.「理性
化」的歷程。所謂「後現代」其實是對以上三者有所批判、質疑與否
定。參考氏著：〈從現代到後現代〉，《哲學雜誌》第 4 期（1993 年 4
月），頁 4-25。

21　林安梧：《牟宗三前後：當代新儒家哲學思想史論》（臺北：臺灣學生
書局，2011 年 9 月），頁 332。

「創造性的轉化」[22]。因此筆者提出了「新六藝」的概念，希望能藉由在現代社會中仍持續發展的技藝活動，將它們關聯到傳統的六藝之教，從儒家教化理想與價值追求的角度來進行詮釋，藉此探尋技藝活動中能夠讓生命調適而上遂於道的契機，指出其如何成為「入道的途徑」。所謂「六藝」，是代表儒家重視教養精神的文化符號。「新六藝」的提出，則是基於經典中的小學教養以及儒家通識教育的理念，從當代儒學在現代化之後的實踐關懷來開啟的思考。因此本文選擇從後新儒學重視的「生活世界」觀念為核心來進行「新六藝」的思考，以探尋儒家思想在現代化之後實踐的可能。[23]

第二節　從胡塞爾「生活世界」的啓示說起 ──回歸理性的道路

胡塞爾「生活世界」（Lebenswelt）的觀念，可以從《歐洲科學危機和超越現象學》（1936）一書識得梗概。此書基本上表現對於現代西方自然科學的反省，也對西方理性論的傳統做了深刻探討。胡塞爾鑑於科學的觀念被過度簡化為純粹事實的科學造

---

[22]　林毓生：《政治秩序與多元社會》（臺北：聯經出版事業公司，2001年8月），頁367。

[23]　後新儒學強調的「生活世界」概念，其所謂「世界」，「是人們主體參與所成之世界，但世界卻又是優先於人之為一主體的存在，這個世界是通過人內外貫通活動的一個世界。」參考林安梧：〈後新儒家的哲學擬構：武漢大學的講詞〉，氏著：《儒學轉向：從「新儒學」到「後新儒學」的過渡》（臺北：臺灣學生書局，2006年2月），頁307。

成了「生活世界的遺忘」，以及人們為了追求知識將世界視為獨立於我之外的客觀存在，將知識視為理論與世界對立，使得理論與知識離生活世界越來越遙遠，人與世界越發隔閡。他指出了前科學的時代，人們探求永恆與理性的問題時，是如何將世界看作與自身的緊密相聯，而正是「生活世界」提醒了我們這一點：「我們本身生活在這個世界之中，我們的人的身體的存有方式是與這個世界相適應的。」[24]科學的理性以及一切知識的探求活動，莫不以「這個實際地被直覺到的、被經驗到和可被經驗到的」生活世界為基底。[25]這樣的理解，使得理性精神從技術主義和唯科學主義的片面化中解放出來，從而更豐富了理性精神中人類生活以及人性的層面。[26]

　　這樣的「生活世界」是理性的泉源，它豐富而無限，但是卻不是散漫紛紜的，透過人們理智之光的觀照下，它又是那樣地精密而有跡可尋。洪漢鼎提到：「生活世界具有某種本質結構，某種類型（Topik）。胡塞爾有時用生活世界指這世界的本質結構。每一對象最終都返回到這個生活世界，這個生活世界必須被理解為一種具有本質結構的可感知的世界。因為生活世界作為任一經驗的必要條件而出現，所以它能正確地被稱之為先驗的條

---

[24] 埃德蒙德‧胡賽爾著，張慶熊譯：《歐洲科學危機和超越現象學》，頁53。

[25] 埃德蒙德‧胡賽爾著，張慶熊譯：《歐洲科學危機和超越現象學》，頁53。

[26] 鄧曉芒提及胡塞爾的《歐洲科學的危機和先驗現象學》，是要從技術主義和唯科學主義的侵蝕中救治西方的「理性精神」，以重建西方人的精神世界。氏著：《哲學史方法論十四講》第九講〈胡塞爾現象學導引〉（重慶：重慶大學出版社，2015年1月），頁268。

件。」[27]在追求真理的路途中，具有「本質結構的可感知的世界」，將透過人們不斷地回溯其自明性而表現其自己。「生活世界」可以說是「超驗必然（transcendental a priori）的真」它「也就是種「超驗現象」（transcendental phenomena），緊緊依附認知的主體。」[28]為了求證這樣的真，我們除了必須藉由認識活動，更要深入到那純粹的、先驗的、一切認知活動的根源當中。張慶熊認為胡塞爾提出生活世界理論的目的，是要人們在經過漫長的歷史性回顧後繼續向前，「從生活世界的經驗跨入純粹經驗，從歷史上的各種相對性的認識那裡跨入到絕對無疑的認識中。」[29]胡塞爾這樣一條現象學的道路，雖然是源於對科學理性的反省，因而要求回到一切意義的基礎——「生活世界」，它仍然是接續著西方理性主義的道路。它重視此種追求理性的西方哲學傳統。其思考，仍是在西方知識論的傳統下的思考，從東西文明的對比來說，它表現出西方文明中「思維與存在一致性」的知識論的傳統，它有以思代知，以知代在的傾向。相較於此，從熊十力「體用哲學」中理解的「生活世界」概念，則是立基於「存在與價值的和合性」的中國文化傳統。[30]除了強調人如何具體而

27　洪漢鼎：《重新回到現象學的原點——現象學十四講》（北京：人民出版社，2008 年 9 月），頁 254。

28　國立編譯館主編：《教育大辭書》（2000 年），Life-World 辭條，國家教育研究院，http://terms.naer.edu.tw/detail/1304155/（2020/8/4 瀏覽）。

29　張慶熊：《熊十力的新唯識論與胡塞爾的現象學》（上海：上海人民出版社，1997 年 4 月），頁 134。

30　這是根據於林安梧所提出的「東西文明對比的基點」的理解，請參考林安梧：〈中國哲學研究的問題與方法〉，《鵝湖月刊》第 45 卷第 2 期（總號 530），頁 9-29。

生動地參與世界，更蘊含著對於道德生命如何落在「辯證的實踐歷程」中彰顯的重視，基於現代化之後儒學的實踐關懷，本文所使用的「生活世界」概念傾向於從熊十力的體用哲學立場來理解。

第三節　熊十力體用哲學中「生活世界」的意義與特質——見體之路

一、體用哲學中蘊含著生活世界的意義

　　熊十力哲學中的「生活世界」概念，是由林安梧提出的。林安梧在《存有‧意識與實踐》一書中，通過「活生生的實存而有」的存有學的角度，詮釋熊十力的「體用哲學」，進一步指出熊十力的「生活世界」概念。它強調人的生命落在現實情境中，由人的道德本心開啟的世界，其實飽含著張力。他提到：

> 熊十力的哲學是極為注重「生活世界」的，而所謂的「生活世界」指的是那活生生的實存而有之進到一存在的境域中所開啟者，是人走向世界，而世界迎向人，一體開顯而成的源泉滾滾、健動不息這樣的世界。……我們所分疏出來的存有三態——「存有的根源——『X』」、「無執著性、未對象化的存有」、「執著性、對象化的存有」都不離此生活世界。[31]

---

[31] 林安梧：《存有‧意識與實踐》（臺北：東大圖書公司，1993 年 5月），頁 336-337。

這是對熊十力體用哲學的嶄新詮釋。所謂「活生生的實存而有」指的是「人」；「存在的境域」指的是「世界」。人是作為一個開啟者，其道德本心則是觸動點。「存有三態」：存有的根源、存有的彰顯、存有的執定，則顯示其開啟的不同層次。這是一種「場域」式的思考。[32]「存有的根源」是開啟一切存在的源頭，但卻是即於此世界，是不離此生活世界。此生活世界，則是充滿著人的染與淨、執與無執所交織而成的世界。這顯然是對熊十力「體用不二」哲學的進一步詮釋。

　　首先我們當理解，這樣的思考背景，源自於華人思想中「道論」的傳統。「道」是中國哲學思想中涵義最寬廣豐富的名言概念，在西方與印度思想中實所未有。[33]其在天為「天道」、「本體」，在人為「本性」、「本心」、就其充週流行謂之「氣」，就通於物而具體形著則謂之「器」。它關聯著形上與形下，實非範疇或法界所能限定。《易傳》有「形而上者謂之道，形而下者謂之器」，形是形著的意思，形著的活動之前稱為道，形著的活動形成了器，道器其實是連續性的關係。熊十力《新論》以體用關係來表達對本體的思考，實基於此連續性的思維。其言曰：「本論不盡沿用實體和現象，或法性和法相等詞，而特標體和用，這裏卻有深意。我以為，實體和現象，或形上和形下，或法相和相性，斷不可截成二片的。因此，我便不喜用現象、法相、

32　林安梧：《牟宗三前後：當代新儒家哲學思想史論》，頁185。

33　此處可參考唐君毅對於「道之名義」之闡發。氏著：《中國哲學原論──原道篇》（臺北：臺灣學生書局，2004年10月），頁30。

形下等詞。」[34]故其《新論》特別標舉「體和用」，以強調其不
可分的意義。

在這樣的「體用不二」的思考下所表現的「生活世界」，他
不是從「本心」開顯出來的世界，而是「人走向世界，而世界迎
向人」，在天地萬物與我為一體的格局下，強調人類如何藉由一
己之身心來參贊天地造化的實踐歷程。[35]相較於西方理性論的傳
統，華人的「世界觀」，是在天人合德的格局中展現。所謂世
者，《說文》曰：「三十年為一世」。注曰：「父子相繼曰
世。」；界，《說文》曰：「竟也。」注曰：「凡邊竟之偁。」
又曰：「象田四界。」[36]前者為時間概念，後者為空間概念，兩
者都以人類的具體生存活動為基礎，而非只是抽象的概念。天地
能蘊生萬物，因重視具體的存在事物，故而經籍中常言「天地」
更甚於「世界」。[37]南宋思想家陳亮（1143-1194）說：「人之
所以與天地並立而為三者，非天地常獨運而人為有息也。人不

---

[34] 熊十力：《新唯識論》（語體文本），蕭萐父主編：《熊十力全集》第
三卷，頁 236。

[35] 《中庸》第二十二章：「唯天下至誠，為能盡其性；能盡其性，則能盡
人之性；能盡人之性，則能盡物之性；能盡物之性，則可以贊天地之化
育；可以贊天地之化育，則可以與天地參矣。」最能表現此種物我一體
的格局下的實踐歷程。宋·朱熹：《中庸章句》，《四書章句集註》
（臺北：鵝湖出版社，2002 年 3 月），頁 32。

[36] 東漢·許慎撰，清·段玉裁注：《說文解字注》（臺北：黎明文化事
業，1996 年 9 月），頁 90、703。

[37] 十三經中並無「世界」一詞，而常言「天地」。光是《易經》提到「天
地」便有 33 處。參考陳郁夫：《臺灣師大圖書館【寒泉】古典文獻全
文檢索資料庫》（2003 年），「天地」辭條，http://skqs.lib.ntnu.edu.tw/
dragon/（2020/07/01 瀏覽）。

立，則天地不能以獨運，舍天地則無以為道矣。」[38]天地的運作與人為的活動是一體關聯的。熊十力的「體用哲學」，正是立基於中國文化傳統中儒釋道的資源，從哲學家追求真理的角度，為此天人合德之一體關聯做出創造性的詮釋。

二、會通以見體的學問方式及對情見的省察

熊十力的學問以「見體」為宗極，其學問方式則強調「會通」。其「見體」，乃「思修交盡之學」，是在生命現實中染淨對比的張力中找到不變之本源。其所謂「會通」，看似是汲取各家之學，其實重點在克服一己的情見，在種種障蔽中尋求微露的智光，以此引發吾人的同證進而趨向真理的治學方法。其「會通」的方式與「見體」的哲學關懷有必然的關聯。熊十力的「見體」之學，展現出對於探究真理的決心。他認為：「東方學術，無論此土儒道及印度釋宗，要歸見體。」又提到：「見體云者，非別以一心來見此本心，乃即本心之自覺自證。」[39]他將儒道釋的學問，融攝在其見體之學當中，又將此「見體」之學，繫乎「本心之自覺自證」。然此種自覺自證的追求，與其「會通」的學問態度有何關聯？熊十力提到：

> 吾之言學，夙主會通，夫豈無故！嘗語人曰：古今中外哲
> 學上許多無謂的糾紛，大家弄到把窮究真理的本務完全拋

---

38 清・黃百家纂集，全祖望修訂：《宋元學案》卷五十六〈龍川學案〉
　　（臺北：廣文書局，1979 年 4 月），頁 883。

39 熊十力：《新唯識論》（語體文本），蕭萐父主編：《熊十力全集》第
　　三卷，頁 528。

開不顧，而要自立門戶，自樹一幟；因此，哲學史也是一
部相斷書，此正表現人類的見貪、見瞋，（見貪、見瞋，
詳《新論‧明心章下》）甚可痛惜！《新論》包羅儒佛而
為言，既自有根據，非同比附；而取捨貫穿又具有權衡，
純是破除門戶，一以真理為歸。[40]

　　其學旨在窮究真理，之所以強調「會通」，實欲破除執著於
門戶之見的弊端。熊十力認為哲學的本務，在窮究真理。然追求
真理的道路，本非一端，當人從不同的向度去接近它、理解它、
表達它，自然會呈現出不同的知識系統、理論結構。所謂教法萬
差，門戶各異，本來是很正常的。它們本來都是求真理的門戶，
其究極之源自然相通。但是當人執著於門戶的表象以為標榜，或
者將它視為獨立於我生命之外的客觀知識而不願真正的走向真理
之路，其實皆難免於捲入權力、利益、欲求交織的情見之中，迷
失了真理而不自知。熊十力將哲學史稱為相斷書，恐怕是拆穿了
學術客觀性的假象，直指其背後人欲夾雜與權力鬥爭的不堪。學
者自以為是的客觀真理，其實往往是陷入情見的戲論。因而所謂
「會通」，實非只是在理論系統上尋求一致，而是基於對人生迷
闇的深刻反省。而生命之所以陷於迷闇而不得超拔，則是由於不
能與真理相應。

　　熊十力常將知識與情見關連在一起談，稱為「知見」。他認
為：「學者一向馳騁知見，（猶云知識或情見。）而無守靜與體

40　熊十力：《新唯識論》（語體文本），蕭萐父主編：《熊十力全集》第
　　三卷，頁 522。

認之功,直無從自識本心。」[41]知是指知識。我們日常用來「辨物析理」,以理解我所對的世界以及一切事物種種,憑的就是知識。熊十力認為知識的形成離不開人的心:「夫俗所謂知識者,必心有所緣,而始生其知。此所緣相,即對待相,即現似外境相,故此知,非真知也。」[42]心有能知、思慮的能力,此能力對於變化無常的現象有所攀援,形成了能知的心和所緣的境相對待的情況,因而執取相對於心的外在的境相為實有。這就是所謂認識的活動。也就是說,其實知識其實是由心的橫面執取的認識活動所形成的。它將外在事物視為獨立於我之外的客觀存在,但這其實是由人的能知、思慮的能力所執定的虛假的存在,是由人的執著性所形成的幻化的世界。熊十力強調真正的本體,其實是必須跨越此對本體所顯之跡象的執著與攀援才能觸及。藉由認識的活動,只能了解暫時假定的境相,而不能見到真實的存有。追逐此執定的假象,將離本體更加遙遠。

人心對無常現象的攀援、執取高追逐,將此幻象視為是真實,這樣的一種惑見,熊十力稱之為「情見」。熊十力說:「凡有取或有得,即名情見或情計。」[43]又說:「一切依情見所起的推求或知識與見解等等,總名為見」[44]一般人所確信不移的客觀

---

[41] 熊十力:《新唯識論》(語體文本),蕭萐父主編:《熊十力全集》第三卷,頁 408。

[42] 熊十力:《新唯識論》(語體文本),蕭萐父主編:《熊十力全集》第三卷,頁 186。

[43] 熊十力:《新唯識論》(語體文本),蕭萐父主編:《熊十力全集》第三卷,頁 164。

[44] 熊十力:《新唯識論》(語體文本),蕭萐父主編:《熊十力全集》第三卷,頁 189。

知識，其實皆依情見而起。而情見自身則無根源，只能說是無明
風動。因其具有染執性，如果不能超克它，則難以見得真理。故
而熊十力所謂情見，亦相對於真理而言。熊十力說：「凡知見之
不能與究極的真理相應者，皆名情見。」[45]可見知識之構造實難
逃於情見，又如何能信據於此，以此來解決人生一切問題？熊十
力肯定佛家空宗「斷除惑染，止息攀援」的修養工夫，認為可以
掃除知見、破除迷妄。理論上來說，掃除迷妄，則正見自顯。但
是人生在世，染淨相資，除了必有時時克己的工夫外，更應對真
理有恰當的理解與永恆的嚮往，如此則有賴會通之學。

　　熊十力說：「哲學所貴在會通，要必為是學者，能自伏除情
見，而得正見，然後可出入百家，觀其會通。」[46]會通是要在追
求真理的過程中，避免情見的干擾，進而對真理有恰當的把握。
所謂「體真極而辨眾義，辨眾義而會真極，根據強而統類明，是
故謂之會通。」[47]從對真理的體證來辨明眾殊義理的異同，從眾
殊義理的辨析中融會通貫於真理。這不只是橫面的知識分析，而
是縱貫的義理把握。真理透過不同的表現而呈現眾多之義理；眾
多之義理更可視為真理之彰顯。如此一來，真理與眾義亦蘊含體
用之關係。只有從「會通」的角度，才能了解此種關係，而會通
之學，亦必有「見體」之哲學關懷方有可為。如此之會通，亦是

---

[45] 熊十力：《新唯識論》（語體文本），蕭萐父主編：《熊十力全集》第
　　三卷，頁 145。

[46] 熊十力：《新唯識論》（語體文本），蕭萐父主編：《熊十力全集》第
　　三卷，頁 199。

[47] 熊十力：《新唯識論》（語體文本），蕭萐父主編：《熊十力全集》第
　　三卷，頁 203。

見體之學的實踐。如此之學問,必自能養成正見。熊十力曰:
「會通則必自有正見,乃可以綜眾家而辨其各是處,即由其各是
處以會其通。」[48]它從眾家義理中辨其是處,所謂是處即能引發
吾之正見,使吾人之生命能與真理相應而得其通暢,故能不受情
見之滯礙。其由之義理,而返諸身心,因此所謂「會通」並非只
是知識的整理或者概念系統的比附,而是要會其實證、通於本
源,是其「思修交盡之學」的具體表現。

　　會通之學強烈地表現出熊十力對本體的關懷,它是要在根源
處相通,而不是理論構造上求同,它要超拔知識之窠臼而歸趣於
本體。它關心的重視不是客觀理論系統的構造,而是要求吾人生
命能相應於本體的智慧,這是不由他力,不假外求的。熊十力:
「我以為,真理是不遠於吾人的。決定不是從他人的語言文字
下,轉來轉去,可以得到真理的。所以,我只信賴我自己的熱誠
與虛心。時時提防自己的私意和曲見等等來欺蔽了自己。」[49]熊
十力的「自信」,在於真理必須自明自證,理智思辨與道德修養
的工夫,皆所以證吾之本心。其自信,是根據對吾人道德理性的
肯定。然而現實人生,往往任由私意,慣於逐物,乃至形成曲
見,生命始終受習染纏縛。人任由私意,因此不由自己,妄執曲
見,因此不識真理,終於自欺欺人。其所謂自己,內有私意,外
有習氣,如何能自己作主?所謂「自信」又是談何容易?要讓生
命尋得自己,需得在所處情境中不斷地實踐理智思辨與道德修養

48　熊十力:《新唯識論》(語體文本),蕭萐父主編:《熊十力全集》第
　　三卷,頁 203。

49　熊十力:《新唯識論》(語體文本),蕭萐父主編:《熊十力全集》第
　　三卷,頁 136。

工夫，這是一條無止境的思修交盡之學。它要教人的道德理性發起作用，不由私意，不順曲見，讓道德本心時時刻刻自作主宰。所謂會通之學，正是要克服一己之情見，讓人在流俗中得以超拔振奮，時時教本心自作主宰的思修交盡之學。

三、由會通而證見的本體特質——即寂即仁

熊十力的會通之學，特別重視儒佛對於本體的證會。他有取於佛家勘破生命之迷闇，更要證得儒家生生之德的妙用。他強調要會通佛家之寂與儒家之仁，才能見得本體之充實飽滿。他說：「佛家談本體，畢竟於寂靜的方面提揭獨重。此各宗皆然，禪師亦爾。儒家自孔孟，其談本體，畢竟於仁或生化的方面提揭獨重。《大易》、《論語》，可以參證。會通佛之寂與孔之仁，而後本體之全德可見。」[50]佛家見得本體之寂靜，所謂寂靜並非說它虛無幻化，而是強調本體無形無相、遠離染污，具有清淨、幽深、微妙之特質；儒家見得本體之仁，生生不息、和諧、包通。這兩方面都是極真實、極重要的，倘若偏重於寂靜，將會耽溺於空寂，偏重於生機，將不見本體之冲寂，因此當合寂與仁來證會本體。

「寂與仁，皆以言乎本體之德。寂故仁，仁亦無不寂。則本體不可執一德以言之也明矣。大本立定，……而徵之人倫日用之際，其斯為體用不二之學。」[51]寂靜是生生之真幾，生生是寂靜

50　熊十力：《新唯識論》（語體文本），蕭萐父主編：《熊十力全集》第三卷，頁406。

51　熊十力：《新唯識論》（語體文本），蕭萐父主編：《熊十力全集》第三卷，頁405。

之妙運。生生從大用流行說，寂靜從本體之無滯礙說。無滯礙所以能流行周遍，無窮無盡。無窮無盡，所以健動不息，故能顯其生生大用。體會此即寂即仁之本體而持守之，就能在大用流行當中識得天地萬物的本源。熊十力說：「到此境界，現前相對的宇宙，即是絕對的真實，不更欣求所謂寂滅的境地。……現前千變萬動的，即是大寂滅的；大寂滅的，即是現前千變萬動的。不要厭離現前千變萬動的宇宙而別求寂滅，也不要淪溺在現前千變萬動的宇宙而失掉了寂滅境起。本論底宗極，只是如此的。」[52]《新論》會通儒佛處，便是要證得此即寂即仁之本體。由此寂即仁的本體展現的世界是絕對真實的世界。吾人能體證此即寂即仁的本體，即吾人所對的世界就不再只是現象流轉或者虛無幻化，而是活潑潑的真實世界。如此則表現出積極正向的世界觀。

　　儒家在人倫日用體認天理，佛家不捨世間覺。皆肯定吾人在所處的情境中，有自我超拔的可能。他將此可能稱為「性智」，它是吾人生而固有的道德理性，是吾人與天地萬物同具之本性。當此道德理性得以顯發，則吾之所對之一切物皆為至真至善，皆得觸發活生生之泉源而隨處皆為真理的顯現。熊十力曰：

> 即於生生不息，而見為至誠。（生滅滅生，即是生生不息。至誠，亦實體之別名。此非超越生生不息的萬象而獨在。故於生生不息的萬象，直作至誠觀。便於相對中見絕對。）於流行而識得主宰。……滅故所以生新。大化無有

52　熊十力：《新唯識論》（語體文本），蕭萐父主編：《熊十力全集》第三卷，頁23。

窮盡。森然萬象，皆一真的顯現也。（一者，絕待義，不
與二對。一真即謂本體。）我嘗說，識得孔氏意思，便悟
得人生有無上底崇高的價值，無限的豐富意義。尤其是對
於世界，不會有空幻的感想，而自有改造的勇氣。[53]

《中庸》講：「誠者，天之道也。誠之者，人之道也。」（第二
十章）生生不息，是天道誠體的表現。於生生不息而見至誠，於
相對中見絕對，於流行中視真宰，此為人之道所當為。現象無
定，變化流轉。業力造作，習氣相倚。吾人將以至誠，轉習染成
性德，還作用於自然，如此證得吾與天地萬物同體的本來生命，
是絕對地真實，如此肯定性智所對的世界，亦是真實的世界。熊
十力嘗言「有命自天，萬仞壁立。」[54]此言上天賦予吾人所以生
之理，吾人則當顯立人道之高偉莊嚴。天命我生，則吾人自有參
贊天地之責任。天地萬物自有不齊，此種價值意識與責任感，使
吾人具有改造世界的勇氣，使之趨於日新與高明。這樣的世界，
顯然不是被動地接受的世界，而是由人的參贊積極開啟的世界。

四、由本體開顯的生活世界

　　熊十力藉由會通儒道表達本體即寂即仁的特性，表達其「體
用不二」哲學，進而更鼓舞了人們積極面對現實的勇氣，以本心
來開啟「活生生實有而有」的「生活世界」。筆者認為，在此即

---

[53]　熊十力：《新唯識論》（語體文本），蕭萐父主編：《熊十力全集》第
　　三卷，頁135。
[54]　熊十力：《新唯識論》（語體文本），蕭萐父主編：《熊十力全集》第
　　三卷，頁369。

寂即仁的本體意義下，熊十力體用哲學中「生活世界」的概念可以給我們帶來以下的啟示：

1、世界是真實的世界。其所謂真實既關聯著現象上的具體及有限性，更具有價值意義之理想性。然吾人對世界能做一真實的肯定，而非只是客觀的界定。世界是人之作為一活潑潑的生命而開啟的世界。

2、世界與我的關係是一體的。由人的實踐所開啟的真實存在，是關聯著知識、道德、價值的──人與世界的一體關聯。它關聯著華人文化中連續型的理性思考，但是卻不是本體宇宙論的展開方式，而是由「本心」觸動「境」而開顯的，是一種動態的實踐的開顯關係，由此而開顯出「活潑潑的生活世界」。

3、「生活世界」既是根源性的價值意義的顯現，也具有現實生命的複雜性。這是因為當心與境接觸時將產生染執，連帶引發種種後起的習氣，如此造成生命的複雜性。知識則是在此相對待的狀態中由心的橫面執取作用而形成，它難逃情見的影響，無法擺脫染執性。必須藉由「思修交盡」的見體之學，歷經現象中的種種辯證過程，明其事理，覺其本心，由此開啟生活世界。因此生活世界其實也充滿著染淨交織及超克染執的辯證相。

4、雖恆顯辯證相，然生活世界卻是生命的真實安立處。它是人類生命動能的積極展現。人類在參贊天地的過程中同時確立了自我存在的意義，既能修己，也要安人。它體現了吾人改造世界的勇氣，以創進不已之精神，共趨於理想之大道。任何具體落實的真誠實踐，在此中都具有價值意義。大道顯於萬殊，殊途同歸於大道。

第四節　生活世界中技藝之道與本體的復歸之路

胡塞爾與熊十力的「生活世界」概念，皆關聯到對現代化的反省。現代化（modernization）強調的是所謂的合理性（rationality）或合理化（rationalization），特別是一種工具性的合理性（instrumental rationality），它是西方文明自古希臘柏拉圖以來人類理智中心主義（Logocentralism）極致的一個表現。[55]人通過工具達到控制的效用，因而取得成就，對於此通過工具控制而有所成就之活動，它要彰顯它的合理性，於是更強化了工具對人的宰制。造成所謂的「異化」（alienation）。它導致了人離其自己，遺忘了真正的存有。胡塞爾對這樣的問題，提出了重視人存在意義的「生活世界」概念，然而仍不離理智中心主義的思考。熊十力體用哲學所蘊含的活潑潑的「生活世界」觀，則指引出回歸大道的真幾。

「生活世界」是由人的參贊而開啟，此參贊過程當中，有本心之發用與習心之乘權，有習染之對治與清淨之顯發。此中有種種的辯證性與歷程性，並非只是守個本心不墜便能了事。生活世界之所以所以能生且活者，要在人類在此世間之升降浮沈中，能正視此身之有限而如其有限，進而由此有限去探索無限。當每一個生命處在現實世界當中，都需要找到屬於他們自己的恰當規律、途徑，讓自己能儘量處在「身心一如」的平衡狀態，進而能夠行之久遠、持之以恆，探索殊途同歸的大道。

55　林安梧：《儒學轉向：從「新儒學」到「後新儒學」的過渡》第十一章〈「存有三態論」與廿一世紀文明之發展〉，頁 380-381。

在現實生活中，心的作用相當複雜。熊十力以「習氣」來說明心落在現實中的複雜性。他說：「未有心得孤起而無習與俱者也。」[56]本心表現其作用，形成後天的習氣。習又分染淨，淨習能彰顯本心；染習則假借心的作用，反過來障蔽了本心，纏縛了生命。兩者皆由「形生而神發」，皆是我們的生命活力顯發的資具，沒有了習氣，生命也無從顯發其自己。因此，如何讓染習不現起，讓淨習不間斷，使本心能時時起作用，進而開啟生活世界，「慎其所習」使之「趣淨捨染」[57]，當是關鍵。如何在日常生活中養成良好的慣習？筆者以為當正視傳統儒家之「藝教」，以為現代儒學實踐之資源。以下舉例說明之。

一、技藝活動與生活世界

亞里士多德（Aristoteles, 384-322 B.C.）說：「技藝是有關創制或生產的理性能力」[58]可見技藝緊密關聯著人的現實生活之外，更是人的理性能力的展現。從中文字源來看：技，《說文》曰：「巧也」，《禮記・王制》：「凡執技以事上者，祝史射御醫卜及百工。」指的是具有專門技術的人，荀子稱之為「精於物者」（《荀子・解蔽》），一般又稱之為「百工之事」。藝，《說文》曰：「才能也」。指的是能力。它關心的不是生產物

56　熊十力：《新唯識論》（語體文本），蕭萐父主編：《熊十力全集》第三卷，頁 392。

57　熊十力：《新唯識論》（語體文本），蕭萐父主編：《熊十力全集》第三卷，頁 273。

58　余紀元：《亞里士多德倫理學》（北京：中國人民大學出版社，2011年 5 月），頁 105。

質，而是重視人自身的能力養成。因此在經籍中常常有「道藝」、「興藝」、「學藝」、「分藝」、「考藝」、「游藝」、「六藝」……等詞語。表示對於藉由後天學習來養成能力，甚至是人格教養。其中特別引人注意的就是「六藝」，除了指涉六種藝能外，到了漢代它甚至成為經典的代稱。[59]

　　技貴其巧，藝重其能。其源自人類為了便於生活而發展出來的能力，後來則逐漸從實用性轉為具有教育意義的活動。在西方來說，強調它如何在生活中展現人的理性能力。例如胡塞爾就測量的技藝來談幾何學家如何追求純粹的極限形狀的「世界」。[60]就華人來說，則是置諸於天地自然、人倫情境、歷史文化、社會政治等諸多向度所構成的總體來理解人之如何生活於其中的能力。由這些諸多向度所構成的總體，即關聯著對於總體之根源——「道」的嚮往。因此他不追求表現個人能耐的極致，而是要教人回到一個總體之中，來參與助成此總體之生生不息、地久天長。

　　能工巧匠，技藝嫻熟，在社會看來是有用之人，在現實中自然備受重視。然而世俗之得失較利往往強化人對物質的執著，使得人心逐物狂馳，終於身不由己而為物所役。技藝之能巧，反而造成身心的斲喪。先秦時對於技藝活動的反省，最深刻者莫如道家。老子提到：「民多利器，國家滋昏；人多伎巧，奇物滋起。」（《老子‧第五十七章》）這是從國家的角度來看。在追求國富

59　蔣保國：〈漢儒稱六經為六藝考〉，《中國哲學史》2006 年第 4 期，
　　頁 34-40。

60　埃德蒙德‧胡賽爾著，張慶熊譯：《歐洲科學危機和超越現象學》，頁
　　29。

兵強的春秋戰國時期，有國者慕求能工巧匠以增強國力，應該是
普遍的現象。孔子也有「來百工則財用足」之語（《中庸》）[61]。
但是道家對於人為的活動，往往抱持警惕的態度。王淮解釋此章
云：「所謂『利器』指人民之智慧與巧詐，顯非善義。蓋人民之
智識與巧詐足以使其投機取巧，為非作歹，甚至於盜竊亂賊，鋌
而走險。」[62]對文明制度的整體反省，可說是道家思想的特色。
《莊子》中有「灌園老人」的寓言，更直接指出製作器械對個體
生命的影響。他說：「有機事者必有機心……功利機巧必忘夫人
之心。」（《莊子・天地》）對於人為製作器械，他著眼的不是
現實中的便利性，而是機巧之心將導致人心逐物而不得安寧，終
將離道愈遠。機心與人心之辨，可讓我們聯想到熊十力對「習
心」與「本心」的反省。本心與習心，可以在活潑潑的生活世界
中找到平衡，道家則強調要藉由素樸的生活方式，歸返到渾全的
生命根源，這是一種根源性的反省。即使道家與儒家實踐的方式
不同，熊十力認為儒家的與天地合德跟老莊的返樸逍遙，皆表現
出生命與自然為一的「大徹悟大自在的真實境界」。[63]這樣的思
考，皆表現出對生命之總體之根源的嚮往。在這樣的嚮往下，莊
子對技藝活動，似乎有另一種正面肯定的可能。

在〈養生主〉中著名的寓言「庖丁解牛」，對於庖丁如何宰
殺牛，整段文字充滿藝術性的描述：「手之所觸，肩之所倚，足

61　朱熹：《中庸章句》，《四書章句集註》，頁 29。
62　王淮：《老子探義》（臺北：臺灣商務印書館，1995 年 10 月），頁
　　229。
63　熊十力：《十力語要》卷一，〈答沈生〉（臺北：明文書局，1989 年 8
　　月），頁 73。

之所履，膝之所踦，砉然嚮然，奏刀騞然，莫不中音。合於桑林
之舞，乃中經首之會。」，其「以神遇而不以目視」的解牛神
技，蘊含著為人處世的養生之道。[64]庖丁提到：「所好者道也，
進乎技矣。」《莊子・養生主》在這段文字中借由刀的運用，展
現一種身心和諧，主客交融的狀態，這樣的狀態正如何熊十力所
言，乃是一「大徹悟大自在的真實境界」。這或許能啟發我們，
在我們的現實生活中，藉由恰當的面對工具的應用及技藝活動的
態度，可以使得身心皆得和諧，與世無忤，進而由其一身之生命
姿態展現出一真實而美好的「世界」。

二、儒家的六藝之教

　　關於技藝的態度，儒家重藝甚於技，重能甚於巧。在《周
禮・地官》中描述了周代小學教育的內容，其中有「六藝」：
「保氏：掌諫王惡，而養國子以道。乃教之六藝：一曰五禮，二
曰六樂，三曰五射，四曰五馭，五曰六書，六曰九數。」（《周
禮・地官司徒》）所謂國子，是指貴族子弟。另外還有用來教萬
民的「鄉三物」，也就是鄉大夫所教授的內容，其中也包含了
「禮、樂、射、御、書、數」之目。顯然六藝之教，是上以養國
子，下以教萬民的教育內容，其重點在培養能力，而非訓練工
匠，因此要考其「道藝」，而非較其「技藝」。所謂「藝」，熊

64　張默生認為：「莊子是借牛的全身，喻作社會環境；解牛之刀，喻作吾
　　人之身。刀的運用，處處批隙導窾，因其固然，所以毫不傷折；則吾人
　　處世，自當緣督為經，與世無忤，始可盡其養生之道。」氏著：《莊子
　　新釋》（濟南：齊魯書社，1996 年 7 月），頁 138-139。

十力稱之為「藝科之教」[65]，他認為《周官》未必有所謂「鄉三物」的教育內容，但是其中所說的學校教育確實包含了道、藝二科。道科是涵養德性之學，而藝科之教，則不僅限於「射御書數，及禮之儀文，樂之音節而已。」[66]，而是教民知識，見於實用之學，類似今日的「科學知識」[67]。熊十力認為「藝科之教」不侷限在「六藝之目」，雖然是基於對《周官》的理想寄託而有過度詮釋之嫌，然而將藝科之教的範圍擴大，對儒家的教育實踐其實頗有啟示。這個問題本文稍後再來討論。我們應先瞭解，為何儒家對技藝的態度，比起技巧更重視能力的培養。

　　從儒家教化的立場來看，《周官》中的「六藝」教養，上以養國子，下以教萬民，雖然內容細緻度有些差異，但顯然不是只針對專門技術人才的養成。這其中當然有培養政治人才的用意。我們可以用荀子「精於道」與「精於物」的對比來理解：「精於物者以物物，精於道者兼物物，故君子壹於道，而以贊稽物。」（《荀子‧解蔽》）[68]精於物，即精於治物之技術，李滌生認為「即精於技之意。」意指專門技術人才。物物，是指其專治一物。精於道，則可以兼治各治一物之人，即「兼物物」，也就是管理專門技術人才。養國子是培養管理人才，教萬民則有訓練專門技術的意味。管理的人才，用荀子的話來說必須是能「壹於

65　此說當詳見於熊十力《論六經》談《周官》處。氏著：《論六經》（臺北：明文書局，1998 年 1 月），頁 65-68。

66　熊十力：《論六經》，頁 70。

67　熊十力：《論六經》，頁 65。

68　李滌生：《荀子集釋》（臺北：臺灣學生書局，1994 年 10 月），頁 490。

道」的君子，也就是能專主於道而非專治一物，他們必須學習
「役物而不役於物」[69]，才能夠理萬事治萬民。常人的心理，容
易被環境及外在事物所影響，習於受現實條件所左右。精於治
物，就某一方面來說更難擺脫事物對其思慮與行為的影響。也因
此受到「物役」的情況恐怕更嚴重。例如在《論語》中子夏所說
的：「雖小道，必有可觀者焉；致遠恐泥，是以君子不為也。」
（《論語・子張》）所謂小道即指一技一藝之專長。泥，是指滯
陷不通。[70]技藝所以可觀，正是因其於事物中能有所表現，有具
體可觀而動人之處。然其既可觀，亦將引人執著於現象事物。行
之既久，將養成慣習。根據熊十力的說法，由慣習的勢力會產生
「習心」[71]，更加驅役人的心靈向外馳求。這就是所謂的泥著。
泥著，則強制於物，使其不得自然；此心馳求於外，隨物牽引，
為物所制，亦不能識其本心自在。心不自在，物不自然，心與物
處在一種不恰當的關係。因此必須有一個根源性的價值嚮往，讓
心與物的關係能復歸本源，得到恰當的調整。如此則「小道」可
觀而不泥，才可以成為邁向大道的憑藉。所謂「小藝」與「大
道」的分別，只在此根源性的嚮往能否立得住。

　　《周禮》以「道藝」連稱，顯示技藝學習仍當重視「道」的
涵養。熊十力稱之為「道科之學」：「道科之學，所以究萬化本

---

[69]　《荀子・修身》：「志意修則驕富貴，道義重則輕王公；內省而外物輕
　　　矣。傳曰：『君子役物，小人役於物。』此之謂矣。」言君子支配物，
　　　小人則為物所支配。李滌生：《荀子集釋》，頁28。
[70]　蔣伯潛：《四書讀本》（臺北：啟明書局，未標年月），頁289。
[71]　熊十力：《新唯識論》（語體文本），蕭萐父主編：《熊十力全集》第
　　　三卷，頁48。

原，人生真性。則涵養其民之德行者在是矣。」[72]此即培養對於宇宙人生的總體之根源的關懷。因此《周禮》中的「六藝之教」，乃是一種關乎生命之價值意義與現實意義的教養。它既磨練現實的藝能，也引導人不受現實事物的牽引而忽略了整體，迷失了自性。陸象山（1139-1192）曾說過：「主於道，則欲消藝亦可進。主於藝，則欲熾而道亡，藝亦不進。」《象山語錄下》[73]專注於技藝，終日與物相刃相靡，一意追逐外境，懸命其中，即使成就了達人巧匠的名聲，其實是私心漸長成見日深而不可自拔。如此則習心乘權，取代了本來的生命。也就是「欲熾而道亡」。習藝者往往難逃習心成見，終於以此自泥，能不慎乎！

三、藝教與淨習的養成

慣習對於生命的重大影響，前已約略提及。事實上，藉由藝教確實可以養成良好的慣習。儒家一向重視為己之學，熊十力認為要真正實踐為己之學，必須從「習」處下工夫：

> 為己之學，（哲學要在反求諸己，實落落地見得自家生命，與宇宙元來不二處而切實自為，無以習害性。孔子曰，古之學者為己，正就哲學言。）無事於性，（性上不容著纖毫力。）有事於習；（修為便是習。）增養淨習，始顯性能；極有為乃見無為，（性是無為，習是有為，習之淨者，順性起故，故極習之淨，而徵性之顯。）盡人事

72　熊十力：《論六經》，頁 68。
73　宋・陸九淵：《象山語錄》（濟南：山東友誼出版社，2001 年 9月），頁 178。

乃合天德；（人事以習言，天德以性言，準上可解。）習
之為功大矣哉！[74]

為己之學，是要見得自家真實生命，識得本來固有之性德。然而
性德必須顯為性能，才算得上是實德。如何彰顯性能？則有賴於
習行，進一步來說，必須要能養成淨習。這樣的為己之學，就不
是只是收攝到一心來說，而是要「有為」，也就是要落到事行上
來見證。藝重其能，此能固然可為事能、才能，然亦可通於性
能。善成其事，謂之事能。適己之器，謂之才能。性能，則本於
天而為人人所固有之德，也就是所謂的人性。如果能透過技藝活
動來養成淨習，便能將事能、才能轉為性能。也就是將個別表現
出來的特殊性意義的價值轉為具有普遍性意義的價值。能實現這
樣的一種轉換，必須有賴於淨習。習之所以為淨，在能「離
染」。吾人的生活內容表現為「習氣」，在現實中，它呈現出染
淨交織的複雜相。或染或淨，皆關聯著人心意欲、權力、利害等
活動。意欲順取於物，隨順軀殼起念，生命纏錮於物質中，則為
染習；意欲向上提振，循理而動，不教生命纏錮於物質中，便是
淨習。性是先天的，習則是後天的。或染或淨，皆關乎後天人
為。前者特別容易形成一種勢力，讓人往而不返，障蔽了本來的
天性。因此要「極有為乃見無為」，也就是必須極於淨習之有
為，換而言之，必須通過後天人為不間斷地努力，不斷地在染淨
交織的生活中奮鬥不息，化染為淨，長久以來習慣成自然，終於

74　熊十力：《新唯識論》（語體文本），蕭萐父主編：《熊十力全集》第
　　三卷，頁272-273。

讓天性得以自然而然地顯發出來。讓天性本然之善得以彰顯，此即淨習之大功。

熊十力：「一切淨業，皆是循理而動。淨即是善。循理者，即凡意身等業，壹皆順從乎天性本然之善，而動以不迷者也。」[75]此言淨業即是淨習。淨習引導人「循理而動」，足以讓處在複雜的現實情境中的人心有所依持，顯發本性。如何養成淨習，則可以藉由技藝的活動。技藝訓練，通常非朝夕之功，其重視規矩法度，也重視持續性的活動，並且深入亦吾人日常生活之中，這都是養成淨習所必備的。

要養成淨習，學習的初期最為關鍵。《漢書·藝文志》：「古者八歲入小學，故周官保氏掌養國子，教之六書。」[76]《周官》中的「六藝之教」從八歲入小學開始，也可以說是一種啟蒙教養。從《易經》「蒙以養正」的觀點來看，華人對童蒙教育相當重視，強調需以正道來教養啟發蒙蔽無知者。在〈蒙卦〉初六爻辭提到：「初六，發蒙，利用刑人，用說桎梏，以往吝。」其〈象〉辭曰：「利用刑人，以正法也。」[77]蒙卦初六，象徵啟蒙的開始。啟發童蒙，以「用刑人」為利。刑與型相通，有典範、法則義。「用刑人」，言當制定明確的典範、法則來引導啟發無

---

75 熊十力：《新唯識論》（語體文本），蕭萐父主編：《熊十力全集》第三卷，頁 266。

76 漢·班固：《漢書·藝文志》，楊家駱主編：《新校本漢書并附編二種》（臺北：鼎文書局，1997 年 10 月），頁 1720。

77 魏·王弼注、唐·孔穎達疏：《周易正義》〈蒙卦〉，李學勤主編：《十三經注疏·周易正義》（北京：北京大學出版社，1999 年 12 月），頁 39。

知者。〈象〉辭解釋「利用刑人」是「正法」，也就是說它並非
只是消極的禁制，而是能引導人走向正道的方式。「用說桎
梏」，是說它能讓人從蒙昧無知的障蔽中解脫出來。「以往
吝」，則是說不應急於求進，否則將導致無法挽回的錯誤。
〈蒙〉卦的這段文字很深刻地指出童蒙教養中「典範、法則」的
重要。「六藝之教」相當符合這樣的教育特性。所謂「五禮，六
樂，五射，五馭，六書，九數」之不同類別與技法，顯然六藝之
教各有其法式。依據法式，能識其事理，習其技能，進而得其效
驗。藉由養成恰當的操作慣習，日日培溉，它能讓身體習慣性地
表現出合理的行為，以身體習行的規律來帶動心靈的覺知，由自
我的覺知來印證其理性的活動，事理與性理相應，進而迎向天地
間無窮盡的律動。

　　藉由技藝養成良好的慣習，引導人們在現實人生的道路中不
至於迷失，能夠如其身心的自我成長，進而彰顯人人所共同之天
性。它不只是運用在童蒙教養，更適用於任何學習階段。《禮
記·學記》：「大學之教也，時教必有正業，退息必有居學。不
學操縵，不能安弦；不學博依，不能安《詩》；不學雜服，不能
安禮；不興其藝，不能樂學。故君子之於學也，藏焉，修焉，息
焉，遊焉。夫然，故安其學而親其師，樂其友而信其道。是以雖
離師輔而不反也。」[78]學習活動不只在正課中，日常生活中的練
習、休閒甚至娛樂，都是相當重要的。操縵、博依、雜服、興

---

[78]　清·孫希旦：《禮記集解》（臺北：文史哲出版社，1990 年 8 月），
　　頁 962。

藝，皆是技藝的活動。[79]學習輔之以技藝，於藏息修游之際，使得理浹於心，身習其事，更有助於將所學深刻內化，使人在其學習歷程中，學業有所安頓，對師長能夠親近，與同學相處和樂，對於價值理想也能夠有所確信。所學的成效，在此師友相處與自我生命中展現出來，在學習歷程中養成的良好的慣習，即使離開了學習的環境，也能夠在日後面對的各種情境中幫助生命持續不斷地成長。誠如熊十力所言：「習之為功大矣哉！」

第五節　結語：新六藝的提出

《周禮》中的六藝之教，如今已難以復見。但是至今在民間仍傳承不息的諸多技藝，可以說是人類在具體生活中長久經驗累積所凝聚的智慧，其中不乏許多仍抱持著「主於道」的態度或者對價值之源的嚮往。當代儒學要在現代社會中重新展現活力，就不應忽略它們在現實生活中的影響力。然而要讓諸多「小道」能調適而上遂，通向「大道」之路，必須要有恰當的詮釋。此詮釋工作，是非常複雜而龐大的工程。除了對傳統六藝之教的意義要有所理解，汲取其中適合現代發展的精神，更需要借重許多技藝傳承者的先行經驗。儒學早已不見於廟堂，亦不當沈緬於歷史性或精神境界的虛妄想象，[80]而是要走入社會民間，生長於其中，

79　鄭玄：「藝，謂禮樂射御書數。」張橫渠：「博依，謂雜曲可歌詠者也。雜服，謂私燕之所服。……操縵也，博依也，雜服也，所謂藝也。」參考孫希旦：《禮記集解》，頁963。

80　唐君毅先生對於作為歷史性存在的人，以及其對於理想真實之境的嚮往而產生的虛妄有深刻的反省。參考氏著：《人生之體驗續編》（桂林：

活化於其中。當然我們並非要迎合於世俗，在權力物欲交織的洪流中浮沈，而是要正視現實中人性復歸的可能，尋求向上之幾。常民百工的技藝，在文化傳統的脈絡性中不斷地蛻變生長，傳統倫理尊信的價值理念，也往往賴以保存。其重視傳承與身體習行，不易有空懸境界的弊病，能讓人正視身心落實在現實世界中的影響。然而技藝活動專主於物，人的身心容易落在與物相對的狀態，因此受到器物以及環境限制，久之亦難免心固神執，泥而不通。因此需得不斷詮釋，使之調適而上遂，回歸物我一體，生生不息的根源之路。

　　意義的詮釋猶如鬆土，能將我們內在的心靈土壤重新活化，進一步重新調節在現代文明發展過程中的文化土壤。正視在此土壤中生長的技藝活動，參與詮釋，將能為儒學的教化理想提供另一種落實的可能。常道並非一條路走到底，而是充滿豐富無限的可能性，藉由恰當的詮釋，我們或許有機會參與並融入許多傳承久遠的技藝活動，使之成為儒家重新連結民間社會展現其「六藝之教」的契機。熊十力的體用哲學、生活世界等概念帶來的啟示，提醒我們在現代化之後儒學面對實踐論題時，應重視在生活世界中開顯的常道，並且正視內在道德本性落在現實情境中的染執性，以尋求超克的可能。本文將以熊十力的體用哲學為詮釋的基礎，對「六藝之教」重新理解與詮釋，名之為「新六藝」。

　　「新六藝」正是要匯集流傳至今的眾小道之力，借用其規範、儀式培養「淨習」，並且正視吾人身心落在現實情境中的辯

廣西師範大學出版社，2005 年 9 月），頁 110。另外，林安梧也對此「虛妄」性有精闢的描述。氏著：《牟宗三前後：當代新儒家哲學思想史論》（臺北：臺灣學生書局，2011 年 8 月），頁 123。

證性，由此啟動人活潑潑的覺性，進而開啟生活世界。以身心一如的由藝入道的活動，養成儒家修己安人的精神。這將是一條永恆無止境的漫長道路，本文只是拋磚引玉，希望能有更多人正視新六藝的詮釋與實踐的可能。

第六章　孔門六藝之教的
當代實踐基礎

第一節　《史記》所言孔子六藝非《周官》六藝
然孔門實有六藝

　　孔子行六藝之教，幾乎是常識性的概念。《史記‧孔子世家》：「孔子以詩書禮樂教，弟子蓋三千焉，身通六藝者七十有二人。」[1]但是所謂「六藝」，從漢代以來便有兩種解釋，一是指禮、樂、射、御、書、數六種技藝；一是指《禮》、《樂》、《詩》、《書》、《易》、《春秋》六經。前者是根據《周官》，也就是後來所謂的《周禮》；後者則是從漢代以來學者的基本認知。[2]六藝一詞，源自《周官》。〈地官〉載大司徒「以鄉三物教萬民而賓興之」，其中一項就是「六藝，禮、樂、射、御、書、數。」又載保氏：「掌諫王惡，而養國子以道。乃教之六藝：一曰五禮，二曰六樂，三曰五射，四曰五馭，五曰六書，

---

[1] 漢‧司馬遷撰：《史記》，楊家駱主編：《新校本史記三家注並附編二種》（臺北：鼎文書局，1995 年 9 月），頁 1938。

[2] 蔣保國：〈漢儒稱六經為六藝考〉，《中國哲學史》，2006 年第 4 期，頁 34-40。

六曰九數。」[3]《周官》一書，學者已證明其出於戰國晚期。[4]其所載為周代理想官制，而「六藝」則是官方上以養國子，下以教萬民的基礎教育。此種理想的教育型態，是否曾為孔子所實行？可惜從先秦文獻中，我們很難找到孔子實施「六藝之教」的直接證明。最早指出孔子行六藝之教的是《史記》，而司馬遷（145 B.C.-?）所說的「六藝」，似乎較傾向六經的概念。針對《史記》提到眾弟子所身通之「六藝」，學者也多半認為指的是「六經」：

1. 張尚瑗（?-?）：「七十二子皆身通六藝。六藝者，六經也。」[5]

2. 毛奇齡（1623-1716）：「〈孔子世家〉謂凡言六藝皆折中孔子，而孔門弟子身通六藝者，皆指六經。」[6]

3. 閻若璩（1636-1704）：「若以六藝與《周官》同，則禮樂射御書數，司徒以之教萬民，保氏以之養國子，豈必異能之士哉。」[7]

---

[3]　漢・鄭玄注，唐・賈公彥疏：《周禮注疏》，李學勤主編：《十三經注疏》（北京：北京大學出版社，1999 年 12 月），頁 266、352。

[4]　參考錢穆：《兩漢經學今古文平議》〈周官著作時代考〉（臺北：東大圖書公司，1989 年 11 月），頁 287-288。

[5]　清・張尚瑗：《左傳折諸》卷十九，余志明出版：《文淵閣四庫全書電子版──原文及標題檢索版》（香港：迪志文化出版公司，1998年）。

[6]　清・毛奇齡：《四書賸言》卷一，余志明出版：《文淵閣四庫全書電子版──原文及標題檢索版》。

[7]　清・閻若璩：《四書釋地又續》卷下，余志明出版：《文淵閣四庫全書電子版──原文及標題檢索版》。

4. 皮錫瑞（1850-1903）：「孔子刪定《六經》……
   《詩》、《書》、《禮》、《樂》教弟子三千，而通六藝
   止七十二人，則孔門設教，猶樂正四術之遺，而《易》、
   《春秋》非高足弟子莫能通矣。」[8]

5. 馬一浮（1883-1967）：「《史記・孔子世家》云：及門
   之徒三千，身通六藝者七十有二人。舊以禮、樂、射、
   御、書、數當之，實誤。尋上文敘次孔子刪《詩》
   《書》、定《禮》《樂》、贊《易》、修《春秋》，自必
   蒙上而言，六藝即是六經無疑。與《周禮》鄉三物所言六
   藝有別，一是藝能，一是道術。鄉三物所名禮，乃儀容器
   數；所名樂，乃指鏗鏘節奏，是習禮之事，而非明其本原
   也。」[9]

當然也有少數學者認為「身通六藝」指的是「禮樂射御書數」而
非六經。例如：梅文鼎（1633-1721）：「按七十子身通六藝，
則九數在其中。」[10]。當代也有學者主張「身通六藝」，乃指
「禮樂射御書數」而非六經。[11]但是其解釋及證據猶未使人信

---

[8]　清・皮錫瑞：《經學歷史》（臺北：藝文印書館，1996 年 8 月），頁
30。

[9]　馬一浮：《泰和宜山會語》，虞萬里點校：《馬一浮集》第一冊（杭
州：浙江古籍出版社、浙江教育出版社，1996 年 10 月），頁 11-12。

[10]　清・梅文鼎：《歷算全書・方程論發凡》，余志明出版：《文淵閣四庫
全書電子版——原文及標題檢索版》。

[11]　李洪岩：〈也論孔子以「六藝」教——與劉秉果先生商榷〉，《體育文
化導刊》1986 年第 3 期。裴傳永：〈論子夏在中國經學史上的地位
——從《史記孔子世家》「六藝」的本義說起〉，《中國哲學史》2005
年第 1 期，頁 40-41。

服。孔門重視經典教養與傳承是無庸置疑的，但是《周官》說的「六藝」，則是屬於技能方面的學習，兩者其實是不同概念。正如馬一浮所言：「一是藝能，一是道術。」因此我們可以說，《史記》所提到的孔子「六藝之教」，未必就是《周官》中的「六藝之教」。即使如此，我們也不能否認在《論語》及先秦典籍中，確實有提及孔子與六藝的關聯，特別是提及孔子或其弟子擅長禮、樂、射、御等技藝。因此，即使《周官》裡的小學「六藝」概念，恐怕是後人整理出來的。[12]《周官》所載古有「六藝」之說，也未必是空穴來風。以下先由《論語》中之記載論孔子及弟子之藝能，進一步再瞭解孔門對學習技藝的看法。

第二節　《論語》所載孔子及其弟子之藝能

在《論語・子罕》中，有兩處提到孔子多能擅藝：

> 太宰問於子貢曰：「夫子聖者與？何其多能也？」子貢曰：「固天縱之將聖，又多能也。」子聞之，曰：「太宰知我乎！吾少也賤，故多能鄙事。君子多乎哉？不多也。」牢曰：「子云：『吾不試，故藝』。」[13]

---

[12] 徐復觀甚至認為《周官》中以「禮、樂、射、御、書、數」為「六藝」，恐怕是王莽、劉歆所創。參考氏著：《周官成立之時代及其思想性格》，《徐復觀論經學史二種》（上海：上海書店出版社，2006 年 7 月），頁 335-336。

[13] 宋・朱熹：《四書章句集註》（上海：上海古籍出版社，2001 年 12 月），頁 128-129。

鄭玄（127-200）注曰：「疑孔子多能於小藝。」[14]朱子（1130-1200）注曰：「言由不為世用，故得以習於藝而通之。」[15]這裡所謂「藝」，是指一般處理事務的能力。孔子少時貧賤，為了生活而具備多種技能，故稱為「鄙事」。劉寶楠（1791-1855）《論語正義》則認為：「疑孔子多能於小藝者。以禮樂是藝之大，不得為鄙事。惟書數射御，皆是小藝。」[16]這是以「六藝」來解釋「藝」，並提到「禮樂」為「藝之大」、「書數射御」為「藝之小」，故以為孔子所謂「鄙事」是指後者。此種區別頗有意思。但是這樣一來，就跟《周官》六藝並列的說法明顯有了矛盾。到底是孔子改變了《周官》「六藝」並列的教育方式，或者這裡根本就和《周官》六藝無關？這裡或許值得商榷。基本上，太宰認為聖與多能是有關係的，而孔子這裡看似同意太宰的話，卻沒有正面回答聖與多能是否相關的問題，只是肯定了自己從生活的事能來看確實可以算得上是多能。這應該是顧及禮貌的回應方式。至於一般人所稱羨的多「能」，與德性的圓滿與否是否相干？恐怕就未必了。

　　另一處是同在〈子罕〉篇的「達巷黨人章」：

　　　達巷黨人曰：「大哉孔子，博學而無所成名。」子聞之

14　魏·何晏注，北宋·刑昺疏：《論語注疏》，李學勤主編：《十三經注疏》（北京：北京大學出版社，1999 年 12 月），頁 114。

15　朱熹：《四書章句集註》，頁 129。

16　清·劉寶楠：《論語正義》（臺北：世界書局，1973 年 5 月），頁 178。

　　　曰：「我何執？執御乎？執射乎？我執御矣。」[17]

「達巷黨人」實不知其何許人也，或如今日所謂「鄉民」，與「太宰」為職官君子不同，因此孔子此段回覆的口吻較輕鬆些。《集解》引鄭玄曰：「聞人美之，承之以謙。吾執御者，欲名六藝之卑。」[18]朱子的解釋大致相同：「射、御皆一藝，而御為人僕，所執尤卑。……聞人譽己，承之以謙也。」[19]基本上，此段是孔子因人譽己而自謙之辭。此章雖是《論語》中，孔子唯一自承其專長技藝的文字，卻是引以為自謙之辭。所言「射、御」即屬《周官》六藝之一。這段資料雖未必能證明孔門行《周官》六藝之教，但是卻也顯示射、御之技能在當時為學者所必備，就連孔子也熟習，故而孔子引以為自謙之辭。此外，孔子不敢當「博學」之名，而願當一藝以成名。雖是藉由專長於一藝以自謙，但其目的並非要貶低射、御，或者其他技藝的價值，而是要藉此以表示，「博學」的目的不在「求名」，若是要求名，則專長於一藝之實，或者勝於博學之聲名。蔣伯潛提到：「孔子不敢當此美譽，且以六藝御為最下，故以執御自居，兼以示門弟子為學當施博而守約，不可惑於美譽而專鶩博大也。」[20]這裡提到不可惑於美譽而鶩博大，實能把握孔子此章義旨。關於執藝的重要性，劉寶楠也提到：「博學無所成名，惟聖人能然。若常人雖亦博學，

17　朱熹：《四書章句集註》，頁 127。

18　魏‧何晏注，北宋‧刑昺疏：《論語注疏》，頁 111。

19　朱熹：《四書章句集註》，頁 127。

20　蔣伯潛：《廣解語譯四書讀本》（臺北：啟明書局，未標日期），頁118。

而總有所專主。故執一藝以成名，乃中人為學之正法。」[21]此段提到「執一藝以成名，乃中人為學之正法」，肯定「執藝」可以為一般人學習的恰當途徑。此種理解，未必為孔子此章本義，但是卻頗有意思。《禮記・學記》曰：「不興其藝，不能樂學。」[22]蓋為學之目的在能持續追求人格的成長，以致於生命的圓滿。技藝的學習除了具有現實性的功能，其學習的歷程也強調階段、次序，更有具體的可操作性，若是能強化其德性教養之內涵，於人格之養成將有正面的功效。故而在此判斷，孔門除經典教養外亦有日常習藝，亦屬合理之事。

孔子自身博藝多才，於孔門弟子中，亦有以「藝」聞名的冉求。在《論語》中，孔子曾經兩度提及。一是在〈雍也〉篇，季康子問孔門弟子中，可以推薦誰來從政。孔子曰：「求也藝，於從政乎何有？」另外在〈憲問〉篇也記載：

> 子路問成人。子路問成人。子曰：「若臧武仲之知，公綽之不欲，卞莊子之勇，冉求之藝，文之以禮樂，亦可以為成人矣。」曰：「今之成人者何必然？見利思義，見危授命，久要不忘平生之言，亦可以為成人矣。」[23]

這兩段皆提到冉求之「藝」，應該可以合併起來理解。劉寶楠提到：「古以禮樂射御書數為六藝。人之才能，由六藝出，故

21　劉寶楠：《論語正義》，頁 173。

22　清・孫希旦：《禮記集解》（臺北：文史哲出版社，1990 年 8 月），頁 962。

23　朱熹：《四書章句集註》，頁 178。

蓺即訓才能。冉求自任，以為小國三年，可使足民。其蓺可知。」[24]「蓺」即「藝」，[25]引申有才能之義。劉氏認為冉求之「藝」，即是指其政事之才，而此「藝」乃得自於「六藝」之教養，故曰：「人之才能，由六蓺出。」然而冉求之「藝」，是否出於《周官》所言之「六藝」？事實上，更早以前朱子的《四書章句集註》就提到：「藝，多才能。」[26]另外在《四書或問》中提到：「藝之為言，能其事之謂爾，亦不必拘以六藝之目也。」[27]朱子認為冉求之「藝」，是指冉求處理事務的能力。顯然不認為這裡的藝是指六藝。在《朱子語類》中有一段文字提到：「問：『求之藝可得而聞否？』曰：『看他既為季氏聚斂，想見是有藝。』問：『龜山《解》，以為：知禮樂射御書數，然後謂之藝』。曰：『不止是禮樂射御書數。』」[28]顯然朱子認為冉求之「藝」，也未必全然相應於《周官》的「六藝」。而「想見是有藝」一句，更頗有諷刺意味。朱子認為冉求雖有政事之才，卻不免流於聚斂之幫凶。故又感嘆曰：「惜乎，其有才而不善用之也！」[29]以冉求之賢，其習藝尤不免於此。倘若孔門之學果真以

24　劉寶楠：《論語正義》，頁118-119。

25　蓺，《說文解字》作「埶」。本義為種植。引申為才能、技藝。「藝」是「蓺」的俗體字。參考：徐中舒主編：《漢語大字典》（武漢：湖北辭書出版社、四川辭書出版社，2006年4月）第五卷，頁3275。

26　朱熹：《四書章句集註》，頁99。

27　宋·朱熹：《四書或問》（上海：上海古籍出版社，2001年12月），頁219。

28　宋·黎靖德編：《朱子語類》卷第三十一「季康子問仲由章」（北京：中華書局，1994年3月），頁792。

29　黎靖德編：《朱子語類》卷第三十一「季康子問仲由章」，頁792。

《周官》六藝之教為標榜，三千弟子中唯一以「藝」見稱於孔子之冉求，豈容有此過失。[30]孔子在論「成人」時，提到了「冉求之藝」，顯然也肯定作為一個德性圓滿之人，除了要具備智慧、仁德、勇氣，[31]擁有「藝」（能力），也是很重要的。但是最後仍強調要「文之以禮樂」。可知「禮樂教養」方為孔門最重視的藝能。[32]此藝能又不同於一般人所謂之「技藝」，而是君子修己安人之「道藝」。

第三節　經、傳論「藝」皆明以德為先以道為源

　　《禮經》中，除「六藝」之稱，亦有「道藝」之名。如《周

---

[30] 案，此證習齋所說非是。清儒顏元言孔子：「學教專在六藝，務期實用。」收入氏著：《習齋四存編》，頁 114。又曰「夫周、孔以六藝教人，載在經傳，子罕言仁、命，不語神，性道不可得聞，予欲無言，博文約禮等語，出之孔子之言及諸賢所記者，昭然可考；而宋儒未之見也，專肆力於講讀，發明性命，閑心靜敬，著述書史。」顏元：《習齋四存編》（上海：上海古籍出版社，2000 年 12 月），頁 101。

[31] 程子曰：「知之明，信之篤，行之果，天下之達德也。若孔子所謂成人，亦不出此三者。武仲，知也；公綽，仁也；卞莊子，勇也；冉求，藝也。須是合此四人之能，文之以禮樂，亦可以為成人矣。然而論其大成，則不止於此。若今之成人，有忠信而不及於禮樂，則又其次者也。」朱熹：《四書章句集註》，頁 178。

[32] 《墨子‧公孟》：「孔子博於《詩》、《書》，察於禮樂，詳於萬物」，國學整理社輯：《諸子集成》第三冊，頁 274。《莊子‧漁父》：「孔氏者，性服忠信，身行仁義，飾禮樂，選人倫。」國學整理社輯：《諸子集成》第四冊（北京：中華書局，1996 年 2 月），頁 443。

禮・地官》載鄉大夫每三年各就其所治理管轄「考其德行道藝，而興賢者能者。」[33]所謂「道藝」之稱，錢玄（1910-1999）認為「道藝同訓」，因此「道藝即術藝。」[34]如此一來，冠一道字，實無意義。朱子認為：「看來『道』字，只是曉得那道理而已。大而天地事物之理，以至古今治亂興亡之變，聖賢之典策，一事一物之理，皆曉得所以然，謂之道。且如『禮、樂、射、御、書、數』，禮樂之文，卻是祝史所掌；至於禮樂之理，則須是知道者方知得。」[35]朱子認為「道」是指事物所以然之理。知「禮樂之文」是藝，通「禮樂之理」是道，道藝連稱，顯然強調藝當通之於道，而不僅是一般人所稱羨的藝巧。

又《禮記・少儀》載「問道藝曰：『子習於某乎？』、『子善於某乎？』」王船山（1619-1692）曰：「道者，教之綱；藝，六藝也。道言習，道不易善也。藝言善，必善而後謂之藝也。」[36]船山這裡是從學問分類的層級來區別道、藝。此言藝，指六藝。具有專門性。道則是更加綱領性、根源性的概念。基本上，可以說是比藝高一層級。專門技藝可以通過熟練而達到善巧。但是綱領性、根源性的學問，一方面範圍廣，難以專精；一方面涉及較抽象的原則，只能通過時習中來體會。熟練技藝容易；把握技藝的根源則困難。或許正如《老子》所說的「大巧若

---

[33] 鄭玄注，賈公彥疏：《周禮注疏》卷第十二，頁296。

[34] 錢玄：《三禮辭典》（南京：江蘇古籍出版社，1998年3月），頁876-877。

[35] 黎靖德編：《朱子語類》卷第八十六，頁2218。

[36] 清・王夫之：《禮記章句》，氏著：《船山全書》第四冊（長沙：岳麓書社，1998年11月），頁841。

拙」（〈第四十五章〉），因為技藝之源，已經無法用巧或不巧來斷定其價值了。以上說明，藝必通極於道，而以道為源。

　　又《禮記‧樂記》載：「德成而上，藝成而下；行成而先，事成而後。」這裏是說明在禮樂儀式中參與人員的位置。德行有成者地位高，位次在前，熟悉慣例以及技藝人員地位低，位次居後。鄭玄：「此言知本者尊，知末者卑。」孫希旦曰：「言禮樂貴得其本也。」[37]何謂禮樂之本？船山曰：「德者，心得其理。行者，躬行其實。南面尊，上也。北面卑，下也。賓、尸、主人，敬與哀之主，德行之象也。宗祝、有司，習其藝事而已。」[38]可見禮樂之本，非技藝之事，而貴能明其理、致其德。禮樂猶且如此，而況射、御、書、數。《穀梁傳》載魯君昭公八年秋蒐習武事：

> 因蒐狩以習用武事，禮之大者也。艾蘭以為防，置旃以為轅門，以葛覆質以為槷。流旁握，御鞼者不得入。車軌塵，馬候蹄，揜禽旅，御者不失其馳，然後射者能中。過防弗逐，不從奔之道也。面傷不獻，不成禽不獻。禽雖多，天子取三十焉，其餘與士眾。以習射於射宮，射而中，田不得禽，則得禽；田得禽而射不中，則不得禽。是以知古之貴仁義，而賤勇力也。[39]

37　孫希旦：《禮記集解》，頁 1012。
38　王夫之：《禮記章句》，頁 935。
39　東晉‧范寧集解，唐‧楊士勛疏：《春秋穀梁傳注疏》，李學勤主編：《十三經注疏》（北京：北京大學出版社，1999 年 12 月），頁 284-285。

「國之大事,在祀與戎。」(《左傳‧成公十三年》)此番秋蒐重在軍事訓練,因此說「禮之大者也。」要求射、御精湛,當然是最基本的。「御轂者」、「車軌塵」、「馬候蹄」、「不失其馳」是對御者技術的要求。能否得到獵物,雖取決於射藝是否精湛,然而御者的適切搭配,更是射者能否得中的關鍵。即便是軍事訓練,在習練的過程中,仍表現出「貴仁義,而賤勇力」的價值意識。范寧(339-401)注曰:「射以不爭為仁,揖讓為義。」此義本自《論語‧八佾》:「子曰:君子無所爭,必也射乎!揖讓而升,下而飲,其爭也君子。」蓋君子習射以養其德,有國者用兵習武,亦不敢忘懷仁義之道。射、御之術,用之不當,極為凶險,故當以仁義之道為絜矩。在《孟子‧滕文公下》中,也提到類似的例子:

> 昔者趙簡子使王良與嬖奚乘,終日而不獲一禽。嬖奚反命曰:「天下之賤工也。」或以告王良,良曰:「請復之。」強而後可,一朝而獲十禽。嬖奚反命曰:「天下之良工也。」簡子曰:「我使掌與女乘。」謂王良。良不可,曰:「吾為之範我馳驅,終日不獲一;為之詭遇,一朝而獲十。《詩》云:『不失其馳,舍矢如破。』我不貫與小人乘,請辭。」御者且羞與射者比。比而得禽獸,雖若丘陵,弗為也。[40]

這裡同樣是以射、御之術為例,指出道德的重要性。嬖奚是趙簡

40　朱熹:《四書章句集註》,頁311。

子的寵臣，顯然射藝不精。因此必須靠「詭遇」，才能獲得獵物。「詭遇」是指用不正當的方式駕車，因而尋得獵物。王良以善御聞名，然或貶或譽，竟繫乎小人之口。船山乃慨嘆曰：「吾於是知良之不欲與奚相比於非法之射，御者非不能也，非欲自高而矩物也，非不知比之有功也，乃其羞惡之心發於不容己，雖欲與比而不忍。故比而得禽獸，雖若丘陵，亦直尋之所獲矣，而良終不動心於多獲，弗為也。御者且然，況君子乎！」[41]即使再精湛的技藝，落到現實中，仍不免會受到權力、利益、意欲的影響而招致所得失毀譽。面對此情境，如何才不至於失去了自我？孟子藉由御者王良之自尊，指出不能屈己從人的道理。失去了自尊，則人將淪為現實利益的工具，更何況是技藝。船山指出王良不願比於嬖奚，乃「羞惡之心發於不容己」。蓋其所習為常法軌範，所知為經義正道，故能發其不容己之心，而不願枉己從人。若其枉己從人，則是自棄其平生所學，即便技藝精湛，又有何可貴？因此，古人論藝，乃以德為先，以道為源，此非假道德之名以為標榜，而是要維持人格之尊嚴、成就真正的價值。

第四節 技藝教養可為進德修業之根基

技藝學習，不會只是客觀知識的問題而已，更是關係到心靈意識的作用與人格的養成。《孟子・公孫丑上》嘗云擇術不可不慎，其言曰：

---

[41] 王夫之：《四書訓義》下，頁 356。

> 矢人豈不仁於函人哉？矢人惟恐不傷人，函人惟恐傷人。
> 巫匠亦然。故術不可不慎也。孔子曰：「里仁為美。擇不
> 處仁，焉得智？」夫仁，天之尊爵也，人之安宅也。莫之
> 禦而不仁，是不智也。不仁不智，無禮無義，人役也。人
> 役而恥為役，由弓人而恥為弓、矢人而恥為矢也。如恥
> 之，莫如為仁。仁者如射：射者正己而後發；發而不中，
> 不怨勝己者，反求諸己而已矣。[42]

術，猶藝也。[43]在此指技術。因其技術，而有不同的職業專長。孟子此章言技藝活動關乎心術。人之仁心，本自相同，然因擇術不同而各有所趨，故不可不慎。儒家肯定性善，認為之所以造成仁與不仁的分別，在於後天的習染。所謂習染究竟是怎麼一回事？孟子此章，便是透過「矢人」與「函人」的對比，說明「術」對人心的影響。船山曰：「孟子曰人之有心也，而術生焉。乃術生於心，而還以生心，善惡各成其條緒。習之不已，而其中之條條緒緒日以著，而樂為之不捨，則心亦專移於此而盡忘他。此非心之咎也明甚，而天下舉歸其咎於心，不已過乎！」[44]船山指出，人的心靈意識活動與技藝的表現，是互為影響的。技藝活動，是人類面對現實世界的種種問題而產生的操作模式。形成操作模式，必須先對於事物產生結構性的把握。其實在進行結

---

[42] 朱熹：《四書章句集註》，頁 278-279。

[43] 《禮記·鄉飲酒》：「古之學術道者，將以得身。」鄭玄注曰：「術，猶藝也。」漢·鄭玄注，唐·孔穎達疏：《禮記正義》，李學勤主編：《十三經注疏》（北京：北京大學出版社，1999 年 12 月），頁 1630。

[44] 王夫之：《四書訓義》下，頁 222。

構性的把握之前，就已經有「心靈的指向」（intention）運作其
中。心靈的指向落實在事物上的把握，就會產生執著，因執著而
產生了種種是非善惡的問題。也就是如陽明「四句教」所說的
「有善有惡意之動」這樣的狀態。[45]而技藝講求熟習，當人日復
一日底投入其中，愈習得熟練，就會產生更大的執著，所謂「術
生於心，而還以生心」，於是心靈意識也隨之牽引。當心靈意識
受到牽引，便有可能失去主導能力。心靈意識失去主導能力，便
將「亡其宅」，而為現實勢、利所趨使，也就是孟子所說的「人
役」。這一切問題，不只是由心念所決定的，而是涉及到許多極
複雜的因素。船山對此種心靈意識被牽引的過程，描述的頗透
澈：

> 夫人心之本體，自有其至安而必處者，迨其梏亡之餘，則
> 又有慚愧而不能自安者。能不失其天良者，於此求之而已
> 矣。自其本心而言之，人之所以為人者，仁而已矣。迨其
> 後而仁、不仁分焉。今夫矢人、孰能謂其所為者非不仁之
> 器乎？而從其心以斅之，非有所忮害而欲殺其人也，則以
> 視函人之所為以衛人之生者，又豈有別哉！各習其事，各
> 盡其能而已矣。然及其為人也，則專心致志以為之心亦盡
> 於所為之中矣。矢人則惟恐不傷人，非其所傷者所欲必殺
> 之也，而精之又精，求一念之聽人死而不卹者無有也。此
> 其得失不在心，而心從乎其所為。天下事之類有然者多

---

[45] 林安梧：《中國人文詮釋學》第六章〈詮釋的層級：道、意、象、構、
言關於哲學解釋學的一些基礎性理解〉（臺北：臺灣學生書局，2009
年10月），頁149。

> 矣。……故心可任其固然，而術者千塗萬派之分，兩端而
> 止：義利也，生殺也，君子小人也。志至之，知從此入，力
> 從此用之，師授之，友輔之，熟其肯綮之者自不容已於中
> 廢，乃仁不仁背馳，而終不相雜，慎之於其始而已矣。[46]

從客觀現實來說，不同的技藝活動，看似只是「各習其事，各盡
其能」而已，但其實卻關聯到心念、知識、權力、利益、情感等
極複雜的因素，所謂「志至之，知從此入，力從此用之，師授
之，友輔之」在這些因素的影響下，技藝活動所習以為常的操作
模式，將對人的心靈意識產生極大的反饋。愈是熟習者，將愈是
「不容已於中廢」，愈是不可自拔。孟子用「仁」與「不仁」來
指出「術」對人們心靈意識造成的影響，船山則進一步說明：
「術者千塗萬派之分，兩端而止：義利也，生殺也，君子小人
也。」這便破除了一般人所認為的，技藝不過是客觀知識活動的
迷思。仁與不仁的判斷，在技藝活動中，其實必須不斷保持著自
我道德意識的醒覺。經典中常常以射為喻，強調技藝活動必須不
斷「反求諸己」，也就是保持自身的醒覺。此種自省的意識，可
說是儒家在習藝活動中極強調的部分。因此，選擇恰當的技藝訓
練，將強化道德意識的活化。船山曰：「心有其術，則上智者當
盡其心以行其政。術能易心，故下愚者當正其術以養其心。」[47]
這裡其實頗能指出技藝教養的重要：善用技藝，可以安人，善學
技藝，可以修己。故學習技藝之教養，亦是學習修己安人之道。

46　王夫之：《四書訓義》下，頁222-223。
47　王夫之：《讀四書大全說》，頁948。

　　關於技藝學習與道德修養的關係，《論語》「志於道」章也提到：「子曰：志於道，據於德，依於仁，游於藝。」（《論語‧述而》）蔣伯潛認為這一段文字，是孔子揭示「教人進德修業的方法。」[48]道是總體的根源、德是內在的本性、仁是主體的動能。志於道是指人的生命必須嚮往著理想，而依據著文化氛圍所陶養出的自我本性，面對著生活世界而開啟出一種不容已的生命動能。[49]在這樣的道德工夫修養下，「藝」又扮演著什麼樣的關聯？朱子說：

> 游者，玩物適情之謂。藝，則禮樂之文，射御書數之法。皆至理所寓而日用之不可闕者也。朝夕游焉以博其義理之趣，則應物有餘，而心於無所放矣。……游藝，則小物不遺而動靜有養。學者於此，有以不失其先後之序，輕重之倫焉，則本末兼該，內外交養，日用之間，無少閒隙。而涵養從容，忽不自知其入於聖賢之域矣。[50]

所謂「游」，朱子解釋為「玩物適情」。可見游藝，並非「玩物喪志」，而是要先有習藝之功，進而從容涵養於其中，藉由游藝，來調適其情。[51]朱子認為「藝」的內容，是指禮樂射御書

---

[48] 蔣伯潛：《廣解語譯四書讀本》，頁 89。

[49] 這裡的理解，得自林安梧教授的啟發。請參考氏著：《論語——走向生活世界的儒學》（臺北：文海學術思想研究發展文教基金會，1995 年 5 月），頁 80-81。

[50] 朱熹：《四書章句集註》，頁 109-110。

[51] 朱熹：「習藝之功固在先。游者，從容潛玩之意，又當在後。」黎靖德

數，也就是《周官》「六藝」。基本上，朱子認為孔門當有《周官》六藝之教。或許是基於對經典的尊重，朱子肯定「六藝」之名物度數為「至理所寓」。但朱子也強調，此種技藝乃「日用之不可闕者」。[52]在《朱子語類》中，朱子門人胡安之曾質疑道：「禮樂射御書數，自秦漢以來皆廢了。」朱子回答：「射，如今秀才自是不曉。御，是而今無車。書，古人皆理會得，如偏旁義理皆曉，這也是一事。數，是算數，而今人皆不理會。六者皆實用，無一可缺。而今人是從頭到尾，皆無用。小兒子教他做詩對，大來便習舉子業，得官，又去說啟事、雜文，便自稱文章之士。然都無用處，所以皆不濟事。漢時雖不以射取士，然諸生卻自講射，一年一次，依《儀禮》上說，會射一番，卻尚好。今世以文取士，如義，若教它依經旨去說些道理，尚得。今卻只是體貼字句，就這兩三句題目上說去，全無義理！如策，若是著實論些時務，也尚得。今卻只是虛說，說得好底，劃地不得！」[53]可見《周官》六藝之教早廢，即便宋代儒學昌盛也難以實行。而朱子卻稱之為「日用之不可闕者」，頗有藉此提倡「格物」之學，並批評時學與生活世界脫節的用心。另外，朱子也提出了「先後之序」、「輕重之倫」兩種概念，來說明「道、德、仁、藝」四者的關聯。船山對此說法相當認同，並特別提出了分析來證明朱註的精密：

編：《朱子語類》卷第三十四，頁870。

52　朱熹：「是其名物度數，皆有至理存焉，又皆人所日用而不可無者。游心於此，則可以盡乎物理，周於世用，而其雍容涵泳之間，非僻之心，亦無自而入之也。」朱熹：《四書或問》，頁237。

53　黎靖德編：《朱子語類》卷第三十四，頁867。

不遺者，言道體之本費也。動有養者，德之助也；息有養者，仁之助也。而云「不遺」，則明無道可遺。苟志於道而即不可遺也；云「有養」，則養之以據德，養之以依仁，為據德、依仁之所資養也。此游藝之功，不待依仁之後，而與志道、據德、依仁相為終始，特以內治為主，外益為輔，則所謂「輕重之倫」也。志道、據德、依仁，有先後而無輕重；志道、據德、依仁之與游藝，有輕重而無先後。故前分四支、相承立義，而後以先後、輕重分兩法，此《集註》之精，得諸躬行自證而密疏之，非但從文字見針線也。[54]

首先分析：「不遺」是解釋「游藝」與「志道」的關係，藉由游藝於日用之間，可以體會道體作用之普遍，以落實其志；「動靜有養」，是解釋「游藝」與「據德」、「依仁」的關係。技藝表現於動靜之中，皆足以為涵養仁德之資具。要言之，志道、據德、依仁，皆屬內在道德意識的培養，三者有理論邏輯次序的關係，也就是「先後之序」。而此三者與游藝，則著重透過技藝能力來涵養內在道德。也就是所謂「內治為主，外益為輔」，重「內」而輕「外」，這就是所謂的「輕重之倫」。此種道德實踐工夫的精密理解，船山認為朱子是有所親證的。錢賓四（1895-1990）著有《朱子新學案》，嘗言：「朱子以一代性理大儒，其於經史文章之學，沉深淹貫，博而有統。……而朱子為學多方，橫軼旁出，有不盡於經史文章之範圍者。」故著〈朱子格物游藝

---

54 王夫之：《讀四書大全說》，《船山全書》第六冊，頁 698-699。

之學〉一章。[55]可為其證。然而以朱子之博學，猶未身行或主張興復六藝之教，可見儒家之重視技藝教養，亦不必限於「六藝」的概念中。

第五節　結語：
六藝之教，是永恆追尋中的教育理想

　　《周官》六藝之教，南宋學者已嘆「秦漢以來皆廢。」至明代，執政者欲講求兼收文武之效，故又提倡「六藝之教」。[56]然亦不免感嘆「為上者不知所以教，為下者不知所以學。」[57]清儒顏習齋，認為孔子之學「專在六藝」，倡導「習行」說，卻又病在「泥於隆古」。[58]可見歷代追求實踐《周官》六藝而不可得。無論不同時代在重新推行《周官》六藝之教時，是基於什麼樣的理由。技藝的教養，在儒家的教育思想中，必然是重要的一環。

　　即便孔子未必依循《周官》行「六藝之教」，但是從《論語》、《孟子》及其他經典中可以發現，孔門確實能重視技藝教養無疑。如果用更寬廣的意義來看待「六藝」的概念，即便不用

55　請參考錢穆：《朱子新學案》第五冊（臺北：三民書局，1989 年 11月），頁 342-409。

56　明・賀復徵編：《文章辨體彙選》卷三百二十二，宋濂〈會試記錄序〉，余志明出版：《文淵閣四庫全書電子版——原文及標題檢索版》。

57　明・吳伯宗編：《榮進集》卷一，余志明出版：《文淵閣四庫全書電子版——原文及標題檢索版》。

58　請參考錢穆：《中國近三百年學術史》（臺北：臺灣商務印書館，1996年 7 月），頁 220。

依據《史記‧孔子世家》，我們也可以說孔門當有其基本的技藝
訓練，或許也可稱之為「六藝之教」。只是「六藝之教」的概
念，掛搭在周代的理想官制──《周官經》上，也就成了一個理
想性的教育概念。筆者認為，如果能夠回歸到孔子以及先賢理解
技藝的態度，而不必拘於「六藝」一詞，或許更能夠較清楚地理
解儒家如何看待技藝教養。基本上，古人論藝，乃以德為先，以
道為源。一方面肯定道德價值的優先性，一方面強調回歸價值之
源。又從學習者的角度來看，技藝活動與心靈意識活動有著密切
的關係。正視此種關係，運用於教育上，則可以「正其術以養其
心」。因此，規劃恰當的技藝教養，對於基本人格的養成具有重
要意義。《周官》中的理想政治，運用國家力量推動「六藝」，
上養國子，下教萬民，不是沒有道理的。筆者認為，六藝之教可
以是一種理想性的教育概念，其內容可以更寬廣些。正如清儒陸
世儀所說的：「古者六藝，學者皆當學之。今其法不傳，吾輩苟
欲用心，不必泥古，須相今時宜，及參古遺法，酌而行之。」
[59]，其精神則當以孔子之道為絜矩。其實踐，不一定只是作為大
學的通識教養課程，也可以普遍施行於國民基礎教育中。

---

[59]　清‧陸世儀：《思辨錄輯要》卷一，余志明出版：《文淵閣四庫全書電
　　　子版──原文及標題檢索版》。

第七章　六藝之教的通識性 及其相關特質

第一節　問題的緣起

　　教育始終是儒學關心的重點，也是儒學展現其社會實踐力最平常、最重要的落實處。《論語》始「學而」終「堯曰」，揭示為學目標；孔子尊為「至聖先師」，彰顯人格典範。明確地展現出儒家對於教育的強大責任感與企圖心。而詩、書、禮、樂、易、春秋之「六藝」，則是儒家推行教化最重要的「經典依據」。《史記・孔子世家》提到：「孔子不仕，退而脩詩書禮樂，弟子彌眾，至自遠方，莫不受業焉。」又言：「中國言六藝者折中於夫子，可謂至聖矣。」[1]自是而後，六藝經教便成為儒家傳承文化理想最重要的象徵。然而，除了經典的六藝外，更有載於《周禮》「禮、樂、射、御、書、數」之「古六藝」為孔門所擅習。[2]一為經教，一為藝能。然二者皆以「藝」為名，或以大、小六藝為稱，顯然「六藝」是能夠用來代表儒家教育精神的極重要的文化符號。所謂「藝」教，更有它獨特的義涵。林安梧

---

[1]　漢・司馬遷：《史記》，楊家駱主編：《新校本史記三家注并附編二種》（臺北：鼎文書局，1995年10月），頁1914、1947。

[2]　請參考本書第六章〈孔門六藝之教的當代實踐基礎〉。

認為孔子的「六藝之教」具有「通識教養的內涵」，推許孔子是「最早的通識教育提倡者、實踐者，也是最早的理論家。」[3]所論「六藝」，特就「禮、樂、射、御、書、數」而為言。《周禮》中的「古六藝」，今人已難想像；「通識教育」，則為現代教育關注的議題。[4]本文希望藉由反省現代通識教育所面對的問題，凸顯儒家「六藝之教」的特質，並指出其中所具有的通識性，以作為儒家在當代落實教育實踐的理論依據。

第二節　「藝教」彰顯華人將教育視為助成生長之活動的特質

　　《禮記・少儀》：「毋拔來，毋報往，毋瀆神，毋循枉，毋測未至。士依於德，游於藝；工依於法，游於說。」[5]拔來報往，是指與人往來衝動任性。瀆神循枉，是指態度輕慢，做事隨便，乃至對未來抱持著不切實際的妄想。[6]這些都是對生活習慣與做事態度的提醒。進一步來說，追求生命必須有所「依」，有

3　林安梧：〈孔子的「六藝之教」就是通識教育——世界最早的通識教育家〉，《通識在線》第 1 期（臺北：通識在線雜誌社，2005 年 10 月），頁 7。

4　但昭偉：〈以廣博的基礎知識為主軸的通識教育——理想、現實及轉圜之道〉，《哲學與文化》第 510 期（臺北：哲學與文化月刊雜誌社，2016 年 11 月），頁 26-28。

5　漢・鄭玄注，唐・孔穎達疏：《禮記正義》，李學勤主編：《十三經注疏》（北京：北京大學出版社，1999 年 12 月），頁 1026。

6　清・王夫之：《禮記章句》，《船山全書》第 4 冊（長沙：岳麓書社，1998 年 11 月），頁 849。

所「游」。依者，據以為常。游者，浸潤優遊也。無論是工匠或知識分子，其生命之價值追求，固然隨其身分、職業而有所不同，然而他們都具有可貴的人生態度，也就是能夠重視其生命在價值理想上必須要有所依持，並且能夠在現實生活中具體落實而得其自在。「少儀」是指細小的儀節，其禮多在少時所學。朱子稱為「小學之支流餘裔。」顯然這樣的教養，是從小就要開始培養的。

　　所謂「小學」是相對於「大學」而言，古人八到十五歲這段期間，必須接受「小學」的教育。十五歲以上，未來可能成為領導者的貴族子弟與民間俊秀，才能進入大學學習。對此朱子有清楚的說法：「人生八歲，則自王公以下，至於庶人之子弟，皆入小學，而教之以灑掃、應對、進退之節，禮樂、射御、書數之文。」[7] 相較於「大學」培養的是社會菁英、政治人才。「小學」似乎更接近在人倫情境當中的普遍教養。「灑掃、應對、進退之節」是學習日常生活跟人際接觸的要領。《論語・子張》記載子夏的門人擅長表現「洒掃、應對、進退」的儀節，這種被一般人視為日常生活中枝微末節的活動，應當是子夏教導弟子學習「君子之道」的方法之一。程伊川（1033-1107）曰：「自灑掃應對上，便可到聖人事。」[8] 肯定了在人倫日用中生活儀節的學習與成就道德人格具有密切關連性。生活儀節已然如此，則所謂「禮樂、射御、書數」這些必須仰賴專門學習的技藝，顯然更具有重要意義。

---

[7]　宋・朱熹：《四書章句集註》〈大學章句序〉（臺北：鵝湖出版社，2002 年 3 月），頁 1-2。

[8]　朱熹：《四書章句集註》《論語・子張》，頁 190。

　　《周禮・地官》記載保氏「養國子以道，乃教之六藝。」保氏是負責教養國子弟也就是貴族子弟的教育官員。古代負責教育的官員，有「師」有「保」。《禮記・文王世子》：「師也者，教之以事而喻諸德者也；保也者，慎其身以輔翼之而歸諸道者也。」也就是說，師氏重在藉由事理來啟發德性；保氏特別重視從身體行為來輔助成長。[9]保氏教養的內容，鄭玄提到：「養國子以道者，以師氏之德行審諭之，而後教之以藝儀也。」[10]這裡所謂的「藝儀」就是「六藝」，包含了「五禮、六樂、五射、五御、六書、九數」等內容。這樣詳盡的內容，包含了祭祀、軍事、政治等專業訓練，但是若只從職業技術來看待其意義未免過於簡單了。畢竟保氏提供的「六藝」學習，是以師氏啟發的德性教育為基礎。這裡或許提供了我們一種思考，也就是技藝與精神人格的養成，可以透過落實於實體生活行為的活動而達到最恰當的連結。《周禮》與朱子所描述的固然可能是理想中的教育制度，但是在此理想中更寄寓了華人文明對於教育本質的理解，理想的確立與回歸對任何文明的教育活動來說都是極為重要的，而今藉由對「藝教」特質的釐清，或許可以幫助我們理解華人如何看待教育的活動。

9　漢・鄭玄注，唐・孔穎達疏：《禮記正義》卷二十〈文王世子〉，載孔穎達疏曰：「輔，相也；翼，助也。謂護慎世子之身，輔相翼助，使世子而歸於道。」李學勤主編：《十三經注疏・禮記正義》，頁 635-636。

10　漢・鄭玄注，唐・賈公彥疏：《周禮注疏》卷第十四，李學勤主編：《十三經注疏・周禮注疏》（北京：北京大學出版社，1999 年 12 月），頁 352。

　　藝最早寫作「埶」，從字形的構成來講，是種植的意思。例如孟子講「樹藝五穀」[11]，是指種植作物。《周禮》保氏所教的「藝儀」，自然不是專指農業技術。這裡可以從象形文字的特性來理解，象形文字具有表象性，他是從存有本身來彰顯其意義，而不是通過話語言說的論定來將意義確定住，人們可以藉由圖象來直接體會其意義、意蘊。《說文解字注》：「周時六藝字蓋亦作埶。儒者之於禮樂射御書數，猶農者之樹埶也。」[12]從種植到技藝的學習，兩者在意義上可以相通。種植是一種助成植物生長的活動，將此關聯到教育來說，我們可以說：「教育就是一種助成生長的活動」。而教育的學習活動，則是主體從「具體實存的情境」中開啟的生長活動。[13]「主體」是「具體實存情境」中的主體，他在灑掃、應對、進退中，學習基本的人倫互動；在禮、樂、射、御、書、數等訓練過程，習得參與社會活動的能力。

　　這些從具體情境中學習的藝儀，為每一個不可測的生命提供了追求確定性的可能，這是一條「由藝入道」、「下學而上達」的道路。《論語‧述而篇》中孔子所說的：「志於道，據於德，依於仁，游於藝。」其實便揭示了此種上下通透的可能性。道是總體之根源，德是內在的本性，仁是彼此的感通，藝是具體的生長。志於道，是講人的生命必須能夠通極於道，而人必須要能依據此得自於天的內在本心，回溯此價值之源，由德而上通於道。

11　朱熹：《四書章句集註》《孟子‧滕文公章句上》，頁 259。

12　清‧段玉裁：《說文解字注》（臺北：黎明文化事業，1998 年），頁 113。

13　林安梧：《教育哲學講論》第一章〈教育哲學的基本向度〉（臺北：讀冊文化事業公司，2000 年 9 月），頁 14-15。

德之所以為德，落實在人間世當中，則是人與人彼此之真實關懷的展現，此便是仁，仁以感通潤物彰顯其自己。然而在現實曲折的生活世界當中，則需要藉由「藝能」來安頓與潤澤其生活，使其學有所用，用依於學。[14]故《禮記・學記》曰：「不興其藝，不能樂學。」游藝之學正顯儒學重視「實用」，朱子曰：「六者（六藝）皆實用，無一可缺。」[15]而此實用，非僅為客觀勢力之實與效驗之用的現實導向，而是仁德之實，人道之用，能夠將具體生活世界與價值理想關連在一起。故能「游藝入道」，通極於價值之源。

　　然而隨著歷史的推移，現實的生活世界已經有極大的改變，學習的重點更加強調專業性與實用性。此與六藝之教的「實用」已經有極大的差異，所謂價值之源，亦無由觸及。人類憑藉知識的力量重新定義了現實世界與價值理想的關聯，教育活動變得更加的普及且有效率，但是卻也加速導致了人性的異化（alienation）[16]。當代大學教育頗有鑑於此，藉由推動「通識教育」來

14　關於「道、德、仁」之概念，參考林安梧：〈「道」「德」釋義：儒道同源互補的義理闡述——以《老子道德經》「道生之、德蓄之」暨《論語》「志於道、據於德」為核心的展開〉，《鵝湖月刊》334 期（2003年 4 月），頁 23-29。

15　宋・黎靖德編：《朱子語類》第三十四〈論語十六　志於道章〉（北京：中華書局，1999 年 6 月），頁 867。

16　林安梧：「『異化』（alienation）一詞，從馬克思的《一八四四年經濟與哲學手稿》（*Economic and Philosophical Manuscripts of 1844*）在廿世紀中葉刊行以來，倍受重視，……異化一詞，隨著時代的差別與各個不同學門的拓深，其義涵亦言人人殊，……『異化』一辭，可以理解成『亡其宅』（not at home）的意思。……所謂的『亡其宅』指的正是人之不能處在由人性之怵惕惻隱之仁所成的宅第，也就是如孔子所說的處

重拾教育理想，改革當前的教育困境。

第三節　臺灣的通識教育重在 解決教育過度專業化的困境

　　民國 73 年（西元 1984 年）教育部發布「大學通識教育選修科目實施要點」，推動通識教育（General Education）。中國大陸則從 1995 年開始推動，稱為「素質教育」，在西方教育的傳統上，則稱為 Liberal Education。[17]通識教育至今在臺灣發展已超過 30 年，又有「通才教育」、「宏通教育」、「博雅教育」、「全人教育」等不同稱誦，這些不同的用語透露出所謂的「通識」，本身就是一個寄託了各種對教育想像的複雜概念。但是他們無疑都有一個共同的特點，就是對當代教育學科「過度專業化」的反省，因而要求其「通」、求其「博」、求其「全」。林孝信（1944-2015）提到：

　　　　（他們）都源自對於大學教育過度專業化的批判與改革，也都強調人文教育的重要，或是主張人文與科學需要兼顧與對話。提倡者多體會到當今社會過度分工與專業化的弊病，並認為高等教育的責任不在培養技職專家，而在養育

在『不仁』的狀態。」林安梧：《中國宗教與意義治療》（臺北：文海學術思想研究發展文教基金會，1996 年 4 月），頁 144。

[17]　沈文欽：〈西方博雅教育思想的緣由、發展和轉型——概念史的考察〉，《通識教育學刊》第 5 期（2010 年 6 月），頁 77。

綜觀全局的領導人才。[18]

學科專業化,其實正是今日大學教育的特色,其教育理念來自西方,其制度規劃固然是為了因應「現代化」(modernization)之需求,然而教育過度專業化卻也導致嚴重的問題。首先我們可能聯想到,專業化培育的專才除了造成隔行如隔山的現象外,似乎也難以因應現代多元化與全球化的情境中所需求的溝通合作、跨領域能力。此外,就當今臺灣高等教育自身的困境來說,王俊秀提到:

> 臺灣高等教育隨著成長導向的發展軌跡,已產生了「大學變小」的困境,這些困境包括:(1)高教工具化:配合臺灣的政治與經濟發展;(2)高教世俗化:被外界的不良社會風氣所帶領;(3)高教職業化:視高教單位為職業訓練所。換言之,臺灣已生產了一批「營養不良」的大學畢業生,他們的症狀包括:偏食──高中分流之後到大學再分流至學系,學系「地盤化」的專業掛帥,造成學習營養的不均衡;速食──功利導向的學習,短線操作,考完即忘;厭食──由你玩四年,或者大三已進入研究所補習班,學習動機低落。[19]

---

[18] 林孝信:〈2006 武漢科技大學兩岸通識教育研討會──文化素質教育與通識教育〉,《通識在線》第 4 期(2006 年 5 月),頁 28。

[19] 王俊秀:〈找回大學靈魂,創造教育典範:讓通識教育真正有「營養」〉,《通識在線》第 1 期(2005 年 10 月),頁 10。

「大學」本當為「大人之學」，其自身本有崇高的價值理念，而今卻陷於「工具化」、「世俗化」、「職業化」之困境。在廣設大學與少子化的情境下，固然催化了此困境，然而教育體質上本身就有問題，所謂「生產」、「分流」等概念，基本上是將學校視為「工廠」，而將學生視為生產流水線的「產品」。學習者身陷於龐大的體制中，弱化乃至失去了其主體性。「營養不良」固然是重要的原因，然而「失魂落魄」才是最嚴重的問題。曾任行政院長的江宜樺也提到：

> 筆者認為實用主義、過度專業化、膚淺化及娛樂化，是當前通識教育普遍存在的問題，而其克服之道則在重振傳統博雅教育的精神。[20]

從實用主義到娛樂化；從專業化到膚淺化，這些看似截然對反的現象卻能貼切地反映出當代臺灣教育的現狀。學校不重視落實教育的理念，學生不反省學習的意義，過度的相信「市場」機制，使得學習者缺乏價值理想之指引，更無以一己之身心成就事業之願力，於是「用」不得其「實」，「業」不成其「專」，苟免於縱逸、隨興，而生命亦逐漸離其自己。究竟何種原因造成此種「理念的匱乏」與「學習意願的低落」？林安梧提到：

> 臺灣當前最嚴重的教育危機不是經費不足，而是整個教育

---

[20] 江宜樺：〈從博雅到通識：大學教育理念的發展與現況〉，《政治與社會哲學評論》第 14 期（2005 年 9 月），頁 38。

　　體質已然毀損，而最嚴重的是失去了教育主體性。臺灣當
　　前教育就在以經濟為主導下，離其自己，而成為經濟考量
　　下的附庸。特別值得注意的是，這裡說的經濟則是一逐漸
　　惡質化的資本主義化、消費化的經濟，是一個人逐漸被掏
　　空，成為一為物所役的存在這樣子的經濟。人們分不清楚
　　什麼是「須求」（need），什麼是「欲求」（desire），
　　消費的渴望，傳媒的誤導，讓我們就處在「一往而不復」
　　的勢態之中。[21]

「惡質化的資本主義化、消費化的經濟」成為現代社會中實質的
「宰制者」，在其控制下，假「務實」之名，使得所有在體制下
的人，無論是教育者或受教者，都成為了「物所役的存在」。在
此體制下所謂「專業化」的教育，似乎將人製造成失去了「人
性」的機器「人」。然而，失落了人之所以為人的本質——「人
性」，交出了人的自主性，並不表示人可以安於某種客觀規律的
秩序而活得更單純、更輕鬆，一方面是因為，此客觀規律並非常
道，而是由權力、利益、慾望交織下的另一種「專制」；另一方
面，則是由於人性的欲望依舊存在，而消費的渴望更加刺激了欲
力的作用，使得人更加地不由自主。董成龍曾經用「沒有靈魂的
專家，沒有心肝的縱欲者」作出極貼切的形容，認為「教育體系

---

[21]　林安梧：〈從清華大學的「校訓」論「通識教育」之開展——兼論梅貽
　　琦校長《大學一解》的通識理想及對當前教育的反思〉，《鵝湖月刊》
　　第 39 卷第 6 期（總號 462，2013 年 12 月），頁 29。

的成功，並不一直與經濟的發展成正相關」。[22]心者，身之主也。無主之身，由「欲力」取代「人性」，如此乘權假借，「一往而不復」，雖有專業，難免成為消費化經濟的幫兇。

　　當今通識教育，或許是有見於困、專、偏之弊，而思以「通」、「博」、「全」救之。正如林孝信所言，為了解救大學教育過度專業化的弊病，多強調「人文教育」的重要。其中隱含著重新尋回「人的自主性」的追求。依據江宜樺的看法，必須回溯到通識教育的源頭，也就是「博雅教育」（Liberal education）的傳統來克服當前的危機。Liberal education 又可譯為「自由教育」，在羅馬時代與「自由技藝」與「人文教育」在某個意義上是完全相通的。他認為：

> 「自由教育」的目的變成「使學生成為具有自由心靈的人」，接受過自由教育的人不僅知道如何主宰自己的思想，也能對所屬社會的規範與傳統進行批判性的省思。我們現在談論「博雅教育」時，經常推崇這個概念所蘊含的「心靈解放」（to liberate one's mind）之涵意，並視之為啟蒙運動的成果。[23]

　　Liberal education 極強調「自由心靈」、主宰自己的思想，對傳統進行批判性的省思。所謂「自由教育」，顯然極具「啟蒙

---

[22] 董成龍編譯：《大學與博雅教育》〈文明教育的自覺與自決〉（北京：華夏出版社，2015 年 2 月），頁 1-15。

[23] 江宜樺：〈從博雅到通識：大學教育理念的發展與現況〉，頁 41。

主義的思維」[24]，建立在對個體的理性、知識性的強調，認為知識的學習與心靈的建構有著密不可分的關係。這也正是「博雅教育」的重要特質。目前對「博雅教育」的定義，基本上是沿襲紐曼（John Henry Newman, 1801-1890）的觀點，賴鼎銘據此歸納「博雅教育」的特性：

> Newman 認為大學是傳授普遍知識（Universal Knowledge）的地方，目標是心智（Intellectual）的訓練。因此，在博雅教育方面，他念茲在茲的一直都是心智的訓練。Newman 不否認其中包括紳士所具備的特有品性，如禮貌、得體、優雅的言行等。但博雅教育主要還是在於形塑心靈，以獲得健全的見識、理性的思維、公正的態度、連貫的見解及事物的判斷力，這些都是它的特性。對所有人來說，它都是進入任何思想主題、勝任任何學科或職業的保證。[25]

紐曼藉由「心智訓練」培養出「紳士」的品行，而「心智訓練」必需通過「知識」的傳授來達成。從這裡看出博雅教育的特性，

---

[24] 「啟蒙」（enlightenment）一辭的涵義，大體上說，乃意謂著通過理性或即自然之光啟導在封建陋習與宗教傳統下被無知、俗信或教義所支配著的一般民眾的蒙昧，同時普及自由思想、科學知識以及批判的精神，而使人們自覺人存在本身的尊嚴與獨立。傅偉勳：《西洋哲學史》（臺北：三民書局，1996 年 8 月），頁 375。

[25] 賴鼎銘：〈THE IDEA OF A UNIVERSITY 紐曼的大學理念〉，《通識在線》第 1 期（2005 年 10 月），頁 27-28。

即對於知識關乎人的心靈、理性、態度、價值觀的整體能力的養成。黃藿更清楚的提到紐曼對「博雅教育」的定義：

> 紐曼的定義，也就是將它當成智性的培養，目標是為了追求智性的卓越，此一主張後來受到赫斯特（P. Hirst）與皮德斯（R. S. Peters）的闡揚，認為博雅教育的目在追求知識和理解的廣度與深度。此一概念包含兩面，一面是要發展知識的技能，另一面則要理解更廣泛的知識。它排除了應用、職業與專業教育的導向。[26]

將教育活動視為「智性的培養」與追求「智性的卓越」，另一方面卻又排斥「應用、職業與專業教育的導向」，也就是非功利性、世俗性的導向。顯示其所重視的知識，有別於現代一般的大學中強調的實用教育、專業教育。在當今臺灣的大學教育，正要以此來解決「教育過度專業化」的問題，因而走向「以廣博的基礎知識為主軸的通識教育」的導向：

> 以廣博的基礎知識為主軸的通識教育，不管是在理念上或在實作上，都可說是西方進步國家的主流。而這套主流思維及作為，也不免的成為臺灣高等教育機構當中，用來推動通識教育的主要依據。[27]

---

[26] 黃藿：〈釐清博雅教育的來龍去脈〉，《通識在線》第 66 期（2016 年 9 月），頁 33-36。

[27] 但昭偉：〈以廣博的基礎知識為主軸的通識教育——理想、現實及轉圜之道〉，《哲學與文化》第 43 卷第 11 期（2016 年 11 月），頁 27。

事實上，推動以「廣博的基礎知識為主軸的通識教育」，仍然面臨著理念與實踐上的多層次挑戰。廣博的知識學習固然有其追求「自由心靈」的理想，但是如何能夠讓學生在廣泛的知識攝取中，產生與心靈的恰當連結？個人的「理性心靈」能夠克服整體的「惡質化的資本主義化、消費化的經濟」的左右？我們又當如何面對自身的慾望，使人免於成為「物所役的存在」？

「理念何處尋」？「人性如何喚醒」？其「克服之道」果真必須寄望於「通識教育」乃至更久遠的西方「博雅教育」？除了從西方知識學的框架來尋找答案外，華人教育的傳統中的「六藝之教」，又能帶給我們什麼樣的啟發？以下試論六藝之教別於西方通識教育之特質。

第四節　六藝之教異於西方通識教育之特質

六藝之教與通識教育頗有共通之處，他們都有強烈的人文關懷，能正視廣博學習的重要性，並且關注人格的養成與健全的心智。然而，相較於強調「廣博的基礎知識為主軸」，追求「智性的卓越」與「個人的自由」，並反對「應用、職業與專業教育導向」的「通識教育」，「六藝之教」更重視在「人倫」日用的生活情境中啟發「德性」、涵養「自覺」，對於應用、職業或專業性，也並未表現出強烈的排斥。以下將藉由《禮記》中對「藝教」的描述，從對「實用」的認知以及「學習策略」的角度指出六藝之教的特質。

一、「六藝之教」的實用是在「人倫日用」的生活情境當中展開

朱子認為「六藝」是「實用」之學。在《禮經》中記載了許多「古六藝」的教育活動，其具體內容雖然年代久遠，但是卻足以讓我們理解「六藝之教」的實用，基本上是在「人倫日用」的生活情境當中展開的。《禮記·內則》提到：

> 子能食食，教以右手。能言，男唯女俞。男鞶革，女鞶絲。六年教之數與方名。七年男女不同席，不共食。八年出入門戶及即席飲食，必後長者，始教之讓。九年教之數日。十年出就外傳，居宿於外，學書計，衣不帛襦褲，禮帥初，朝夕學幼儀，請肄簡諒。十有三年學樂，誦《詩》，舞〈勺〉，成童舞〈象〉，學射御。二十而冠，始學禮，可以衣裘帛，舞〈大夏〉，惇行孝弟，博學不教，內而不出。三十而有室，始理男事，博學無方，孫友視志。四十始仕，方物出謀發慮，道合則服從，不可則去。五十命為大夫，服官政。七十致事。[28]

〈內則〉的意思，王船山（1619-1692）解釋道：「內，門內之事也。則，法也，教也。」[29]也就是說，它主要是記載家庭內日常的行為準則，也就是家庭教育的細節。其中的這一段，特別描

---

[28] 清·孫希旦：《禮記集解》（臺北：文史哲出版社，1990 年 8 月），頁 768-772。

[29] 王夫之：《禮記章句》卷十二收入《船山全書》第四冊，頁 669。

述了自幼至長，從家庭生活、學習、出仕到退休等生命階段。這些不同的生命階段的學習內容，乃至基本的食衣住行活動，顯然有禮樂射御書數之「六藝」貫串其中，只是深淺廣狹的不同。十歲以前是童蒙教育，學習生活儀節、長幼之禮，之後開始求師問學。所謂「書計」，即六藝當中的「書、數」。十三歲開始學習樂舞，肢體的韻律活動使其身體柔軟，心氣平和。成童是十五歲，筋骨發育漸熟，開始學習射、御的實用技能。「六藝」的基礎，大致上在成年以前都學習到了。這些正是古代「小學」教育的內容，也就是一般的基礎教育。程伊川（1033-1107）提到：「八歲入小學，十五擇其秀者入大學，不可教者歸之於農。」[30]可見在基礎學習後，只有少數人得以接受在這之後的進階學習，這是為了培養菁英人才，也就是「士人」做準備。

到二十歲加冠成年之後，逐漸從家庭步入社會，其所學更加深廣，更加重視服儀、禮容，他們未來必須能成為社群的表率，對德行也有更高的要求。此番學「禮」，乃成人之禮，所以卓然立足於社會。孫希旦（1763-1784）曰：「前此但學幼儀，至此則學鄉國之通禮，前此不帛襦袴，至此則有裘帛之盛服；前此但學小舞，至此則學〈大夏〉之大舞；前此已知孝弟，至此則益惇而行之，而責以為人子、為人弟之全行。蓋成人之禮與大學之教，自二十而始也。」[31]此皆根據幼時所學，然而更加強調人倫孝悌之德的圓滿成熟。以此孝弟之德為涵養「博學」的根基。所謂「博學不教」、「博學無方」，重在藉由與師友往來學習中，

---

30 孫希旦：《禮記集解》，頁 771。
31 孫希旦：《禮記集解》，頁 771。

考察一己之志向，廣博的學習，累積德行，以為四十學成用世之
準備。這樣漫長的教養歷程，目的在培養治理百姓的人才。這樣
的人才培育，比起關注專門能力或者現實效率，更重視人的志趣
理想與道德人品。程伊川：「中間二十五年有事於學，又無利可
趨，則其志可知。此所以成德。」[32]或許這樣的教育有過於理想
化的傾向，但是他是以家庭倫理為基礎進一步推展出去，在人際
關係的互動中，實現道德價值的確立與人性之成全。可說是相當
的具體而周全。無怪乎孟子一再強調，學校教育的目的在於「明
人倫」[33]。

　　〈內則〉篇描述的理想教育規劃中，十五歲左右完成了「六
藝」的基礎教養，其中禮樂的深化學習，更延伸到二十歲以後，
成為立身行事的基礎。六藝之教，顯然不是以培養專門技術人才
為重點，而是在人倫情境當中完成人格教養。王船山：「二十以
後為學為仕，固非童年之所可豫教，而當蒙養之始，正其志，端
其習，以蚤遠於非僻，則年至而道行，出處之不妄，施行之必
效，皆循序而得矣。」[34]在生活中訓練良好的習慣，在精神上培
養正大的理想，所學所習，退能修己，進可安人，學而優則仕，
從家庭到社會，從具體到到普遍，六藝之教顯然在基礎的童蒙教
養中發揮了重要功能，他重視的不是單一技術的學習，而是要求
在具體的人倫情境中「正其志，端其習」，進而能夠卓然自立，

---

[32]　孫希旦：《禮記集解》，頁772。

[33]　朱熹：《四書章句集註》，《孟子‧滕文公上》：「夏曰校，殷曰序，
周曰庠，學則三代共之，皆所以明人倫也。人倫明於上，小民親於下。
有王者起，必來取法，是為王者師也。」，頁255。

[34]　王夫之：《禮記章句》卷十二收入《船山全書》第四冊，頁719。

推己及人。卓然自立，是六藝之教所求之實；推己及人，是六藝之教所成之用。

二、「六藝之教」的學習是強調
樂學精神以接通價值理想

　　「六藝之教」除了是落實在人倫情境中發揮其教育功能外，對於學習者的身心和諧、精神空間之開拓與學習的深化也有重要的效果。《論語》提到「志道、據德、依仁、游藝」，前三者的動詞皆有一定的強度，唯有「藝」以「游」字提點，頗富生趣。朱子注曰：「游者，玩物適情之謂；藝，則禮樂之文、射御書數之法，皆至理所寓而日用之不可闕者也。」雖然朱子仍不免於偏重道德理性的強調，但是他肯定了「藝」教一方面是「至理所寓」，一方面也具有「玩物適情」的特質。物是具體面對的事物，情是主觀意念之流動，至理是超越價值之理想。也就是說，主觀意念涉著於物時，得以通達到超越的價值理想。所謂「玩」與「適」，更顯示「游藝」對於人的感性層次與價值理念之間有一種恰當的調和功能。

　　《禮記・學記》是專門論述教育的經典，其中也特別提到「藝」教在教育中的效果：

> 大學之教也，時教必有正業，退息必有居學。不學操縵，不能安弦；不學博依，不能安《詩》；不學雜服，不能安禮；不興其藝，不能樂學。故君子之於學也，藏焉，脩焉，息焉，游焉。夫然，故安其學而親其師，樂其友而信其道。是以雖離師輔而不反也。〈兌命〉曰：「敬孫務時

敏，厥修乃來。」其此之謂乎！[35]

唐代的張守節（?-?）提到：「此一節論教學之道，必當優柔寬緩，不假急速，游息遜順，其學乃成。」[36]簡單來說，就是強調學習步調的節奏感要能恰當。調節的機制，就是這裡提到的「居學」。大學教學內容的安排，有既定課程的「正業」，也有彈性安排的「居學」。孫希旦將「居學」理解為「私居之所學」，[37]也就是個人的自主學習。這些學習內容包含了「操縵、博依、雜服」。操縵是練習指法，調弄琴弦，以便演奏曲樂。博依是指「雜取可歌詠者」[38]，也就是練習唱歌，體會韻律感。所謂「操縵、博依」，用現代話語來說就是玩玩音樂、唱唱歌。「雜服」，張橫渠（1020-1077）說：「服，事也。雜服，灑埽、應對、投壺、沃盥細碎之事。」指的是日常生活中的雜事。孫希旦解為「私燕之所服」，也就是日常的衣著，顯然比較具體些。大致上，雜服可以理解為日常生活中的諸多美感體驗與情趣。音樂、歌唱、服儀，這些都屬於「禮樂」之文。換而言之，即為「藝教」。王船山曰：「操縵、博依、雜服，皆『藝』也。」[39]這些學習最重要的意義，在能使人「樂學」。張橫渠曰：

---

[35]　鄭玄注，孔穎達疏：《禮記正義》，李學勤主編：《十三經注疏》，頁1057-1058。

[36]　鄭玄注，孔穎達疏：《禮記正義》，李學勤主編：《十三經注疏》，頁1058。

[37]　孫希旦：《禮記集解》，頁963。

[38]　孫希旦：《禮記集解》，頁963。

[39]　王夫之：《禮記章句》，頁876。

道本至樂，古之教人必使有以樂之者。如操縵、博依、雜
服，如此已心樂樂則道義生。今無此以致樂，專義理自得
以為樂。然學者太苦，思不從容，第恐進銳退速，苦其難
而不知其益，莫能安樂也。（藝），禮樂之文，如琴瑟笙
磬，古人皆能之，以中制節；射、御亦必合於禮樂之文。
如「不失其馳，舍矢如破」，〈騶虞〉、和鸞，動必相應
也。書、數，其用雖小，但施於簡策，然莫不出于學。故
人有倦時，又用此以游其志，所以使之樂學也。[40]

張橫渠做學問是有名的「志正而謹嚴」，伊川稱其有「苦心極力
之象」。[41]所謂「學者太苦」出自其口顯然極有說服力。「道本
至樂」，然學習的過程通常不一定是快樂的，因為缺少了生活上
的調濟，也就是「操縵、博依、雜服」。只專注追求思想上的自
得，忽略了心靈與身體承受的壓力，因此心不能樂，思亦不得從
容。所謂「不興其藝，不能樂學」，興有歡欣的意義。從橫渠在
這裡強調了「心樂」與「道義生」的必然性關連，認為「古之教
人必使有以樂之者」。「音樂、歌唱、服儀」這些平常生活中的
活動，可以調濟身心壓力，舒緩學習與生活上的緊繃感。更重要

---

40 清・秦蕙田：《五禮通考》卷一百七十〈學禮〉（桃園：聖環圖書公
司，1994 年 5 月），頁 15。

41 清・黃宗羲：《宋元學案》〈橫渠學案〉：「伊川〈答橫渠書〉曰：觀
吾叔之見，志正而謹嚴，深探遠賾，豈後世學者所嘗慮及。然以大概氣
象言之，則有苦心極力之象，而無寬裕溫和之氣，非明睿所照，而考索
至此，故意慮偏而言多窒，小出入時有之。更望完養思慮，涵泳義理，
他日當自條暢。」沈善洪主編：《黃宗羲全集》第三冊（杭州：浙江古
籍出版社，2005 年 1 月），頁 923。

的是，這些活動並非依隨著慾望或情感的波動，而是攸關著對於「禮樂之文」，也就是對「節度」與「和諧」的熟悉感，進一步能夠調適而上遂，關聯著價值意義的實現。橫渠認為「藝」特別是指「禮樂之文」。而六藝皆以禮樂為節，古人皆嫻熟其技藝，例如在射箭時搭配的音樂——〈騶虞〉，駕車時車上鈴鑣——「和鸞」，乃至書寫、策算，皆能用來調節學習時的心情與步調。

　　此種調節的機制，展現出「藏、脩、息、游」的學習韻律。鄭玄提到：「藏，謂懷抱之。脩，習也。息，謂作勞休止之為息。游，謂閒暇無事之為游。」[42]藏是就其內蘊於心來說；脩是就表現於身行來說；息是在勞動後暫得休止；游是在閒暇中興起意趣。其中隱含了由身、心、動、靜構成的一個整體的和諧韻律。此種和諧，是建立在一種對「學習意義」或「學習價值」的肯定上，也就是「樂學」。學如何可樂？以其非客觀自外於我，而是與我的身心相關、價值理念相關，進而產生一種「無在而非義理之養」的肯定。孫希旦：「無在而非義理之養。其求之也博，其入之也深；理決於心，而有左右逢源之樂；身習於事，而無艱難煩苦之迹。是故內則信乎己之所得，外則樂乎師友之相成，至於學之大成而強立不返也。」[43]博求深入、心契於理、身習不苦，這些都是「樂學」的證明。王船山提到：

　　　　詩、禮、樂之精微，非樂學者不能安意而曲體之，然形而

---

[42]　鄭玄注，孔穎達疏：《禮記正義》收入李學勤主編：《十三經注疏》，頁1058。

[43]　孫希旦：《禮記集解》，頁964。

　　上之道，即在形而下之器中，唯與於藝以盡其條理，則即
　　此名物象數之中，義味無窮，自能不已於學而道顯矣。故
　　教之有業，退之有居，必循其序而勉之不息，所謂「時」
　　也。[44]

　　「音樂、歌唱、服儀」這些調濟身心的活動之所以別具意義而不
只是消遣，不會讓人隨著情欲的牽引而一往不返，在於學習者始
終有明確的學習自覺貫串其中，這種自覺表現出對「樂學」的追
求與實現。也就是說，「樂學」並非全然是外在條件影響下得到
的學習成果，而是伴隨著學習活動中，主體對於學習意義本身的
一種更高層次的嚮往與追求。因此，即便在日常的生活行為與休
閒活動裏，也能曲折地體會到其中蘊含的「詩、禮、樂之精
微」。這是一種自我決定的價值導向。在習藝的過程當中，一方
面對客觀事物之理能充分地把握，一方面又深入體會其價值意義
之無窮無盡，因其有所自得，故能體學之樂而樂之不已，此樂學
的自覺之心既能興起，則能終身保持活潑潑的學習心態，與師友
切磋共學，相感於道義之中。因此說「不已於學」即是「道」之
顯現。故「樂學」即是「樂道」。整個追求學習與實踐所學的過
程，即是道的彰顯。這是傳統「道器不二」的思維表現。即肯定
通過下學可以上達，肯定「生命與價值的和合性原則」。[45]此與

44　王夫之：《禮記章句》，頁 876。

45　關於「生命與價值的和合性」與「存在與思維的一致性」，實為東西方
　　哲學對比的重要向度。請參考林安梧：《人文學方法論——詮釋的存有
　　學探源》第五章〈道：語言調適而上遂的本源〉（臺北：讀冊文化事業
　　公司，2003 年 7 月），頁 123-144。

主客對立下吾人學習、攝取知識學問，進而操作、控御以獲得自身最大之利益與回饋，顯然有所異趣。

此種樂學的自覺精神，又與《論語・學而》中「學而時習」的君子「悅樂精神」相通。「時習」，是指「無時而不習。坐如尸，坐時習也；立如齊，立時習也。」[46]即指君子的學習，是可以落實在日常生活的各種情況當中。由此表現學習的效驗是顯現在各種行為活動當中，並且自得於心，故而又能終身學之，日進不已。所謂「時」，有「時時刻刻」，永無止息的意思在。能夠認知到學無止境，又能不以為苦，永無止息，若非樂學者，豈能與於此。故而「樂學」，亦是君子之悅樂精神。它既是動機，也是效驗，這裡形成了一種兩端而一致的循環。要能夠真正樂學，必須善於體會「藏、脩、息、游」的學習韻律，通過「游藝」的學習，可以發揮恰當的調節機制，體會到學習的韻律，因此不容易產生「苦其難而不知其益」的狀況。強調啟發「樂學」的自覺與嚮往，由此而能夠「下學而上達」，此種「因而通之，上遂於道」的思維，正是「六藝之教」表現出的「通識」特質。

第五節　結語：六藝之教的通識性

「六藝」作為強烈的文化符號，其實代表著傳統「藝教」之精神。本文藉由現代通識教育所關心的臺灣教育困境：「高等教育過度專業化」的問題，嘗試將六藝之教擺放在同一個視域當中，以之凸顯古典「藝教」之特質。

---

[46]　朱熹：《四書章句集註》，《論語・學而》，頁47。

　　當今通識教育為了解救大學教育過度專業化的弊病，強調「人文教育」的重要，並試圖回歸古希臘「博雅教育」的精神，強調「智性的培養」以追求「自由的心靈」，認為知識與心靈結構有密不可分的關係。但是面對當今臺灣高等教育「理念的匱乏」與「學習意願的低落」的情況，除了智性的培養外，六藝之教所顯示的「通識性」，適足以提供現代教育有別於「博雅教育」的思考。首先，就「通識」意義來說，「六藝」的通識，不是在「博雅教育」或「現代通識教育」意義下的「通識」，而是「因而通之，上遂於道」的思考。林安梧先生提到：「『通』不只『通古今之變』，而且要『通極於道』；『識』不只『識別天下萬物』，而且要『識得天人之際』。」[47]此中隱含著華人文化中「生命與價值的和合性」的思考模式，它與現代教育主張的通識概念，仍然有其差異。本文限於篇幅未能進一步析論東西文化對比下的「通識」概念，然而此中勾勒出對比的可能，可為日後進一步研究的基礎。

　　其次，「藝」教重視「生長」的特質，將技藝與精神人格的養成，透過落實於實際生活行為的活動而達到最恰當的連結。從文獻來看，「六藝之教」其實是一種基礎教養，它著重在具體的人倫情境中，藉由良好的生活習慣，養成人的志趣理想與道德人品。從卓然自立，進而推己及人。這是「六藝之教」所追求的「實用」。至於更高層次的「游藝」，則顯示「藝教」對於人的感性層次與價值理念之間有一種恰當的調和功能。此中「樂學」

47　林安梧：〈孔子的「六藝之教」就是通識教育—世界最早的通識教育家〉，《通識在線》第 1 期，頁 7。

精神所蘊含的自覺嚮往與追求，發揮關鍵性的價值導向，使得整個「習藝」的活動，得以在「藏、脩、息、游」的學習韻律中，啟動了「下學而上達」的可能。

　　所謂「通識教育」，其實是西方傳統「博雅教育」在面對新的時代問題下，與時俱進而生概念，這顯然是歷經不斷地實踐與詮釋的結果。六藝之教如何也能夠與時俱進，必須也有更多的實踐與詮釋。這是最關心教育的儒學，面對當今社會實踐不可逃避的責任。

第八章　從古六藝到新六藝 ——新時代的藝教精神

第一節　重拾「藝教」的精神

提到禮、樂、射、御、書、數「六藝」之教，總教人想起孔子與其文質彬彬的門人弟子。孔子講「志於道，據於德，依於仁，游於藝。」（《論語・述而》）《禮記・少儀》中也記載：「士依於道，游於藝。」朱子說：「游者，玩物適情之謂。藝，則禮樂之文，射御書數之法。」[1] 在這裡我們看到一種非關生活目的，而是帶有「玩物適情」特質的優雅活動。這樣的活動，關係到人的精神壓力的釋放以及相關的心理活動，似乎與現代人在工作之外尋求的休閒（leisure）有相似之處，他們都有別於一般的經濟生產活動，甚至帶有高度的價值追求。[2] 事實上，經過了時間的沈澱，古老的技藝在現代人眼中，似乎更增添了神祕的「美感」，乃至成為藝術欣賞的對象。例如書法、古琴……等個

---

[1]　宋・朱熹：《四書章句集註》（臺北：鵝湖出版社，2002 年 3 月），頁 94。

[2]　「leisure」的概念，關聯著自由、解放的意義，它涉及對生活目標、自我存在的認識。參考何秉燦、蔡欣佑：〈從陶淵明的思想檢視現代休閒觀〉，《休閒事業研究》第九卷第一期（2011 年 3 月），頁 1-16。

人藝能。更遑論至今保存下來的諸多禮儀、祭祀活動，依然帶有一些「爾愛其羊，我愛其禮。」（《論語・八佾》）的意味。然而「六藝」的活動，除了「玩物適情」之外，應當有更重要的價值追求。

　　《周禮》中關於社會教化的理想制度，屢言「德行、道藝」。[3]可以說，至少在先秦儒家的社會理念及孔門實施的教養中[4]，相較於現實生活中的「實用」訴求，身體習行的「技藝」與「道德」人格的養成，顯然有更強烈的關聯。儒家強調「踐仁以知天」，由主體生命開啟徹上徹下的道德實踐之路，然而其生命必須有高度的自覺，才能啟動這樣的道德實踐之路。一般來說，人們的抉擇往依於慣習與經驗來取捨，其思慮重在衡量現實中的利害關係，總難擺脫客觀環境條件的左右，因而常常身不由己。熊十力曰：「庸眾之道德，發於自覺少。依於習成者多。……習之所成，內無其源，而期其日進無疆可乎？」[5]缺乏自覺的生命，往往依於習成而不可自拔。其慣行之道德，不過依於世俗之習成，日用而不知。故何況物欲乘權，積非成是。即使偶然不安，亦難免於習成之勢力。因此，覺性的開啟，才是人們能夠自主而獲得真正自由的契機。如何透過學習來引導覺性的開啟？從古典的「六藝之教」中，我們當可以尋得一些線索。技藝活動就其歷程來說，是人透過其有限的形軀接觸具體的存在物事，在不

3　《周禮》中「德行」、「道藝」並舉者凡六處。分別見於：〈天官冢宰〉「宮正」；〈地官司徒〉「鄉大夫」、「州長」、「黨正」、「司諫」。

4　參考本書第六章〈孔門六藝之教的當代實踐基礎〉。

5　熊十力：《讀經示要》（臺北：明文書局，1984 年 7 月），頁 113。

斷實踐的過程中累積經驗，使得身體與心靈、主觀生命與客觀現
實逐漸的統合為一。如果我們預取這樣一種活動具有某種價值意
義的實現，那麼技藝的活動顯然與德行人格的養成密切相關。因
此，當我們關心孔子所說的「游於藝」的「游」字旨趣時，其實
更應該重視「藝」何以堪與「道、德、仁」之價值意義來並稱。

　　在探討這個問題之前，我們可以先借用亞里士多德
（Aristotle, 384-322 B.C.）「實踐智慧」（practical wisdom）的
概念，談談「技藝」與「德性」的關係。亞里士多德所謂的「德
性」，根據余紀元（1964-2016）的解釋：「德性是做出一個決
定或選擇的一種品質，相對於我們的中庸，是由實踐智慧者的理
性決定的。」[6]進一步來說，乃是人能夠衡量具體的情境，朝向
理想的目標，做出正確的行為與判斷。所謂中庸，是指適中的狀
態，也就是「無過與不及」。亞氏所說的德行必須具有三種成
分：「內在化的社會價值觀、倫理情感以及實踐智慧。在習慣化
過程中，社會價值得以內化，並且倫理情感得以培育。但習慣化
不僅僅是一個被動的過程，也有一個主動的方面，即理性的發
展。這種理性的發展即是實踐智慧的形成。」[7]也就是說，德性
關聯著價值觀、情感與知識的調合，它的培養一方面是來自被動
的「習慣化」過程，這頗類似荀子所說的「禮義之道，師法之
化」（《荀子・性惡》）另一方面，則是基於實踐者的理性決
斷。此種理性，是「實踐智慧」者的理性，它使得人在面對行為
抉擇時，得以自覺地衡量諸多因素而得到最恰當的判斷。此種理

---

[6]　余紀元：《亞里士多德倫理學》（北京：中國人民大學出版社，2011
　　年5月），頁98。

[7]　余紀元：《亞里士多德倫理學》，頁98。

性不是純理智的、思辨的活動，而是關乎人的行為及其所面對的存在情境。余紀元提到：「實踐智慧」是亞里士多德倫理學中的專門術語，指的是「能讓人在倫理事情上做出正確判斷和正確行為的理智狀態。」[8]它是「決定人如何過好的、正確的生活的那種實踐理性的德行。」[9]一個人能夠在面對各種情境中，將情感與理智做出恰當的結合，引導其行為指向值得追求的人生目標，顯然絕非偶然，而是必須經過長久磨練熟習，因此能藉由其豐富的人生經驗，習於運用理性判斷，如同「義精仁熟」一般。[10]

　　綜合以上所說，道德實踐的判斷關乎理性的抉擇。這跟技藝有何關係？事實上，亞里士多德很喜歡用「技藝」做類比來說明德性的修養工夫，特別是射箭，他從弓箭手的技藝推導到德性的性質，認為「德性的修煉也是如此。如果反覆地、不斷地練習和實踐，最終就會像掌握一門技術那樣地擁有德性。」[11]德性需要養成，其修練的過程猶如技藝需要「反覆練習」，進而養成「慣習」。但是這種慣習並非純然被動的接受，而是關聯著自主的理性判斷。《論語》中的「學而時習」也強調養成慣習的重要。根據二程的說法，「學之正，習之熟，說之深」正是能夠成就君子

8　余紀元：《亞里士多德倫理學》，頁 99。

9　余紀元：《亞里士多德倫理學》，頁 100。

10　《論語・泰伯》：「興於詩，立於禮，成於樂。」朱子註曰：「樂有五聲十二律，更唱迭和，以為歌舞八音之節，可以養人之性情，而蕩滌其邪穢，消融其查滓。故學者之終，所以至於義精仁熟，而自和順於道德者，必於此而得之，是學之成也。」朱熹：《四書章句集註》，頁 104-105。

11　余紀元：《亞里士多德倫理學》，頁 104。余紀元認為「射箭的技藝是亞里士多德建立中庸學說的模型。」頁 96。

之德的重要因素，[12]「學之正」是吸收前人的智慧養成恰當的價值觀念；「習之熟」，是要在生活行為中養成慣習；「說之深」，是讓生命深處感到悅樂因而觸發實踐的動能。藉由生活行為中的熟習，讓君子的德行可以持續表現出來。熟習的內容，不只是讀書誦習，當然包含了「操縵、博依、雜服、興藝」等日常生活中的藝能活動。[13]這些優雅的藝能，不是用來維持日常生活之所必需具備的能力，而是具有教化意義，可以用來潤澤心靈，涵養德性。進一步來說，優雅與合宜的行為，正表現出人之具有正確的價值判斷能力，甚至可以藉此來恢復人的道德本性，也就是朱子說的「明其善而復其初」。[14]培養理性的判斷能力與成就君子之德行，究竟在何處得以相連？也許「技藝」正是我們需要的答案。

　　然而亞里士多德所認知的技藝，畢竟與實踐智慧仍有區別：「首先，它們具有不同的應用對象。技藝是有關創制或生產的理性能力，而實踐智慧是關於人的行為。其次，技藝是中性的。技藝的目的不在其自身，而實踐智慧的目的卻在其自身。」[15]就應用對象來說，技藝是關聯著製作與生產的活動，它面對的是客觀的對象物；實踐智慧是關聯著人的行為活動與人生經驗，除了理性的判斷力也考量著實際面對的倫理情境。也就是說，技藝與成就道德不一定有關，它是中性的，但是「實踐智慧」必然是成就道德的。藉由亞氏的對比，可以激發我們進一步反思「六藝」的

12　朱熹：《四書章句集註》，頁 47。
13　清・劉寶楠：《論語正義》（北京：中華書局，1990 年 3 月），頁 3。
14　朱熹：《四書章句集註》，頁 47。
15　余紀元：《亞里士多德倫理學》，頁 105。

特質。「六藝」和一般技藝不同，它重視培育人的德性更甚於生產的功能。此外，六藝的活動主要表現在人倫情境中，它不只是個人的主觀美感體驗，而是落實在生活的人際互動中表現其人格精神。[16] 相較於亞氏所說的技藝，它可能更接近亞氏所說的實踐智慧。其次，就目的來說，「技藝的目的不在其自身」，技藝所成就的結果，可能是善的，也可能是惡的，如「射有似乎君子」（《中庸》）同時亦不乏表現為殺伐鬥爭之惡行。但是具有實踐智慧，其自身便是善的，其自身即是目的。因此余紀元認為：「善的目的使得實踐智慧和技藝分開」。[17] 回到「六藝」來說，雖然其本身以培育君子人格為目標，但是我們卻很難說「六藝」自身即是目的。我們可以說它重視歷程性，但是卻不能否認它如同一般「技藝」活動是中性的，可能產生或善或惡的結果。修習六藝之教，是否可能誤入歧途？又我們能否保證學習六藝的活動必然是「善」的？所謂「自身」與「目的」之間的距離，在華人道器不二、天人合德的思維底下，是否仍然如此懸隔？這些問題意識，將重新啟發我們對儒家「六藝之教」的思考。

第二節　《周禮》六藝之教不同於百工技藝訓練

「六藝」為周代的小學教養，其性質有別於「百工」之「技藝」。《周禮》提到保氏「養國子以道，乃教之六藝。」所謂「國子」包含了王太子、諸王子、卿大夫等貴族子弟。《禮記·

16　請參考本書第七章〈六藝之教的通識性及其相關特質〉。

17　余紀元：《亞里士多德倫理學》，頁 105。

文王世子》：「保也者，慎其身以輔翼之，而歸諸道者也。」[18]
也就是說，強調謹言慎行來引導國子走入正道。保氏提供的「六
藝」之教，顯然是以培養統治階層的人才為目的的人格教育，跟
亞氏所提到的有關創制或生產的「技藝」不同。一般生產性的
「技藝」，在古代是由「百工」所掌握。

> 《周禮・天官・大宰》：「以九職任萬民……五曰百工，
> 飭化八材。」[19]

> 《周禮・冬官・考工記》：「國有六職，百工與居一
> 焉。……審曲面勢，以飭五材，以辨民器，謂之百工。」
> 「知者創物。巧者述之守之，世謂之工。」[20]

「九職」為平民的九種生活職業，「六職」為天子以下至庶
民所組成的政府職事。「百工」顯然是由一般平民擔任的職業，
是運用各種原料來製作器物的工匠。工匠的技藝，乃是「世代相
傳」，因此才能精益求精。《慎子》載：「古者，工不兼事，士
不兼官，工不兼事則事省，事省則易勝。士不兼官則職寡，職寡

---

18 漢・鄭玄注，唐・孔穎達疏：《禮記正義》卷第二十，李學勤主編：
　《十三經注疏・禮記正義》（北京：北京大學出版社，1999 年 12
　月），頁 635。

19 漢・鄭玄注，唐・賈公彥疏：《周禮注疏》卷第二，李學勤主編：《十
　三經注疏・周禮注疏》（北京：北京大學出版社，1999 年 12 月），頁
　32。

20 漢・鄭玄注，唐・賈公彥疏：《周禮注疏》卷第三十九，頁 1055、
　1057、1059。

則易守。故士位可世，工事可常，百工之子，不學而能者，非生巧也，言有常事也。」[21]工不兼事，是就其專門性來說；工事可常，是就其穩定性來說。因其專門易守，故此種技藝的學習通常是父教子習，家族傳承，這跟六藝需要通過學校教育，顯然是極為不同。在一定的經濟規模體制下，職業的專門分工，有助於維持社會結構的穩定。百工有常事，重視其職業的穩定性，應該是具有政治與經濟面的考量。

「六藝」並不是要培養技藝工匠，它是藉由學校教育來培養人才，甚至一般民眾都有機會接受這樣的教養。除了國學中的小學，地方也設立了基層學校。《禮記·學記》：「古之教者，家有塾，黨有庠，術有序，國有學。」孟子也曾鼓勵滕文公恢復「庠序之教」[22]。塾在家中門堂之側；庠是鄉校，為行鄉射禮、鄉飲酒禮的公共場所；序是州黨之學。四者設於地方，對比設於國都的國學，可稱之為鄉學。[23]從地方到中央，層層設有教育機構。「六藝」是其重要內容。朱子提到：「三代之隆，其法浸被，然後王宮國都以及閭巷，莫不有學。人生八歲，則自王公以下，至於庶人之子弟，皆入小學，而教之以灑掃、應對、進退之節，禮樂、射御、書數之文。」[24]此處提到六藝之「文」，將六

---

[21] 戰國·慎到：《慎子》〈威德〉，國學整理社：《諸子集成》第五冊（北京：中華書局，1996 年 2 月），頁 2。

[22] 《孟子·滕文公上》：「設為庠序學校以教之。庠者養也，校者教也，序者射也。夏曰校，殷曰序，周曰庠，學則三代共之，皆所以明人倫也。」朱熹：《四書章句集註》，頁 255。

[23] 郭齊家：《中國古代教育》（北京：商務印書館，1998 年 11 月），頁23-26。

[24] 朱熹：《四書章句集註》，〈大學章句序〉，頁 1-2。

藝視為「文教」，它作為一般民眾基礎教育的目的來說，可以用孟子「皆所以明人倫也」（《孟子‧滕文公上》）一語概括之。顯然六藝之教，在「國學」中是作為培養統治階層的人才為目的的人格教育；在「鄉學」則是學習如何在人倫情境中互動，行有餘力後，用以涵養人品敦厚德行的教化活動。

　　將六藝視為對一般民眾的基礎教養，或許帶有些儒家理想性的思考。但是「文教」的性質，使得六藝之教與作為謀生技能的百工技藝有別。其實，六藝之教也並非無關乎職業，仍有通過一定的管道轉為專門職業者的情況。例如《禮記‧王制》中提到的「執技以事上」：

> 凡執技論力，適四方，贏股肱，決射御。凡執技以事上者：祝、史、射、御、醫、卜及百工。凡執技以事上者：不貳事，不移官，出鄉不與士齒。仕於家者，出鄉不與士齒。[25]

　　「執技事上」，是指有一技之長者，可通過技藝考核來任事。或服務於國君，或服務於大夫私家。這裡提到七種技能：祝、史、射、御、醫、卜及百工。祝掌祭祀，史掌文辭，醫能治病，卜占吉凶，雖有專能，亦非無關乎六藝。至於射、御更列於六藝之中。然而這裡說的射、御，畢竟重在技藝能力而非人品德性的高下，因此說「執技論力」。其所論者，力也，進一步來說，就是憑氣力來謀生。孫希旦說：「以其無道德而惟論勇

---

[25] 鄭玄注，孔穎達疏：《禮記正義》卷第十三，頁411。

力。」[26]它關心的不是人品高下，而是能否勝任其事。此外，「不貳事」、「不移官」是說其不兼職也不改換行業，這跟百工「有常事」，重視職業的穩定性一致。此外，又特別提到「出鄉不與士齒」，是說其如果離開本鄉，不能與士序年齒、論輩分，也就是說強調其身分不能與最低階的貴族——士，相提並論。這裡關聯著周禮中「尊尊、親親」的社會背景，尊尊是就社會身分來說；親親是就人倫關係來說。鄉是其所熟悉的人倫範圍。在鄉，強調人倫關係；出鄉，則必須尊重階級身分。孫希旦曰：「出鄉，則不與士齒，賤之也。」之所以賤之，除了因為這裡的「執技以事上」者，社會身分仍屬百姓，與身為貴族的士有別，論職業身分與百工同列。此外，恐怕也隱含了重視德性而輕視技藝的意思。[27]孔子曾自嘲：「吾何執？執御乎？執射乎？」（《論語・子罕》）在春秋時期的社會情境中，即便周禮廢馳，普遍仍存在著輕視技藝職業的觀念。

這裡的「射、御」只是一般的職業工作所必須具備的技能，其目的是為了實用，與培養德行並無必然關係。但是對在社會中鼓勵技藝活動，仍具有某種教化意義。《禮記・坊記》載：「子云：『有國家者，貴人而賤祿，則民興讓；尚技而賤車，則民興藝。』」[28]這是從治國理民的角度，「興讓」、「興藝」，都是

---

26 孫希旦註曰：「不貳事者，欲其專精於所業。不移官者，不欲強試之以其所不能。」清・孫希旦：《禮記集解》卷十三〈王制〉（臺北：文史哲出版社，1990 年 8 月），頁 368-369。

27 孔穎達疏：「亦為技藝賤薄，不是道德之事，故不許之。」鄭玄注，孔穎達疏：《禮記正義》，頁 411。

28 孫希旦：《禮記集解》，頁 1285。

強調教化功能，引導人從對物質面的關注，提升為對道德價值的
重視。所謂「坊記」，坊在這裡是防的意思。孫希旦曰：「禮以
教之於未然，故曰『坊德』，坊其悖於德也。」[29]透過政治力量
的鼓勵，採取恰當的價值導向，引發整體社會風氣的改變。
「民」不是強調單一的個體，「德」也不是著重在個人的理性抉
擇。我們不能否認，《周禮》中藝教的觀念，仍然是偏重國家
性、社會性的思考。在一種整體性的氛圍當中，即便是一般的百
工技藝，它仍與整體社會的道德價值追求仍然會產生關聯。當然
也有可能是處於「百姓日用而不知」（《易・繫辭上》）的缺乏
自覺的狀態。當然，對於首開私學教育風氣的孔子來說，更希望
能培養人人都成為自覺的士君子，因此要努力開啟人對於價值意
義的覺知。在此意義下，「藝教」顯然能發揮更重要的功能。

第三節 「道、德、仁、藝」的一體關聯

「藝教」之所以成其為教，而不僅只是謀生的技術，則道德
與技藝實作之間的連結是必然的。然此連結之所以可能，在於我
們必須理解技藝的學習，不只是侷限在某一專門技藝的學習活
動。《周禮》國子所習六藝，重視德性的啟發，本自有兼習的特
質。鄉學的六藝，強調在人倫日用中學習，使人養成良好的慣
習，顯然也具有基礎教育的特質。強調「君子不器」（《論語・
為政》）的孔子，顯然也重視藝能甚於才藝，而前者更加強調相
通性。朱子注曰：「器者，各適其用而不能相通。成德之士，體

---

[29] 孫希旦：《禮記集解》，頁 1280。

無不具，故用無不周，非特為一材一藝而已。」[30]藝能與成德有關，才藝則侷限在事物上。此外，技藝活動容易養成慣習，相通，才能擺脫慣習的限制。因技藝之學習，有其具體性、實用性，容易顯現學習的成效，再加上因材適性，也容易讓人心思投入，長久鑽研，若無開闊的心胸，靈明的自覺，終將由習心取執而陷泥其中。子夏所說的「致遠恐泥」（《論語·子張》），所擔心的也是這個意思。不器，是要讓心靈保持活潑，不讓自己受到聰明才氣等氣質的限制，心不為其所繫，才能顯發純粹的志向，邁向成德之路。活潑的心靈、清楚的志向，敢不類似「能夠尋得正確目標並使之實現的理性決斷能力」這樣的「實踐智慧」。「君子不器」的觀念，提醒我們在學習「六藝之教」時應重視技藝之間的相通性。

　　在學習的過程中，念念不忘將所學轉化為道德的覺知，這正是「君子」人格的特質。「人而不仁，如禮何？人而不仁，如樂何？」（《論語·八佾》）禮樂儀文為時人的生活常軌，更是孔門重要的學習內容。六藝以禮樂為先，可知此種技藝的重要。此處孔子指點出其核心精神，在於中心之仁，也就是人與人之間的真實關懷。換而言之，藝不只是技藝活動，而是學習的內容，禮樂是眾多的學習內容之一，君子之學，是要將這些學習消化於生命當中，轉化為生命所具有的德性。覺醒其「仁」心，啟動對於整個生活世界的真實關懷。在整個學習的過程中，藝教有其特別的意義。此藝教，不以成就技術工匠或專家為目的，而是與成就德性有關。例如《禮記·少儀》中德、藝並舉，曰：「士依於

30　朱熹：《四書章句集註》，頁57。

德，游於藝。」士的行為，以道德為依據。學習，則悠遊於六
藝。德與藝，在個人的生命中統合了起來。

　　最值得玩味的，仍是孔子所說的：「志於道，據於德，依於
仁，游於藝。」（《論語・述而》）此處將藝與道、德、仁並
列。用現代的話語來說：道是就價值的根源來說；德是內在的本
性來說；仁是就心的感通來說；藝是就身的體現來說。志是有所
嚮往；據是守而不失；依是動能的來源；游是生活的落實。嚮往
價值之源；持守內在的本性；從仁心的感通發動；落實在生活世
界中體現。這是個人生命在不同向度當中展現的道德實踐。王夫
之（船山，1619-1692 A.D.）對此有極深刻的詮解：

　　　志在於道，則據在於德，德即日新而心幾於化，而所據者
　　終不可離也。乃若事之未感，道不可以豫擬，心之未動，
　　德不可以強求；抑在篤志之時，道不可以外求，執德之
　　際，道不可以力執；則唯吾心之仁為可依也。靜而無一私
　　之妄起，天理於是而凝焉；動而無一物之不含，天理於是
　　而行焉。動與依也，靜亦與依也，不使一念之廣大生者有
　　息也；靜與依也，動亦與依也，不使一念之至虛至明或蔽
　　也。若夫道之所自著，德之所自致，深於理者，而吾心之
　　與古人符，合古之人以發起吾心之生理，則必游於藝乎！
　　涵而泳之，曲暢而旁通之，乃以知道之果不與非道者等
　　也，所必志也；乃以知德之果有先獲我心者然也，所必據
　　也；乃以知天地民物之涵育於一念之中而從容以自遇也，
　　無不依也。故此四者無一而可廢，無一而可緩，分之而用
　　心之際其辨甚徹，合之而交至之功其用則一。志學之始，

即無偏至之功；成德之餘，不舍交資之益。學聖之功，全於是矣。嗚呼！大學之道，「止於至善」；君子之教，「中道而立」；聖人之言深切著明矣。而後之學者以為四者循序而漸進，不亦異乎！[31]

　　首先從道、德與吾心之仁的關係來看。志於道是對價值之源的嚮往，據德、依仁、游藝，莫非此嚮往之呈現。對於價值意義，心有所得而能生起價值的肯定，於實踐的過程中，逐漸能確信吾人內在之本性為何。道是嚮往價值，德是肯定此價值內在於我。然而價值為何，終究不是虛構的玄想或客觀知識理論，吾心之肯定，亦非主觀盲目的堅持。這裡必須有「吾心之仁」來權衡。船山此處將「仁」解釋為「一念之廣大生者」、「一念之至虛至明」，也就是指活潑潑的、虛靈明覺的心，它使得讓意念的發動，在動靜之間皆能合乎天理。也就是說，在面對任何情況時，都能使得道德價值得以實現。但這卻不只是單純的理智功能，而是交織了情感的真誠。

　　其次針對「游於藝」來說。船山認為：要使得「價值根源」具體化；對「人性」的肯定能有所自覺；對於客觀之理能有所深入；對於人心的感通有所覺鑑，進而能發起吾人之道德實踐動能，則「游藝」之學可以說是至為關鍵。「游藝」如何能為關鍵？所謂「藝」，朱子注曰：「藝，則禮、樂之文，射、御、

---

[31] 清・王夫之：《四書訓義》卷十一〈論語七〉，船山全書編輯委員會編校：《船山全書》第七冊（長沙：岳麓書社，1998 年 11 月），頁484。

書、數之法，皆至理所寓，而日用之不可闕者也。」[32]是以
「藝」為「六藝之學」。其中有文有法，用現代的話語來說，就
是有理論，有實作。其實作，可以表現在日常生活當中，使學者
隨時在不同的情境中，藉由技藝的演練，協調身心之律動，進而
蘊蓄其情感與理智之和諧，以達到「曲暢而旁通」的效果。然此
暢而通之，所以能「知道」、「知德」、「知天地天地民物之涵
育於一念之中」，最重要的是在於此種技藝的活動，並非僅及於
一時一世的偶然創制，也不是為了解決現實需求的專門技術，而
是人類經驗與智慧的長久累積所表現出的文明。習「六藝」，同
時也是對於歷史文明的傳承與文化記憶的延續。正因有此傳承與
延續，使得吾心能與古人相符，這不是記憶的堆疊，而是薪火的
賡續。「游藝」的活動發生於當下，卻能夠連結古今。她使得我
們的眼光不會僅及於現實，每一個當下具體的存在，都能藉由游
藝的活動，接引許許多多睿智的照亮，讓人類的文明之光得以穿
透過去、現在與未來。此外，「游藝」的活動也提醒我們，我們
終究不是獨立的單子，而是天地萬物之一。她引發了我們參與了
宇宙生生不息的動能，「合古之人以發起吾心之生理」，吾心之
生理，相應於古之人，更相應於天地生生不息的造化之源，如此
能辨別價值之源，能實現自我的肯定，能感通潤澤天下萬物。

　　最後，船山提到道、德、仁、藝，四者並非「循序漸進」的
工夫，也就是說，它並非單一序列中的四個階段進程，而是同時
並進，一齊俱顯的工夫。在游藝中有志於道；在依於仁中，有據
於德。面對生活當下的技藝活動，隨處有價值的呈顯。它沒有所

---

[32]　朱熹：《四書章句集註》，頁94。

謂是否「善的目的在其自身」的矛盾,也不會有誤用技藝而陷入為惡的可能。因為「游藝」的活動,本自關聯著道、道、仁等價值意義,而為道德實踐活動的整體。所謂「合之而交至之功其用則一」。基本上,這是在華人天地人我通而為一的「存有的連續觀」的格局底下的思考,也就是所謂的「天人合一」的思考。林安梧認為:此種「天人合一」的格局所開啟的理性狀態,實不同於西方「天人分隔」的格局所開啟的理性狀態。它是一種「情理,一種性理,一種道理」,一種「天人、物我、人己」皆關連為一體的理性。它跟西方重視的理智,一種經由主客對立,彼此切開來的理性不同。[33]此種連續型的理性,正是華人的「六藝」之教,所透顯出來的實踐智慧。

第四節　結語:基於經典而提出的藝教精神

在現代人的眼中,禮、樂、射、御、書、數等古六藝所透顯的朦朧美感,也許比它們是否具有實用性還來得重要。實際上,這些技藝在傳統的人倫情境中發揮功能,其本身就不限制在一定專門的技能,而是關乎道德人格的養成。然而事過境遷,其蘊含的精神意義勢必更甚於形式上呈現的內容。然而這必須透過恰當的詮釋,才能彰顯其意義。本文藉由亞里士多德對「實踐智慧」與「技藝」之關聯的思考,探討道德與技藝活動之間的關聯,希

---

[33] 關於「存的連續觀的理性」的思考,請參考林安梧:〈「絕地天之通」與「巴別塔」——中西宗教的一個對比切入點之展開〉,《中國宗教與意義治療》(臺北:文海學術思想研究發展文教基金會,1996 年 4 月),頁 16。

望由此引發對六藝之教的重新思考，進而提出「新六藝」的概念。本文認為，「新六藝」不只是「古六藝」的延續，而是要重新彰顯儒家「藝教」之精神。

儒家藝教精神的特質，筆者認為可以從幾個面向來理解：

（一）天人合德證體用不二：技藝活動乃立基於天人物我通而為一的格局。吾人之所以能由藝入道，證見體用不二之本體，實根柢於對此渾全的生命之根源之嚮往。在此格局中，我參與著天地的生生不息。

（二）時習道藝而身能養習：重視身體習行養成良好慣習。藉由時習「道藝」，以其規範、形式養成良好的「淨習」。啟發蒙昧，助我以此有限之身進到世界當中。

（三）優游藝中而心能兼通：優游，是在生命價值的確立中實現的身心和諧。兼通，不只是橫向的關連，而是有縱向的關懷。不執於對象，不私於己骸，不泥於世俗，因此能如如自在，啟動吾之「本心」開啟活潑潑地生活世界。

（四）重視經驗而自創人能：技藝活動重視經驗與智慧，對於文化的傳承容易產生關懷。然而徒重既有，將滯於習成，為物所役，不能顯其活潑潑的本心。人類文明的智慧，亦將斬絕。故當本於天地不息之生機，創發不已之人能，方能延續人類智慧之文明。

儒家的藝教精神落實於現代社會將表現為新時代的教化活動，筆者認為，新時代的藝教活動可以表現在以下諸點：

首先，仍應正視傳統藝教中所蘊含的人格教育。在推動現代藝教的過程中，當注意技藝活動是否能與道德價值意義產生連結，尤其應重視培養人對道德的嚮往與價值覺知能力。其次，即

便人倫情境不同，技藝活動仍應重視童蒙教養，以其為培養良好慣習的關鍵時期。其三，藝教不以培養專家為目的，其重視藝能甚至才藝，應重視彼此的「相通性」，實施六藝兼習的通識教育。其四，藝教實施的內容，必須關聯到人類經驗與智慧的傳承，因此當重視對於歷史文明的傳承與文化記憶的延續。新的六藝之教，應當承擔文化教育的功能。其五，在傳統華人「連續型的理性」的思考格局下，六藝之教，乃是道、德、仁、藝並進的道德實踐工夫，新的六藝之教，必須重視如何在現代社會情境中發揮此「連續型的理性」的思考，因此應該結合傳統文化思想的教育。

總結諸點，新六藝可以關聯到現代教育中的：人格教育、童蒙教育、通識教育、文化教育、思想教育。未來或許可以藉由藝教精神與現代教育理論的對比與詮釋，開啟儒家教育實踐的新的可能。

第九章　後新儒學視野下的
新六藝及其實踐開展

第一節　新六藝的提出及其所以為新

　　筆者自 2011 年開始參與體制外教育活動，構思以華人文化為核心的現代教育內容。初期將茶、琴、弓、拳、書法、棋等技藝活動，視為基礎的人文教養，統稱為「新六藝」，以其能代表儒家教育精神的文化符號並具有實踐的可能性。[1]相較於現行體制內重視知識性的分科教育，結合了上述技藝訓練的中學生更容易表現出身心和諧的教養。筆者認為這樣的教養方式，應當作為當代儒學落實其教化理想的重點。基於教育實踐的關懷，「新六藝」此後便成為筆者長期以來教學與研究關心的課題。然而關於「新六藝」何以為「新」，及其如何表現儒學在當代社會中的實踐關懷，至今仍缺乏足夠的論述。長此以往，恐怕「新六藝」之教育實踐將泛而無定，各行其是，甚至徒襲名目，華而不實，乃至魚目混珠，與儒家藝教的人文精神毫無相涉。是以本文考究「六藝」名義以為文獻依據，援引熊十力體用哲學以為義理規

---

[1]　請參考本書附錄一〈顏元「習行說」對道禾教育實踐思維的啟示——以《尚書》「三事」為核心之展開〉。

模，卒歸於後新儒學「生活世界」之實踐關懷。以明「新六藝」之所以為「新」。

所謂「六藝」之稱，先有「小學」──「禮、樂、射、御、書、數」等藝能教養；後有《六經》──「詩、書、禮、樂、易、春秋」之經典傳統，顯示其為儒家文教理想之重要象徵。今日既稱「新」六藝，雖是有別於既往，亦必須能接續儒家之文教理想，乃能不負「六藝」之名。換而言之，新六藝必須能夠表現儒學在現代社會中的實踐關懷，而非一昧的復古；儒學亦應參與新六藝的詮釋以及實踐活動，以開啟儒學新的實踐進路。從實踐與詮釋的角度來看，「新六藝」之所以為「新」，本文認為可以從三個面向來理解：

其一、在實踐內容上相對於古六藝的技藝活動。「古六藝」載於《周官》，作為培養政治人才及基礎人格的教養活動而受到重視。然它被記錄在《周官》這樣的理想官制中，顯然也帶有相當程度的理想性。即使如南宋朱子、清儒顏元等人，都從啟發實用精神的角度來強調它的重要性，但是在經籍中徒留形式的「六藝之教」，能否發揮教育功能實讓人懷疑。更何況是在如今人與經典、聖賢逐漸失去連結年代。相較於此，一向被視為小道而不受官方制度限制的「百家方技」、「遊藝雜學」，反而更貼近一般人的生活而流傳久遠。[2] 這些技藝活動，具有自由性、活潑

2　《四庫全書總目》中提到：「百家方技，或有益或無益，而其說久行，理難竟廢，故次以術數。游藝亦學問之餘事，一技入神，器或寓道，故次以藝術。以上二家皆小道之可觀者。」《欽定四庫全書總目》卷九十一〈子部總敘〉，余志明出版：《文淵閣四庫全書電子版──原文及標題檢索版》（香港：迪志文化出版公司，1998 年）。

性，更重要的是它們許多仍存在我們生活世界週遭，因此適合表現在現代社會中。我們將它們納入儒家的藝教中加以詮釋與實踐，是實踐內容上的新。

其二、在技藝活動中表現新時代的藝教精神。價值理念具有永恆普遍性，自無所謂新舊可言。然而人生存於現實世界，有意欲、權力、利害交織其中，致使其生命充滿染污性，而心靈亦常處在昏擾、障蔽的狀態，而生命的意義將不得顯發。技藝活動，面對事物，貼近於現實生活，因此容易引起人的執著性。「新六藝」要從一般技藝活動尋找由藝入道的契機，必須正視此執著性帶來的染污，而要求生命之創進不已。「新六藝」不是要追求短暫性靈的安適或心情的愉悅，而是要藉由技藝活動養成淨習，在身心實踐過程中不斷地藉由自我詮釋，探尋意義，遠離惑染，由此顯發其自性。生命將以自性為根源。如此則自我精進不已，生活將日益豐富。顯發自性是返本，豐富生活是創新。熊十力言：「有本纔得創新，創新亦是返本。」[3]「新六藝」要求技藝活動當為吾人調適身心以為生命返本開新的憑藉，而不是滿足意欲抒發情趣的工具。它要藉由當今切實可行的技藝活動，表現新時代的藝教精神。這是精神價值上的新。

其三、在實踐概念上強調面對「生活世界」的實踐之學。當代新儒學（New-Confucianist）面對現代化的挑戰，強調心性之學為中國文化的神髓，藉由「主體的轉化的創造」（subject-transformative creation）來開展自家的文化，進而重新樹立其文

---

[3]　熊十力：《新唯識論》（語體文本），蕭萐父主編：《熊十力全集》第三卷（武漢：湖北教育出版社，2001 年 8 月），頁 418。

化倫理精神象徵（Ethico-spiritual symbolism）。[4]但是這樣的一種開展，似乎仍是由上而下的階層關係，從上層的文化意識來引導下層的民俗文化，在兩層之間隱含著斷裂性。此外，它有一種過於強調主體性的傾向，而忽略了對歷史以及事實經驗的結構性處理。後新儒家哲學繼承當代新儒學之後的發展，它面對的是現代性所帶來之種種異化以及病痛。基於對儒學實踐論的關懷，他強調必須將人從道德的形而上學的高度，拉回到與具體的生活世界、歷史社會總體相關聯的視域，以此來思考傳統儒學的問題與病痛。「新六藝」的提出，是以後新儒家哲學的實踐概念為基礎，它要從流傳至今的民間技藝活動，尋找儒家藝教精神落實的可能，進一步在現代社會中營造出儒學實踐的場域。

　　古典的「六藝」一向是代表儒家傳承文化理想的重要符號，也是儒學落實其文化教養的著力處，但是長久以來也面臨著泥古難行的困境。「新六藝」能否擺脫此困境，進而回應新儒家在現代化之後的社會中的實踐需求，從教化層面重新展現儒家的實踐智慧？本文從以上三個面向：實踐內容、精神價值、問題意識與實踐方法，呈現出「新六藝」之所以為新的三個面向。最後歸結於後新儒學「生活世界」的概念，藉此詮釋「新六藝」之意義。希望能為儒學的當代實踐，開啟一個新的可能。

4　牟宗三、徐復觀、張君勱、唐君毅合撰：〈為中國文化敬告世界人士宣言〉：「要使中國人不僅由其心性之學，以自覺其自我之為一『道德實踐的主體』，同時當求在政治上，能自覺為一『政治的主體』，在自然界、知識界成為『認識的主體』及『實用技術的活動之主體』。」參考林安梧：〈當代新儒學在中國思想史上意義之檢討〉，《牟宗三前後：當代新儒家哲學思想史論》，頁24。

第二節　在實踐內容上相對於古六藝的技藝活動

傳統的「六藝」概念很明確，一方面指的是「禮樂射御書數」等「藝能」；一方面是指《六經》。《六經》為中華文化思想之基礎，自不待言。本文所謂「新六藝」，則是針對「藝能」而言，它強調藉由「六藝之教」的藝能訓練、知識實作，具體化地展現儒家的人文精神。為了因應實踐活動的生活化、日常化以發揮其教養功能，新六藝的實踐的精神固然關聯著「禮、樂、射、御、書、數」，卻不必侷限在傳統的實踐內容。畢竟歷史社會的情境不同，在現代社會的情境中，希望能藉由更多元的技藝活動來表現六藝之教的精神，落實儒家在現代教育面的實踐關懷，這便是新六藝之所以為「新」之處。

傳統的六藝，根據《周禮・地官》記載：保氏「養國子以道，乃教之六藝。」其中包含了「五禮、六樂、五射、五御、六書、九數」。這些詳盡的內容，涵蓋了祭祀、軍事、政治等專業訓練，然而這樣的專業訓練，隨著時代的發展也逐漸失去它的現實意義。誠如南宋胡安之的質疑：「禮樂射御書數，自秦漢以來皆廢了。」就連儒學興盛的南宋都難以實行六藝之教，更何況今日。然而朱子（1130-1200）卻認為：「六者皆實用，無一可缺。」[5] 強調藝能學習乃：「日用之不可無者」。[6] 這不應單純的

---

[5]　胡安之，字叔器。受業於朱子。朱子言「六藝皆實用」，乃針對叔器之疑問而發。詳見宋・黎靖德編：《朱子語類》卷第三十四（北京：中華書局，1999 年 6 月），頁 867。

視為一種文化情懷，它還具有現實的意義，也就是要提醒當時學者應該重視「實用」精神，並藉此批評一些缺乏現實能力的「文章之士」。值得注意的是，朱子所說的「實用」，並不是指現實功利之效用，而是表達一種對於倫常日用的關懷。[7]這也正是六藝之教在傳統社會中表現的特質。「六藝」基本上屬於「小學」，也就是基礎的童蒙教養，它的「實用性」，基本上是在「人倫日用」的生活情境當中展開的，其實踐的情境從個人擴及到家庭、社會，培養出能夠卓然自立，推己及人的人才。[8]此外，朱子對「六藝」活動的肯定，仍是基於其「格物窮理」的道德工夫修養立場，而不是要培養「五禮、六樂、五射、五御、六書、九數」的技術能力。他是把「盡乎物理，周於世用」的六藝活動視為基礎知識以及生活能力的訓練，是作為「格物致知」的延伸，而這些都繫屬於「道德實踐」的一環。

　　《四庫全書》為古代學問分類的標誌，它將「百家方技」、「游藝之事」之類繫於「子部」，認為「二家皆小道之可觀者」。[9]既然可觀，當可為學問之助。錢穆（1895-1990）曾提到朱子「格物必精，游藝不苟。」認為朱子在經史文章之學外，更

6　朱熹：「是其名物度數，皆有至理存焉，又皆人所日用而不可無者。游心於此，則可以盡乎物理，周於世用，而其雍容涵泳之間，非僻之心，亦無自而入之也。」宋・朱熹：《四書或問》（上海：上海古籍出版社，2001 年 12 月），頁 237。

7　請參考本書第六章〈孔門六藝之教的當代實踐基礎〉。

8　請參考本書第七章〈六藝之教的通識性及其相關特質〉。

9　清・紀昀等編纂：《四庫全書總目提要》〈子部總敘〉，余志明出版：《文淵閣四庫全書電子版——原文及標題檢索版》（香港：迪志文化出版公司，1998 年）。

有「格物游藝之學」。其內容包含：卜筮、書法、繪畫、印刻、琴律、天文……等。這些貼近生活的眾家小道，竟也讓這位理學大儒「畢生以之，至老弗衰」。[10]朱子其實並不排斥這些技藝活動，在《朱子語類》中提到：「小道不是異端，小道亦是道理，只是小。如農圃、醫卜、百工之類，卻有道理在。只一向上面求道理，便不通了。」[11]《論語・子張》：「雖小道必有可觀。」朱子不但知其可觀，還能識其道理。不一向從上面求，是指不當偏事技藝，忽略了「學以致其道」的工夫。畢竟君子之所求，與職人工匠之能事不同。本文之倡言「新六藝」，亦不以成就專業職人為目的，而是將其視為學以致道的媒介。朱子亦稱：「小道易行，易見效。」[12]易行易效，適足以教養成習。今不以道小為嫌，經由恰當的理解詮釋，啟發價值意義之嚮往，兼通而習行，以養淨習，以成善性，則儒家教化之理想，或可由此植根。

　　古人曾將「六藝」的學習比喻為「種植作物」，取其生長之義。[13]「新六藝」之教，強調長養淨習，實重視學習過程中時間歷程之作用。學習的活動，講求日起有功，新六藝之習行，本非追求短期致效，而是追求終身受用無窮。任何一項技藝活動，當能終身學習。於平常日用之間，發揮健身正心的效用。然六藝又

10　參考錢穆：《朱子新學案》第五冊〈朱子格物游藝之學〉（臺北：三民書局，1989 年 11 月），頁 344、367。

11　黎靖德編：《朱子語類》卷第四十九，論語三十一，頁 1200。

12　黎靖德編：《朱子語類》卷第四十九，論語三十一，頁 1200。

13　藝的字形有種植的意思《說文注》：「周時六藝字蓋亦作埶。儒者之於禮樂射御書數，猶農者之樹埶也。」清・段玉裁：《說文解字注》（臺北：黎明文化事業，1998 年），頁 113。

有一特質，在於藝能之間得以兼通。故有孔門「身通六藝者七十
有二人」之說（《史記‧孔子世家》）。習藝固然關乎個人材質
秉性之殊異，在客觀上來說，兼習技藝本身就有難度，更何況
「兼通」？因此兼通之「通」，當理解為「不限隔」的意思。形
式上是不因習藝之精深、熟巧而產生習心、成見，因而限隔了學
習他藝的可能。更重要的意義是，不因技藝之成事，讓生命纏錮
於物質與現實的染污之中，而是要讓生命能夠下學而上達，與生
生不息的創造之源有所呼應。能兼通的「新六藝」，才能參與活
潑潑的「生活世界」，才能體現儒家人文教養之整全。

第三節　在技藝活動中表現新時代的藝教精神

　　技藝活動從實用上來說「易行易效」，且在生活當中「行之
久遠」，乃至在價值意義上「寓道於其中」，故可以成為吾人生
命上學而上達的媒介。除了許多與生產有關的百工，更有不直接
涉及生產的技藝：例如《詩經》中用來祭祀「琴瑟擊鼓」（《小
雅‧甫田》），或者表達情意的「琴瑟友之」（《周南‧關
雎》），乃至《論語‧八佾》中的「繪事後素」、《孟子‧告子
上》言及「通國之善弈者」，皆能關乎風雅。然而其或為「小
道」、「小數」，終究難免引人疑慮。子夏言：「雖小道，必有
可觀者焉；致遠恐泥，是以君子不為也。」（《論語‧子張》）
子夏列於孔門文學之科，為傳經之儒，其學謹篤有餘而恢弘不
足，故孔子以「女為君子儒，無為小人儒」（《論語‧雍也》）

警之。[14]所謂「小道」，朱子：「如農圃醫卜之屬。」泥，則是「不通」的意思。[15]這些技藝，都是滿足人類生存所必需，實無批評之理由，除非是有更高的價值要求。子夏恐其「泥」，應是有志於「君子」而懼為「小人」，因而生此警惕。所謂志於君子，又該如何？刁包（1603-1669）注釋此段曰：「農圃起於神農、后稷，醫起於軒轅、岐伯，卜起於伏羲，下至百工眾技，創始皆自聖賢，故曰智者創物，巧者述之，原不可輕，故曰必有可觀。但當日為此教蚩蚩之民以利用安身，今已利矣已安矣，士君子有修己治人之責，當為其遠大者，若惟細民之業，一技之長，專心畢力於其中，則致遠恐泥矣。」[16]這裡將百工技藝的起源，歸於聖賢君子之創制。顯然不是從客觀的角度來解釋，而是從價值理想意義來追溯其根源。能創物利用故曰智，能修己安人故曰仁，仁智雙彰，是為聖人。聖賢君子之別，在其仁德智慧所能發揮的寬廣深淺的程度不同。但是君子小人之別，卻有決定性的差異。君子能修己治人，小人卻只是利用安身。利用安身則習於自私，而仁智不得顯發，修己治人則必須克服己私，乃得顯發仁智。利己自安為人之常情，安於常情，習於固有，將障蔽仁智，能否超克於此，正是泥或不泥的關鍵。

　　傳統的社會中，士君子有修己治人的責任。子夏恐怕君子泥

14　蔡仁厚：《孔門弟子志行考述》（臺北：臺灣商務印書館，1998 年 12 月），頁 113-114。

15　宋・朱熹：《四書章句集註》（臺北：鵝湖出版社，2002 年 3 月），頁 188。

16　程樹德：《論語集釋》（北京：中華書局，1997 年 10 月），頁 1308-1309。

於技藝小道，妨害其修己安人的遠大事業，故而有此憂慮。這樣的憂慮，或許跟他嚴謹篤實的個性有關。但是在現代的民主社會中，子夏的憂慮是否仍有其必要？當我們要問這個問題時，我們可以先反省，修己安人的君子之道，在現代社會中是否仍然有意義？如果有意義，那麼我們接著要問，當今從事技藝活動，不一定是為了滿足生存的需求，而是為了「玩物適情」乃至性靈的提升，如此是否可能對修己安人造成妨害？針對第一個問題，「修己安人」見於《論語‧憲問》篇，「修己」是生命價值的確立，「安人」是價值意義的實現。前者是主觀方面的道德實踐工夫，後者為客觀方面的道德實踐工夫。如果我們肯定道德實踐是有必要的，如果我們承認生命價值是應當確立與實現的，那麼第一個問題的答案自然是肯定的。接著我們要回答，作為「玩物適情」的技藝活動，是否將對道德實踐造成妨害？如果從朱子的理解來說，「玩物適情」並非問題，問題是在所習的技藝活動為何。朱子解釋《論語‧述而》的「游於藝」提到：「游者，玩物適情之謂。藝則禮樂之文，射、御、書、數之法，皆至理所寓，而日用之不可闕者也。朝夕游焉，以博其義理之趣，則應物有餘，而心亦無所放矣。」[17]朱子是將「游藝」視為為學入道的工夫。它使得人的心理情感、現實生活、理想價值得到恰當的調和，其重要性不下於道、德、仁的修養。因此，「玩物適情」不是問題，問題似乎是在所習的技藝為何。簡單來說，如果所習的內容是──禮、樂、射、御、書、數等六藝，則有益而無害。如果是一般技藝活動，則有妨害的可能。為什麼說貼近生活的農、圃、醫、卜

17　朱熹：《四書章句集註》，頁 94。

會比古老的禮、樂、射、御、書、數更有可能造成道德實踐的妨害？難道是所習的技藝內容有問題嗎？果真如此的話，「新六藝」要將一般的技藝活動視為是為學入道的工夫，勢必得回應此問題。

《周禮》中六藝之教「禮樂射御書數」，曾經被視為基礎人格教育的重要內容，但是歷經長久時間，距離人們的生活與意識及已經相當遙遠，它逐漸成為理想中的教育活動。至於貼近於現實生活的技藝活動，雖然「易行易效」，但是也更容易帶有染污性。其「可觀」，將引人更加執取於事物；其「致遠恐泥」，是由於長久以往將養成拘執小己之形骸而自私的習心。[18]執物而自私，將使生命向下沈墜，不得超然，又如何能修己安人。因此「新六藝」要由藝入道，必須警惕此種染污性。「新六藝」，將「六藝」，轉化成一種理想性的概念，並借用一般生活中可及的技藝活動為所習的內容。但是其內容也並非毫無簡擇。其簡擇乃依據於儒家藝教之精神。本文第八章從四個面向來理解儒家的藝教精神：天人合德證體用不二、時習道藝而身能養習、優游藝中而心能兼通、重視經驗而自創人能。當可以為詮釋當代技藝活動之稽考。

18　熊十力曰：「一切業狗形骸之私而起者，通成染習。」氏著：《新唯識論》（語體文本），蕭萐父主編：《熊十力全集》第三卷，頁265。

第四節　在實踐概念上強調面對
「生活世界」的實踐之學

　　「後新儒學」，是林安梧在 1994 年提出的實踐概念。[19]它基本上是因應新的時代變化，為了重新審視整個當代新儒學的發展路向而開啟的。「後新儒學」的提出，可說是儒學自身的一種「批判的、繼承的、創造的發展」。[20]相較於傳統儒學與當代新儒學，後新儒學強調其實踐立足點是落在「市民的、契約的、現代的、開放的社會」裡，它的實踐關懷是轉而面向「全球現代化之後所造成人的異化之問題的處理」。[21]它強調要正視人的經驗存在，解開傳統社會中境界的、宗法的、親情的、咒數的、專制的種種糾結，尋找儒學新的實踐方式，讓「人格性的道德連結」得以用新的方式展現在人間。[22]此種實踐概念，林安梧名之為「如的實踐概念」：

---

[19]　1994 年 2 月 22 日，林安梧先生提出〈後新儒家哲學論綱〉。1997 年又針對此論綱做出〈詮解〉。林安梧：《血緣性縱貫軸——解開帝制・重建儒學》副論三〈《後新儒家哲學論綱》的詮解〉（臺北：臺灣學生書局，2016 年 3 月），頁 267-293。

[20]　林安梧：〈《後新儒家哲學論綱》的詮解〉，頁 292。

[21]　林安梧：〈《後新儒家哲學論綱》的詮解〉，頁 290-291。

[22]　所謂「人格性的道德連結」強調人與人之間存在的道德真實感，在傳統社會中，它往往與「血緣性的自然連結」相互滲透，而成為一體之兩面。請參考林安梧：《儒學與中國傳統社會之哲學省察》第二章〈血緣性縱貫軸的確立〉（臺北：幼獅文化事業公司，1996 年 4 月），頁 17-32。

> 後新儒家的實踐概念是要去開啟一個新的「如」這樣的實
> 踐概念。這是以其自為主體的對象化活動做為其起點的，
> 是以感性的擘分為始點的，是以整個生活世界為場域的，
> 是以歷史社會總體為依歸的。[23]

　　所謂的「如」，是如其對象的如，也就是「在實踐歷程中開啟」下的，它是動態的歷程而非靜態的當下。此種重視「歷程」的概念，其實有意避免將心性主體直接通極於圓滿無限來說，避免強調當下即是而忽略了實踐工夫的歷程。儒家的實踐是以價值的實現、真理的朗現為目標，這當然是一種道德實踐。但是「後新儒學」更強調道德實踐應當面對物質性（Materilaity）、歷史性、社會性的種種問題，認為這些問題不能只放在心性主體中來解決。所謂實踐的對象，並非是在境界主體觀照下的對象，而是切實地注意到人所面對的實存的情境，在此情境中所顯現的經驗世界。後新儒學為了避免將儒學的實踐論窄化為主觀精神境界的實踐論，故而逼向對「生活世界」的重視，這是它異於當代新儒學的重要關鍵。[24]

　　面對「生活世界」，是後新儒學最根本的實踐態度。[25]在

---

[23] 林安梧：〈《後新儒家哲學論綱》的詮解〉，頁 273。

[24] 林安梧：《道的錯置──中國政治思想的根本困結》第七章〈解開道的錯置〉：「『後新儒學』（或者「批判的新儒學」）不同於原先的當代新儒學之以『主體性』為核心的思考，而特別強調『生活世界』（Life world）一概念。」（臺北：臺灣學生書局，2003 年 8 月），頁 211-212。

[25] 朱志學認為：「其理論構造的靈感來源，顯然不獨來自自家文化慧命，更有取徑西方現象學之處，以作為熊十力體用哲學的借鏡與參照。」氏

「生活世界」中所展開的儒家藝教精神的實踐，這樣的一種人文活動，本文名之為「新六藝」。後新儒學強調「生活世界」的優先性，並將人視為一「活生生的實存而有」，進到此生活世界中開啟其當下的生活感知，再由此而上遂於道。[26]它關聯到「人」如何作為一個「存在」，如何面對「世界」，如何展開其「生活」。在此概念基礎下，「六藝」作為一種人文活動有其歷史、文化意義。我們固然要正視其歷史文化意義，更重要的是，必須將其關聯到當下存在的情境，開啟新的感知，重新啟動其道德實踐的可能。因此，這裡必須扣緊「後新儒學」的核心關懷——「生活世界」的概念，作為探究「新六藝」之所以為「新」的關鍵。

　　林安梧在〈後新儒家哲學論綱〉詮解中提到：「生活世界的重視不能只是依循著生命之氣的感知而展開，更需要的是如實的去理解，這便得涉及於廣義的生產活動的理解。唯有在此深廣的生產活動的理解下，在感性的擘分下，並上提至一理論性的理解，如此才能使得此具體的生活世界有一如實的理解，進而對於

著：〈從「生活世界」到「場域主體性」：「存有三態論」內涵的現象學思路及其歷史定位〉，廖崇斐主編：《從後新儒到現代之後——林安梧教授回甲誌慶學術論集》（臺北：臺灣學生書局，2017 年 12 月），頁 155。

[26] 林安梧：《存有‧意識與實踐》：「人之做為一個存活者（實存者）（existence），他之為存活（實存）是以其當下的生活感知，即此生活感知而上遂於道也，故此感知經驗非一般認識之經驗，而是一上遂於道的本體經驗，就此『活生生的實存』而說的任何一個『有』（存在）（being），我們說其為『活生生的實存而有』。」（臺北：東大圖書公司，1993 年 5 月），頁 18。

人性有一恰當的詮釋與安頓。」[27]「技藝」活動重視具體的效
驗，其自身必然涉及經驗層與實用性的要求，故而就「如實的理
解」來說，當能貼近後新儒學對生活世界的關懷。然而若過於追
求技藝之效驗，恐將習於成見，執於一偏，不見生活世界之寬
廣。又或者耽溺於美感、心靈境界的滿足，以心執境，與真實之
世界愈加疏離。故而「新六藝」之實踐，除了必須有「由藝入
道」的嚮往，更當知此道，乃經由人的參贊證會而開啟的
「道」，必須即於整個寬廣的生活世界當中。此外，也必須回應
對於「人性的詮釋與安頓」的問題。所謂「修己安人」，其實是
基於對普遍人性的關懷，藉由身處現實中的我，在實踐的歷程中
找到如何處理好物我人己關係的平衡，並且探尋到自我生命的意
義，終於能夠在此世界中身安而命立，開啟了活潑潑的生活世
界。簡單來說，也就是必須針對人在現實世界當中的身心安頓提
出相應的處理方式。藉由「技藝」之學習培養具體的能力，面對
具體實存的情境，在此當中啟動我的實踐，開啟真實而活潑的生
活世界，同時也回過頭來確立了自我生命的價值意義。這是來自
總體之源的召喚，也是人類內在自我生命的召喚。今日欲倡言新
六藝，首先必須正視此「即於生活世界的實踐之學」。

第五節　「新六藝」是即於
 「生活世界」的實踐之學

　　「生活世界」（Life-world、Lebenswelt），是德國現象學家

---

[27]　林安梧：〈《後新儒家哲學論綱》的詮解〉，頁281。

埃得蒙德・胡塞爾（Edmund Husserl, 1859-1938）哲學中的重要概念。在 20 世紀廣受討論。本文所說的「生活世界」則是後新儒學的概念，它是從熊十力體用哲學所開啟的「活生生實存而有」的存有學的角度進一步展開的理解。本文是從這樣的角度來理解「新六藝」的實踐概念，而不是在現象學概念中的理解。

　　在後新儒學的理解中，「生活世界」這一看似簡單的詞彙，實蘊含豐富而深邃的意義。從根源處來說，它關聯著「人」對「存有」的探求，也就是對於傳統所謂「道」的參與和證會。

> 所謂的「生活世界」的「生活」一詞，更不只是一般所謂的生活而已，活者，健動不息，生者，源泉滾滾，我們在這裡所取的「生活」二字的意義，一方面指的是我們生活周遭所謂的生活，而另方面則是強調它必通極於道，歸本於體而說的生活，生活世界指的是那有本有源，通極於道體，流行充周於上下四方、古往今來而成者，用司馬遷的話來說，它是「通古今之變，究天人之際」的。[28]

　　就其總體的創造性的本源而說叫做「道體」，就其上下古今，充週無窮來說，叫做「流行」（天命）。「究天人之際，通古今之變」（〈報任安書〉）勾勒出華人天地人相貫通的思考。以此為基底，才有所謂「所好者道，進乎技矣」（《莊子・養生主》）的嚮往。就這些概念的運用來說，「生活世界」顯然是承繼著華夏文明道論的傳統。「生活世界」，是人的生活所成的世

28　林安梧：《存有・意識與實踐》，頁 18。

界，此生活是吾人的生活週遭，也是通極於道。故此世界是吾人
開啟的世界。此開啟的活動，用傳統的話語來說，乃是參贊天地
的活動。我們將此類比到「新六藝」「入道」的關聯來理解。
「新六藝」是以「由藝入道」為核心關懷，入「道」，可以理解
為，接通總體的創造性根源。它的接通方式，藉由「藝能」的實
踐，表現人類參贊天地的活動。在此活動中，它也要關聯著上下
四方，古往今來。然而技藝的表現，有其具體性、歷程性、規範
性，藉由具體的實踐歷程，它要真正參與到整個生命根源的整
體。它顯然不是通過「心性」的當下體證或者抽象的構思，而是
以「人」在經驗世界中的活動為啟動點。這正是「生活世界」所
強調的概念。

　　此外，我們當注意「生活世界」有兩層意義。林教授提到：

> 一般講「生活世界」，就是我們現在所處的生活場域。我
> 們在這裡是有所「生」、有所「活」，共著這個場域而
> 說。所謂「場域」，是人參與其中才構成了「場域」，才
> 構成了「生活世界」。但是它不只是這一層，這一層我們
> 說是俗世的生活世界。當我們說「生活世界」的時候，其
> 實也隱含一個根源性的意義，便是「源泉滾滾，沛然莫之
> 能禦」的根源性創造狀態。也就是說，這個生活世界有兩
> 層意義：一個是世俗義的，一個是根源義的。……人之所
> 處在這生活世界裡，既有根源義又有世俗義，根源義與世
> 俗義是和在一塊的，必須經由人的「理解」、「詮釋」的

　　過程，才能調適而上遂於道。[29]

　　「生活世界」的兩層意義：世俗義、根源義。前者是就生活所處的「場域」來說；後者是使得生活世界之所以能生且活的「創造性根源」。根源與世俗，兩者的關係常常混而難分，它可以隨勢而生滅，猶如「百姓日用而不知」；也可以是「仁者見之謂之仁，知者見之謂之知」（《繫辭上》），必須經由人的「理解與詮釋」，才能將其由現實的紛紜複雜中釐清，經由理智的光照，調適而上遂於道。

　　技藝的活動，當其表現在「生活世界」當中，也是既有世俗義，也有真諦義。它既是下委於物，也可能是上通於道的契機，其真俗之際，不僅表現於當下，更是由人整體的實踐歷程開顯出來。同樣的技藝活動，或以此汲汲營生，或由此契入價值之源，取捨之際，關乎身心、關乎業力、關乎習染，它是豐富而複雜的辯證歷程。此種開顯的活動，亦須時時仰賴理性的光照。可以說「新六藝」不只是身體技藝的表現活動，它更是一種自我覺知的活動，它要對我們習以為常的技藝活動重新展現理解與詮釋的方式，由此探尋入道的契機。

　　林安梧對「生活世界」的概念進一步分析道：

　　　　「生活世界」一詞指的是吾人生活所成之世界。
　　　　「生」是通貫於天地人我萬有一切所成之總體的創造性根

---

[29]　林安梧：《儒學轉向：從「新儒學」到「後新儒學」的過渡》第三章〈儒、道、佛三家思想的「生活世界」與其相關的「意義治療」〉（臺北：臺灣學生書局，2006年2月），頁67。

源。

　　「活」是以其身體、心靈通而為一展開的實存活動。

　　「世」是綿延不息的時間歷程。

　　「界」是廣袤有邊的空間區隔。[30]

　　首先，從人與世界的關係來看，後新儒學強調「生活世界」的優先性，表現出人與所處的真實的情境，必須有一親和的關係。在此中，「人」的參與觸動是最關鍵的。「生活之為生活是因為人之『生』而『活』，世界之為世界亦因人之參與而有『世』有『界』。」[31]然而，「世界」並非人主觀投射出來的或者想象的境界，更不是獨立於我之外的客觀環境。林教授提到：「生活世界是人們主體參與所成的世界，但世界卻又是優先於人之為一主體的存在，這個世界是通過人內外通貫活動的一個世界。……當我們說一個對象是由我們主體所安立的對象，與我們說主體是由客體的對象所反映的那個主體，是兩端而一致的，這個世界即是以這種辯證的、總體的、既開展又融合的方式而說的這樣的一個世界。」[32]在這樣一種面對世界的態度，是在一種「互為主體」的關係下產生的。世界不獨立於我的生命之外，我是以一種帶有情感、意志、價值的向度去理解這個世界。這是一

30　林安梧：《中國人文詮釋學》〈「生活世界」與「意義詮釋」代序〉（臺北：臺灣學生書局，2009 年 10 月），頁 II。

31　林安梧：《中國人文詮釋學》〈「生活世界」與「意義詮釋」代序〉，頁 II。

32　林安梧：《儒學轉向：從「新儒學」到「後新儒學」的過渡》第九章〈「後新儒家」的哲學擬構：武漢大學的講詞〉，頁 307。

種「我與您」（I and Thou）的主體互動的關係。[33]其用意，在避免主體主義的傾向。此外，「人」進入世界的姿態，並非只是做為道德的存在，更是自然的存在、社會的存在、經驗的存有。[34]如此說，則人面對世界的方式必須重視經驗的、切實的去面對對象，而不是由主觀心靈境界直接接通到道體之源。此中必得涉及廣義的生產活動，包含了物質性、精神性的理解。在這樣的關係中，也是染淨交織，充滿著種種辯證相的世界。

其次，「生活世界」中「生活」的概念，特就人的實踐活動而言。此實踐活動，「是由通貫於天地人我萬有一切所成之總體的創造性根源，落實於人這樣的一個『活生生的實存而有』，以其身體、心靈通而為一，因之而展開的實存活動。」[35]從「新六藝」來說，此實存活動乃是「由藝入道」的活動。故「新六藝」之「由藝入道」，其實踐的重點當落在如何展開「身心一如的實存活動」。

「生」是就總體的創造性根源來說，也就是道。技藝要求入道，便要顯現此創造性之根源。否則將只是淪於「器」的層次。子曰：「君子不器」（《論語・為政》）朱子注：「器者，各適

---

[33] 林安梧：《中國人文詮釋學》，頁 8-10。

[34] 林安梧：「將人還原成一個 natural being，還原成一個 social being。『人』做為一個人，他是一個 existence，而不是把人命名為 moral being，認為『人』做為道德的一個存有，是因為人具有，就應該做什麼，過去談到儒家的時候，大概就是這麼論問題的。」氏著：《儒學轉向：從「新儒學」到「後新儒學」的過渡》，頁 149。

[35] 林安梧：《中國人文詮釋學》〈「生活世界」與「意義詮釋」代序〉，頁 IV。

其用而不能相通。」[36]就現實而言，難免各適一器，各當其才。但是君子不拘礙於才質而求其能，不執著於器物而通於道，如此歸返創造性的根源，開啟其生生不息的動能。此創造性之根源，卻是在實踐歷程中開顯的。《莊子・養生主》言由「技」進乎「道」，技是日常生活所需，人卻不以此自足，必即此而契入存有之奧祕。此奧祕非冥然默契，卻是要即於生活而顯。由技進於道，可見道器不二，可知人雖有限而嚮往無限。因此不二，因此嚮往，吾人得以為天地之參贊者，存有之觸動者。

　　「活」是就人的實踐來說。「後新儒學」強調人的實踐活動，必須是「身體」與「心靈」通而為一的實踐活動，而不是高揚道德本心，讓身體成了心所控御主宰的對象。技藝的活動，因其重視效驗，得失成敗之際，讓人必需正視問題，尋求客觀而合理的解決，進而成其果，遂其功，為之躊躇滿志。在實踐過程中，讓「『身』的活動帶起『心』的活動，『心』的活動又潤化『身』的活動。」[37]達到「健身而正心」，也就是藉由正視此身之具體而有限的存在狀態，引導身心協調，進而達到身心一如的狀態。此外，在日常中的「技藝」活動，對於一般的學習，也能發揮調節機制的作用，例如儒家有「游於藝」之說。《禮記・學記》中提到：「君子之於學也，藏焉，脩焉，息焉，游焉。」藏是就其內蘊於心來說；脩是就其表現於身行來說；息是在活動中暫得休止；游是在閒暇中興起意趣。整個學習的活動，是由身心動靜構成一個整體的和諧韻律，這樣的韻律甚至帶有美感。君子

36　朱熹：《四書章句集註》，頁 57。

37　林安梧：《中國人文詮釋學》〈「生活世界」與「意義詮釋」代序〉，頁 V。

之學，是真善美合一的學問之道。故孟子言君子乃存神過化，
「上下與天地同流」（《孟子·盡心上》）。其實不只是學習的
活動，人類存在的具體活動，亦隱含天地之道的彰顯。《周易·
繫辭上》曰：「見乃謂之象，形乃謂之器；制而用之謂之法，利
用出入、民咸用之謂之神。」道之彰顯，可見叫做跡象；有形叫
做器物；其應用皆有法度；其周週普及於生活日用當中叫做無窮
的妙用。[38]則一切莫非大用流行之顯現。熊十力認為：「我們依
據這種宇宙觀來決定我們的人生態度，只有精進和向上。其於諸
行，無所厭捨，亦無所謂染着了。」[39]宇宙原是活潑而真實的，
生命能肯定且正視於此，則其生命亦是活潑而真實，吾人之生命
與大用流行合一，如此則可遠離私心作意之染着。「新六藝」之
教，藉由技藝活動之強調經驗、法度、歷程、持續，在具體而實
存的習行中反覆驗證，於事物之成功中證身心之一如，自能達到
「健身而正心」的功能。

　　最後，就「世界」的概念來說，「世」為時間歷程。「界」
是因人的智執而起現的空間區隔。「世界」則「是時間之綿延作
用在空間之區隔。」因此，現實所謂的世界，乃因智執而成其世
界。然而世界又是「時空的交錯」，「此交錯並不是落在智執所
生而為交錯，而是在存有的根源處本為一體，故後之起現得以交

38　此處的解釋，採取金景芳、呂紹綱：《周易全解》（臺北：韜略出版
　　社，1999 年 11 月），頁 631-632。

39　熊十力：《新唯識論》（語體文本），蕭萐父主編：《熊十力全集》第
　　三卷，頁 87。

錯。」⁴⁰雖於智執而有界，仍無礙其根源處通而為一。從「無界」而「有界」，乃是存有的開顯，⁴¹這是林教授根據熊十力體用哲學而發展出的「存有三態論」的哲學結構。而「存有三態論」則是不離「生活世界」的概念而說。⁴²這些都是以中國傳統文化的基本模型——天地人我通而為一的「存有連續觀」做為最基本的理解。「作用於空間的綿延不息」，顯示華人的時空觀念中強調的是「生生不息」的「存有之連續觀」。

　　關於「生活世界」的啟示，本文在第五章以四點歸結，今略釋如下：1.世界是「真實」的世界。2.世界與我的關係是「一體」的。3.生活世界既是根源性的價值意義的顯現，也具有現實生命的「複雜」性。4.人類以「創進」不已之精神，共趨於理想之大道。以其「真實」，故肯定人生，肯定生活，吾人以活潑潑之生命開啟世界；以其「一體」，物我非限隔，不執不泥，技藝活動可上遂於道；以其「複雜」，當正視生命落在現實中的染

---

⁴⁰ 林安梧：《中國人文詮釋學》〈「生活世界」與「意義詮釋」代序〉，頁 VI。

⁴¹ 林安梧：「廣袤而有邊，這是落在人之『智執』而說的，這是由『存有的根源——X』之走向『存有的開顯』，進而走向『存有的執定』而起現的。」氏著：《中國人文詮釋學》〈「生活世界」與「意義詮釋」代序〉，頁 VI。

⁴² 林安梧：「熊十力的哲學是極為注重『生活世界』的，而所謂的『生活世界』指的是那活生生的實存而有之進到一存在的竟域中所開啟者，是人走向世界，而世界迎向人，一體開顯而成的源泉滾滾、健動不息這樣的世界。……『存有的根源——X』、『無執著性、未對象化的存有』、『執著性、對象化的存有』都不離此生活世界，它們圓融周浹、通貫為一。因為所謂存有的三態實不離人而說，而人則不離此生活世界也。」氏著：《存有・意識與實踐》，頁 336-337。

污，明事理，覺本心，在實踐中追求身心一如；以其「創進」，故不耽境界，習藝而不為物役，進而能夠備物致用，修己安人。

第六節　結語：新六藝的實踐與未來

「新六藝」是基於儒家藝教精神落實在新時代的人文思考。它可以視為儒家教育思想的當代論述，以及由此展開的實踐內容。它是傳統「六藝之教」的進一步發展，它以後新儒學的理論為基礎，以當代的實踐關懷為出發點，希望藉由「技藝的活動」來連結文化傳統與現代生活，並以儒家的藝教精神來詮釋與實踐技藝活動，進而提升人的價值自覺，由此展現儒家的藝教理想，以開啟活潑潑的生活世界。基本上，它是一種對於現代技藝的理解與詮釋的活動。

六藝，是代表儒家藝教精神的重要文化符號，也可以是華人永恆嚮往的教育理想。「新六藝」的提出，是希望藉由儒家思想對現代技藝活動的詮釋與參與，探尋儒學在現代社會中實踐開展的可能。就目前臺灣的環境來說，「六藝」對於現代教育的意義逐漸受到文教機構以及民間團體的關注，甚至將技藝導入教育活動當中。其理念固然南轅北轍，與儒家藝教精神亦未必相契，倘若缺乏實踐理論的反省，長此以往恐逐漸空洞化、世俗化，殊為可惜。從儒學的角度來說，儒學本身就是強調實踐的學問，在邁向現代化的歷程中，當代新儒家從存在的進路，在理論系統上為儒家的「內聖外王」奠立了基礎。接續其後的學者，在萬壑爭流的思想情境中，更應當積極為儒學的現代實踐找尋出路。「新六藝」之教的詮釋與實踐，正是筆者長久以來思考的課題。然而這

樣的思考，必須有理論依據作為實踐的參照。筆者從熊十力的體用哲學中尋找答案，以為「由藝入道」，乃以道為體，以藝為用，當能相應於熊十力體用不二的見體之學。進而從熊十力《新唯識論》中對「染淨」關係的深刻分析，以為入道之藝，乃是由於淨習之養成。最後則歸結到熊十力哲學中隱含的「生活世界」概念。此概念為林安梧先生針對熊十力體用哲學的詮釋所提出，是後新儒家特別強調的實踐概念。林安梧提到：「『後新儒學』（或者「批判的新儒學」）不同於原先的當代新儒學之以『主體性』為核心的思考，而特別強調『生活世界』（Life world）一概念。『生活世界』指的是由人之做為一『活生生的實存而有』，進入到世界之中，而視此世界乃是一活生生的世界。」[43]相較於當代新儒學以主體性為核心的思考，它更重視一種「場域性」的思考。所謂「場域」是由人參與其中所構成，此即吾人的生活世界。其強調人的實踐參與，故而也重視歷史社會。就其認知來說，人之作為一道德存在，是在人間世當中，在生活世界當中，在歷史社會當中的道德存在。「後新儒學」提出了一種「以生活世界為場域的，以歷史社會總體為依歸」的「如的實踐哲學」，因而將儒學面對當代的重點，從「良知」轉到「生活世界」的概念來。而「生活世界」，關聯著「人」如何作為一個「存在」，如何面對「世界」，如何展開其「生活」。

　　技藝是最能表現人類生活的活動。傳承已久的技藝，更是承載了人類文明智慧的寶庫。《周禮》中以「六藝」引導學子在人

---

[43] 林安梧：《道的錯置——中國政治思想的根本困結》〈第七章　解開道的錯置〉，頁 211-212。

倫日用當中學習如何卓然自立，推己及人的實用之學，表現了儒家所重視的藝教精神。然其歷時久遠，遠離生活，實行必有困難。清儒顏元倡習行，曰：「學自六藝為要。」[44]熊十力嘗譏其狹隘。[45]今日欲表現儒家藝教精神，實不必盡求復古，而是應當正視當代的技藝活動，如此才能真正發揮技藝「易行易效」的功能。正如「生活世界」概念所揭示，我們必須如實的面對世界，展開理解、詮釋、實踐的活動，這樣的活動同時也是參贊天地萬物，彰顯創造性之根源的活動。針對現代進行中的傳統技藝進行理解、詮釋、實踐的活動，藉此表現儒家藝教的精神，這正是「新六藝」的主要任務。「生活世界」的概念，實為筆者構思「新六藝」的理論基礎。本文以「生活世界」的概念為核心，從三個面向來詮釋「新六藝」何以為「新」：

其一、在實踐內容上相對於古六藝的技藝活動：古典「六藝」作為「小學」基礎教養的內容，曾經被寄予著承擔「由藝入道」、「下學而上達」的任務。然而它們畢竟距離我們所處的生活情境，已經相當遙遠。從現代的教育情境來看「保氏教養國子之道」，恐怕容易流於觀賞式的展演，甚至是不知所以然的古怪禮儀。即便如此，「由藝入道」、「下學上達」、「上下與天地同流」依然有其動人的召喚，足以興發人美感的欣趣。「新六藝」正視「生活世界」，提醒我們不必局限於古六藝的內容，而是要關注生活週遭的技藝活動，藉由與藝教精神相應的詮釋與實

---

[44]　清・顏元：《顏元集》（北京：中華書局，1987 年 6 月），頁 624。

[45]　熊十力：「明儒顏習齋，盛張鄉三物，以為學的……甚矣其隘也。」所謂鄉三物，即包含六藝。氏著：《論六經》（臺北：明文書局，1998 年 1 月），頁 69。

踐，開啟讓生命能夠下學而上達，與生生不息的創造之源相應的契機。

其二、在技藝活動中表現新時代的藝教精神：古六藝立基於人倫日用而發揮其教化功能。「人倫」是指人與人的關係，有其理想中的次序、分位。故朱子曰：「倫，序也。」[46]傳統社會的人與人關係，是以「血緣性縱貫軸」為核心展開，再由此上提到「人格性的道德連結」，[47]強調「父子有親、君臣有義、夫婦有別、長幼有序、朋友有信」的理想關係，這就是傳統社會中的人倫。「日用」，是指人的日常生活，然而其中實隱含著道彰顯之作用。如《易‧繫辭上》所說的：「百姓日用而不知。」所謂「人倫日用」，不只是就現實中的生活情境而言，更包含著追求實現價值意義的理想。百姓可以日用不知，在浸潤中得其教化。但是今日的人倫情境已然不同，宰制性的政治連結看似消失，血緣性的自然連結與人格性的道德連結已明顯薄弱。個人必需直接面對整個社會的共業，此外個人意識的強化，私心作主，習氣乘權，使得染淨交織的情況也更加嚴重。因此「新六藝」的活動，除了強調接通儒家藝教的精神，更要在當下身心一如的活動中啟發覺性，並且重視養成淨習，以克服習氣的限制。

其三、在實踐概念上強調面對「生活世界」的實踐之學：

---

[46] 朱熹：《四書章句集注》，《孟子集注‧滕文公上》，頁 255。

[47] 林安梧先生以「血緣性縱貫軸」為核心，解釋中國傳統政治社會結構。所謂「血緣性縱貫軸」包含了「血緣性的自然連結」表示鄉土血統一面；「宰制性的政治連結」表示專制政統一面；「人格性的道德連結」表示文化道統的一面。請參考氏著：《血緣性縱貫軸——解開帝制‧重建儒學》，頁 177。

「新六藝」的實踐，必須回歸到儒學實踐概念中來理解。當代新儒學強調文化的連續性，「新六藝」也基於此種態度展開其實踐關懷。但是其要求貼近生活的特性，相較於當代新儒學的主體性思考，更相應於後新儒學重視生活世界態度。「面對生活世界」是後新儒學的基本態度。它強調人以「活生生的實存而有」的姿態進入到世界，而開啟一個健動不息、源泉滾滾的「生活世界」。生活既是生活周遭，也是活潑潑的天道之顯現。更重要的是，它是由人之活動而開啟的世界。它認為人之作為道德性的存在，也必須正視其物質性、歷史性、社會性的因素。「新六藝」，正視人類染淨交織的現實情境，從生活中的技藝活動來培養淨習，使人得以保任本心，不失固有之性智。藉由技藝活動來開啟儒學的實踐場域，讓人的生命得以與道德、文化重新建立連結，讓儒學得以重新貼近人的生活。

誠然，「新六藝」欲重新詮釋、理解、實踐當今眾多技藝活動，是極龐大的工程。除了各家技藝自有法門，彼此難免有扞格處，在形式上也難以統攝；兼習之訴求，雖不以成專精之才為目標，亦不妨礙專精的學習，然其如何克服人的習心取執，也是極大挑戰。此外，未來當結合經典的詮釋與技藝教養，亦有賴與學術、教育機構與民間社團的跨域合作。諸多問題，在本書各章中或有片段提及，然亦只是拋磚引玉，期待有更多關心的人一起投入。筆者對此較完整的思考，將有待日後《「新六藝」實踐篇》繼續研究。

最後以「生活世界」的概念為核心，略說「新六藝」的特質以為未來實踐之參考：

其一、「新六藝」，是以整個天地人交與參贊下的生活世界

為基底，以生活週遭的活動為起點，以參與和證會那生生不息的總體的創造性根源為永恆嚮往。

其二、「新六藝」之實踐，乃「即於生活世界的實踐之學」。必須回應對於「人性的詮釋與安頓」的問題，也就是必須針對人在現實世界當中的身心安頓提出相應的處理方式，不應耽溺於藝術的美感或心靈境界的滿足。

其三、「新六藝」之「由藝入道」，「道」由身心之活動而現起，故其實踐的重點當落在如何展開「身心一如的實存活動」。在實踐過程中，讓「身」的活動帶起「心」的活動，「心」的活動又潤化「身」的活動。以達到「健身而正心」的功能。

其四、「新六藝」之任何一藝，當能終身學習。於平常日用之間，養成淨習，以發揮健身正心的效用。此外，學習「新六藝」之藝能必須講求兼通，方不至於停留於習心執取之境，如此才能參與活潑潑的「生活世界」，體現儒家人文教養之整全。

附錄一　顏元「習行說」對道禾教育實踐思維的啟示——以《尚書》「三事」為核心之展開

一、問題的緣起

　　道禾實驗學校 1997 年在臺中創立，是由幼稚園起家逐漸發展成包含小學、中學、高中以及書院的實驗教育機構。不同於體制內學校有既定的課程綱要可供依循，實驗學校必須發展出具有自我特色的教育模式。其教育理念中，帶有濃厚的東方人文色彩；其課程設計中，也富有強烈的實踐思維。它們強調從具體的教育活動中表現對東方人文精神的體會，因此特別重視理念與實踐的連結。對於傳統經典中的話語，也努力發展出與其自身實踐活動的理解。例如在其論述過程中常用的「知行合一」、「由藝入道」、「心行傳習」、「正德、利用、厚生」等關鍵詞語，固然源自古典的中國哲學話語，卻也蘊含著道禾在現代教育實踐過程中的一些心得。然而傳統哲學話語，在轉譯成現代話語過程中，自有許多不易，更何況要發展成足以用來解釋當代教育實踐的論述。然而正因其不易，更必須積極地展開自我詮釋，從傳統

經典以及哲思中,尋求概念之凝聚與自我釐清之可能。針對道禾所重視的實踐思維來說,在傳統思想中,自有許多脈絡可尋,而清儒顏習齋(1635-1704),卻是較相近的一位。其相應處,特別是關於「習行」的實踐概念以及對「藝能」活動的態度。習齋可說是極具特色的學者,尤其他的「習行說」,頗為現代教育學者重視,與道禾的教育學習理念,更有許多相通處。本文嘗試從習齋「習行說」論述其教育思想,藉以對顯並凝聚、澄清道禾的教育理念,為當代的教育理念實踐與論述,尋找與傳統思想接軌過程中,發展其獨特性的一種可能。

二、顏元及其習行說

顏元,字易直、渾然,號習齋,河北博野縣人。李塨(1659-1733)稱其性格「篤摯銳往」[1]。《清史》載其嘗置日記自省,「時下一圈,心慊則書白,否則黑。與蠡縣劉崇文、王養粹、李塨等,以聖賢相勉。每會,各出日記相質,勸善規過,或諍譏致愧赧無以自容。元嘗欲置妾,為媒所欺,塨責之,亦即屈服也。」[2]學者講學論道,本自尋常。然而彼此願以性命實修,相質相證,非有大勇氣者難以為此。李塨是習齋門生,以日記相質,規過責善,習齋竟能屈服,更能見其踐履之真誠。錢穆(1895-1990)稱其學篤信力行,嘗出入陸王程朱,終以宋明儒學「無用」而一壁推翻之,其「氣魄深沉」、「識解毅決」,可

---

[1] 清・李塨:《顏元年譜》(北京:中華書局,1992年1月),頁20。
[2] 李塨:《顏元年譜》附錄〈清史列傳卷六十六〉,頁124。

謂「北方之強」。[3]梁啟超（1873-1929）則以「實踐實用主義」
名其學，[4]並強調「一個習字，便是他的學術全部精神所在」[5]。
從這些觀點，顯示「習行說」確實為顏習齋的學問核心，是以本
文由此立論，除了理解其概念，也將道禾教育實踐理解與之對
比，理解其相應處。顏習齋學術重點在「習」，以下當理其何以
如此，及其所「習」者何？

　　根據其學生李塨（1569-1733）所著《年譜》，載習齋三十
五歲時：

> 正月，著《存性編》，原孟子之言性善，排宋儒之言氣質
> 不善。……言氣質清濁、厚薄，萬有不同，總歸一善；至
> 於惡則後起之引、蔽、習、染也。故孔子曰：「性相近、
> 習相遠。」……覺思不如學，而學必以習，更思古齋曰習
> 齋。[6]

此言其由「思古齋」更名「習齋」，自此以後，其學轉務實行，
而學問宗旨遂至此確立。[7]又其所以重「習」，蓋由於對孔、孟

3　錢穆：《中國近三百年學術史》〈第五章　顏習齋李恕谷〉（臺北：臺
　　灣商務印書館，1996 年 7 月），頁 177-179。

4　梁啟超：《中國近三百年學術史》〈十　實踐實用主義〉（北京：東方
　　出版社，1996 年 3 月），頁 130-132。

5　梁啟超：〈顏李學派與現代教育思潮〉，陳登原：《顏習齋哲學思想
　　述》（上海：中國大百科全書出版社，1989 年 3 月），頁 212。

6　李塨：《顏元年譜》，頁 23。

7　鄭世興嘗謂顏氏學有三變，氏著：《顏習齋教育思想》（臺北：中央文
　　物供應社，1980 年 3 月），頁 4-5。

言「性」之旨,有一番重新的自我肯定。認為孔、孟固然言性善,但是氣質縱有不同,總歸一善,人之不善是後天引蔽習染的問題,不是氣質的問題。故其著〈存性編〉。其理解人性,與宋儒強調「天命之性」、「氣質之性」間的緊張感不同。古人強調為學目的,在使人回歸吾性之貞常。《易》言「繼善成性」、孔門求仁、孟子存心養性、《大學》「明明德」之教,莫非此旨。宋儒將人性區分為天性與氣質,其實也是肯定回歸貞常之性的重要,其為學進路雖有不同,基本上是肯定變化氣質的工夫,這點在程朱學派特別明顯。但是顏習齋卻認為,程朱之學強調性善卻貶抑人的氣質,其實是大有問題的:

> 若謂氣惡,則理亦惡,若謂理善,則氣亦善。蓋氣即理之氣,理即氣之理,烏得謂理純一善而氣質偏有惡哉!譬之目矣:眶、皰、睛,氣質也;其中光明能見物者,性也。將謂光明之理專視正色,眶、皰、睛乃視邪色乎?余謂光明之理固是天命,眶、皰、睛皆是天命,更不必分何者是天命之性,何者是氣質之性;只宜言天命人以目之性,光明能視即目之性善,其視之也則情之善,其視之詳略遠近則才之強調,皆不可以惡言。……惟因有邪色引動,障蔽其明,然後有淫視而惡始名焉。然其為之引動者,性之咎乎,氣質之咎乎?若歸咎於氣質,是必無此目而後可全目之性矣。[8]

---

8 清·顏元:《顏元集》〈駁氣質性惡〉(北京:中華書局,1987 年 6 月),頁 1。

習齋強調人性不必區分天命之性與氣質之性。他認為理跟氣皆表
現在人的具體生命當中，應視為一個整體來看，皆屬人性。因此
說「氣即理之氣，理即氣之理」。這似乎頗有理氣不二的意味
在，其實是將人性視為理氣之統合。他將氣質比喻成人的視覺器
官，將天命比喻成人的視覺能力，兩者體現了天賦予人的能力。
這樣的一種對人性理解，其所關懷的不再是抽象的普遍價值問
題，而是重視落在具體現實中人性的殊異相，並將此視為是人性
的一部分。此種殊異相表現在氣質上，而程朱則不能正視這點。
因此他要駁斥程朱將人的惡，歸咎於氣質，乃至憎惡氣質的觀
點。至於人的為惡問題，他認為是緣於外在的「邪色引動」。習
齋曰：

> 禍起於引蔽，成於習染，以耳目、口鼻、四肢、百骸可為
> 聖人之身，竟乎之曰禽獸，猶幣帛素色，而既污之後，遂
> 呼之曰赤帛黑帛也，而豈其材之本然哉！然人為萬物之
> 靈，又非幣帛所可倫也。幣帛既染，雖故質尚在而驟不能
> 復素；人則極兇大憝，本體自在，止視而不返、力不力之
> 間耳。[9]

蓋「禍起於引蔽，成於習染」，引蔽者，即所謂「引動障蔽」。
此是緣於外在事物或情境的引動。人如果不去處理它，姑息既
久，乃至積非成是，養成了慣習，也就難以改變了。因此說「成
於習染」。準此而知，所謂惡及不善，實「非才之罪也」，不是

---

[9]　顏元：《顏元集》卷二〈性圖〉，頁29。

本質上的問題,而是外緣的關係。觀此段文字,頗近似孟子「性善」的說法。[10]它肯定人為萬物之靈、肯定人生命中的「渾然一善」[11]、「本體自在」,故既染而可復,難返而能返。至於有視而不反,行而不力,則緣於後天習染的深淺。總歸其重點,仍是肯定人的本性之善,並且將氣質歸於先天,只是前者為人之所同然,後者乃天賦之特殊性,皆非工夫著力處。於是將惡之所由,一意歸於後天的「引蔽習染」,如何避免「引蔽習染」對生命造成的負面影響,正是其工夫著落處。習齋嘗自論其學,辨之更明:

> 著〈存學〉一編,申明堯、舜、周、孔三事、六府、六德、六行、六藝之道,大旨明道不在《詩》《書》章句,學不在穎悟誦讀,而期如孔門博文、約禮、身實學之,身實習之,終身不懈者。著〈存性〉一編,大旨明理、氣俱是天道,性、形俱是天命,人之性命、氣質雖各有差等,而俱是此善;氣質正性命之作用,而不可謂有惡,其所謂惡者,乃由「引、蔽、習、染」四字為之崇也。期使人知為絲毫之惡,皆自玷其光瑩之本體,極神聖之善,始自充

10　語見《孟子‧告子上》。又,顏元嘗曰:「某靜中猛思,宋儒發明氣質之性,似不及孟子之言性善最真。變化氣質之惡,三代聖人全未道及。將天生一副作聖全體,參雜以習染,謂之有惡,未免不使人去其本無而使人憎其本有。」又曰:「熟閱孟子而盡其意,細觀赤子而得其情,則孔、孟之性旨明。」氏著:《顏元集》〈存性編〉,頁 46、32。案:道禾重視「赤子」之心,其實與習齋強調性善,頗能相通。

11　顏元:《顏元集》卷二〈性圖〉,頁 27。

其固有之形骸。[12]

在更名「習齋」，完成〈存性編〉不久，顏元又著〈存學編〉。
此二篇之完成，代表其學問宗旨的確立。〈存性〉、〈存學〉二
篇，前者代表其哲學思想，後者表示其對學習教育的態度。後者
是以前者為理論基礎。因肯定性命、氣質俱善，故有復其善之可
能。因氣質非惡，惡在「引蔽習染」，故為學用力處不在「變化
氣質」，而在對治後天之引蔽習染。故其論學，不重「穎悟誦
讀」等知識學習，而是要重視終身不斷地身體力行，進而「使天
下相習於善，而預遠其引蔽習染」[13]。至於如何相習於善？習齋
〈存學編〉，指出了所習的內容，即「堯、舜、周、孔三事、六
府、六德、六行、六藝之道」。此即《尚書》所謂「六府三
事」，及《周禮》所謂「鄉三物」。「六府」指「水、火、木、
金、土、穀」「三事」，指「正德、利用、厚生。」「三物」，
即為「六德、六行、六藝」。[14]

12　顏元：《顏元集》〈存學編〉卷一〈上太倉陸桴亭先生書〉，頁 48-
　　49。

13　顏元：《顏元集》〈存性編〉卷二，頁 31。

14　「六府三事」，見諸《尚書・大禹謨》：「禹曰：『於！帝念哉！德惟
　　善政，政在養民。火、水、金、木、土、穀，惟修；正德、利用、厚
　　生，惟和；九功惟敘，九敘惟歌。戒之用休，董之用威，勸之以九歌，
　　俾勿壞。』帝曰：『俞！地平天成，六府三事允治，萬世永賴，時乃
　　功。』」六府指收藏六種民生物資的單位；三事為治理百姓的三件政
　　事。漢・孔安國注、唐・孔穎達傳：《尚書正義》，李學勤主編：《十
　　三經注疏・尚書正義》（北京：北京大學出版社，1999 年 12 月），頁
　　88-89。「鄉三物」，見諸《周禮・地官・大司徒》：「以鄉三物教萬
　　民，而賓興之。一曰六德：知、仁、聖、義、忠、和。二曰六行：孝、

習齋教人為學,不從宋明儒所強調的《易傳》及《論》、《孟》、《學》、《庸》入手,而是教人要學習堯、舜、周、孔的「六府三事」、「鄉三物」。「六府三事」、「鄉三物」,講究的都是辦事任事的「實業」,這跟宋明儒從辨析心性義理之微,彰顯孔門成德之教,頗有異趣。〈存學編〉提到:

> 性命之理不可講也,雖講,人亦不能聽也,雖聽,人亦不能醒也,雖醒,人亦不能行也。所可得而共講之,共醒之,共行之者,性命之作用,如《詩》、《書》、六藝而已。即《詩》、《書》、六藝,亦非徒列坐聽講,要惟一講即教習,習至難處來問,方再與講。講之功有限,習之功無已。孔子惟與其弟子今日習禮,明日習射。間有可與言性命者,亦因其自悟已深,方與言。[15]

宋明儒以講習心性之學來啟發人實踐的動力,習齋卻反對講心性之理,而主張直接就性命的作用處來指引學者。所謂作用,指的是見諸於行事。習行,則是習此作用見諸於行事者。「六府三事」,是堯舜的行事;「鄉三物」,是周公的行事。孔子以四教、六藝教弟子,踐行道義於天下,則是孔門的行事。雖「六府三事」、「六藝」等,皆有明法載於古籍,然習齋所論,實有當

友、睦、姻、任、恤。三曰六藝:禮、樂、射、御、書、數。」蓋鄉大夫以三事教其民也。漢・鄭玄注,唐・賈公彥疏:《周禮注疏》,李學勤主編:《十三經注疏・周禮注疏》(北京:北京大學出版社,1999年12月),頁266。

15 顏元:《顏元集》〈存學編〉卷一〈總論諸儒講學〉,頁41。

於其時切乎實用之意。此處一滑轉，卻有可能轉向強調功利。習
齋曰：

> 蓋正誼便謀利，明道便計功，是欲速，是助長；全不謀利
> 謀功，是空寂，是腐儒。……孔門六藝，進可以獲祿，退
> 可以食力，如委吏之會計，〈簡兮〉之伶官可見。故耕者
> 循有餒，學也必無饑。夫子申結不憂貧，以道信之也。[16]

　　然習齋畢竟與追求行為結果中快樂的最大值的「功利主義」
不同，[17]以其雖不講性命，仍肯定盡性求道。錢穆論習齋之學
曰：「合『事』與『動』而為習行，由習行而明性道，由性道而
言作用，建功業，合內外，成人己，通身世，打成一片，一滾做
功，此習齋論學要旨也。」[18]此說相當透徹。我們可以說，「習
行」乃結合「事」與「動」之思維。通過恰當的後天學習與具體
的實踐，人們可以避免「引敝習染」的影響，而產生不良的結
果。習齋由於體會到宋明儒講習性命之理之空虛，進而強調一切
學問皆本於具體之事業，學者當即事而修學，發於實行，開物成
務。此種傾向，仍屬儒學發展過程中的一個面向，他強調的是外

---

[16] 顏元：《顏元集》〈顏習齋先生言行錄卷下〉，頁 671。

[17] 功利主義的基本原則。認為最高的善是最大多數人的最大幸福。幸福則
被解釋為最大的快樂和最小的痛苦；只有在根據這種綱領，「善」、
「責任」和「權利」這些概念才具有意義和用途。收入（英）安東尼·
弗盧（Antony Flew）主編，黃頌杰等譯：《新哲學詞典》「greatest
happiness principle」條（上海：上海譯文出版社，1992 年 1 月），頁
194。

[18] 錢穆：《中國近三百年學術史》，頁 197。

王的治功，然其由外而內，畢竟以明證性道為終極理想。然習齋畢竟偏重實務，不講性命之理，學者於謀利謀功之際，能否不受外物的「引蔽習染」，能否不迷於人情物事之紛擾而迷其宗旨，恐怕是未必。

三、從尚書「三事」論道禾教育理念與習齋之異同

習齋生存的年代，至今已逾三百年。所關心的問題，當然與現今不同。習行的事業，也將因面對問題的不同而有差異。[19]習齋處於明末清初，當於異族入主之際，學者病理學之空疏，力矯其弊，乃倡經世致用。然其所關心的問題與解決的方式，其實仍不離崇奉經典與聖賢教養的文化傳統。19 世紀末以來，西方勢力入侵，在救亡圖存的思維下，習齋崇尚實踐的思維再度受到重視。[20]但是經典與聖賢的文化象徵早已動搖，在激烈的反傳統思潮中，習齋所倡導習行說，難免被片面地強調解為「實用主義」或者「功利主義」[21]，而忽略了習齋之所以重視習行，之所以強調實踐，其目的是要「體乎性道之功力」、「究乎性道之事業」。[22]

---

[19]　錢穆：「蓋習齋所提倡習行有用之學，舉要言之，惟三端為習齋所常道：一曰兵，二曰農，三曰禮樂。」氏著：《中國近三百年學術史》，頁 190。

[20]　張君勱：《新儒家思想史》，劉夢溪：《中國現代學術經典・張君勱卷》（石家莊：河北教育出版社，1996 年 8 月），頁 489-490。

[21]　張君勱便將顏元稱作「功利主義者和實用主義者」，但是，基本上還是認為習齋並未捨棄其理想主義的傾向。見氏著：《新儒家思想史》，《中國現代學術經典・張君勱卷》，頁 482。

[22]　顏元：《顏元集》〈存性篇・圖跋〉，頁 33。

此種傾向，或許可以從近代文化主體性的失落來理解。[23]長久以
來，學者為了重新貞定文化的主體性，不斷在理念及學術上從事
耕耘，也有了一定程度的成果。[24]然而就其如何落實而彰顯為事
功，則需仰賴各領域之共同努力。道禾作為一體制外的教育事業
體，長久以來致力於探尋華人未來教育的主體性，並且重視從傳
統文化中汲取資源。在強調由實踐中長養德性方面，與習齋的習
行精神亦有可相通處。除此之外，更堅持著回歸文化主體性的道
路。以此為基礎，嘗試與習齋的思想展開連結，並進行道禾的自
我詮釋。以下將從《尚書》「三事」論道禾與習齋教育理念上之
關聯。

　　道禾以《尚書》「正德、利用、厚生，惟和」為興學理念。
[25]前三者，也正是習齋所強調的堯舜之「三事」。習齋雖時以
「六府三事」連稱，其實「六府」亦涵於「三事」之中。〈駁朱
子分年試經史子集議〉曰：

> 昔唐虞之治天下也，三事六府而已，君臣朝野之修齊治
> 平，和三事，修六府而已，六府亦三事之目，其實三事而

---

[23] 參考張灝嘗以「意義危機」來理解此種失落。見氏著：〈新儒家與當代
中國的思想危機〉，《幽暗意識與民主傳統》（臺北：聯經出版事業公
司，1992 年 10 月），頁 85-88。

[24] 茲以當代新儒學為例：面對近現代的危機，他們要自覺地承擔其「文化
使命」。其方向有三：道統的肯定、政統之繼續、學統的開出。參考蔡
仁厚：《新儒家的精神方向》（臺北：臺灣學生書局，1984 年 9
月），頁 19-29。

[25] 參考道禾簡介：〈如保赤子〉，頁 4。案，「如保赤子」一詞出自《尚
書‧康誥》：「若保赤子」。

已。修身者，正身之德，利身之用，厚身之生；齊家者，正家之德，利家之用，厚家之生；推而錯之治平，出其修齊者與國天下共之而已。……故理天下之事，惟正德之事，利用之事，厚生之事，此事之外無事。……蓋一人所立，天下可共法也。天下智愚、賢不肖、男女、少壯，無不可行；行之而天下之德日正，用日利，生日厚，是之謂大道，是之謂正道。禹、啟、湯、文相率而修之、和之，未之有改也。至周武王光有天下，周公和之，創制顯庸，以新天下之耳目，而用其身心，於是「以三物教萬民而賓興之」，使天下皆畢力於此以成學，天下皆共力於此以成俗，曰六德，曰六行，曰六藝。其實六德，即所正之德也，六行即所以厚其生也，六藝即所以利其用也。周公之修其身，齊其家者，不外乎此，治其國，平其天下，至於化行俗美，比戶可封，泰和宇宙，皆不外乎此也。

至東遷而王室卑，列國分，天下亂。凌夷至於春秋……孔子曰：「是惟德不正之故，是惟用不利、生不厚之故。」於是身率三千，惟三物是修，而速肖者七十，已見諸其身，其家矣。不得位，無以推之天下，是以周遊也。卒不得位，是以六十餘而始刪述也。刪述三事、三物已然者，毋亡其譜，使後世無迷堯、舜、禹、湯以來共由之達道而已。[26]

這一長段文字，主要在說明，自堯、舜以「三事六府」治天下，

26　顏元：〈習齋記餘〉收入《顏元集》，頁 563-564。

後世舉凡一切政治學術，莫不由此而發。三代所行「三物」之
教，不外乎此。雖孔子之刪述六經，也是由於不得推行於天下，
欲將其保存於著述中，使後人得以觀此堯舜以來天下共由之大
道。習齋更將「正德、利用、厚生」三事，推為一切治道之根
源。所謂學術，則本於治道而發，非離於治道之外別有學術也。
於是其所謂學術、道德皆不離事物與行動。習齋乃以此標舉其所
謂「實學」。熊十力認為習齋是以《周禮》的「鄉三物」為學的
[27]，其實習齋是要回溯到三代的政治典範，試圖以《尚書》「三
事」為典範，重新開啟儒家外王治道的實踐動力。

　　「三事」的內容究竟是怎一回事？根據《尚書正義》的疏
解：

　　　「正德」者，自正其德。居上位者正己以治民，故所以率
　　　下人。「利用」者，謂在上節儉，不為縻費，以利而用，
　　　使財物殷阜，利民之用，為民興利除害，使不匱乏，故所
　　　以阜財。「阜財」，謂財豐大也。「厚生」謂薄征徭，輕
　　　賦稅，不奪農時，令民生計溫厚，衣食豐足，故所以養民
　　　也。「三者和」謂德行正、財用利、生資厚。立君所以養
　　　民，人君若能如此，則為君之道備矣。[28]

《尚書正義》中的疏解是從執政者的立場來講「三事」。所謂

---

[27]　熊十力：《論六經》（臺北：文海學術思想研究發展文教基金會，1998
　　　年1月），頁70。

[28]　孔安國注，孔穎達傳：《尚書正義》，李學勤主編：《十三經注疏·尚
　　　書正義》，頁89-90。

「正德」，是要求執政者自正其德；「利用」是要求其節儉以利
民用；「厚生」是要求其薄賦稅，使民生計溫厚。這些都是統治
的「為君之道」，或者「養民之道」。背後也隱含了對於人君的
道德以及政治、社會的責任之要求。朱子的學生蔡沈（1167-
1230）所作的《書集傳》，解釋了何謂「三事」：「三者，人事
之所當為，故曰事。」[29]正德、利用，厚生皆統治者所應盡，所
當盡之人事。又曰：

> 「六府」、「三事」即養民之政也。……「正德」者，父
> 慈、子孝、兄友、弟恭、夫義、婦聽，所以正民之德也。
> 「利用」者，工作什器、商通貨財之類，所以利民之用
> 也。「厚生」者，衣帛食肉、不飢不寒之類，所以厚民之
> 生也。六者既修，民生始遂。不可以逸居而無教，故為之
> 惇典敷教以正其德，通功易事以利其用，制節謹度以厚其
> 生。使皆當其理而無所乖，則無不和矣。[30]

這裡仍然將執政者的自我要求，轉成一種政治、社會的責任。並
將此種責任，落實為教化的要求。而在現實事務上，要求「皆當
其理」。然而，其要求的重點，也從執政者身上，轉到人民百姓
的身上。也就是從《正義》的「正君之德」，轉成這裡所說的
「正民之德」。這樣一種轉向，顯示了當時中央集權控制力的增
強。至於以「皆當其理」來解釋「無不和」，也表現了理學家的

---

[29] 宋·蔡沈注，錢宗武等整理：《書集傳》（南京：鳳凰出版社，2010
年1月），頁22。

[30] 蔡沈注，錢宗武等整理：《書集傳》，頁22。

色彩。根據孔穎達、蔡沈對「三事」的解釋,所謂「正德、利
用、厚生」三事,本為「為君之道」、「養民之政」,基本上是
從政治實踐來實現善的理想。習齋把「三事」視為儒家古代聖王
之治道典範,進一步關聯著儒家《大學》的「修身、齊家、治
國、平天下」的外王理想來解讀,其實也是延續著此種理想。

如今道禾以「三事」為興學理念,又是從何角度來解讀?在
道禾簡介〈如保赤子〉中提到:

> 正是端正的意思。德是指內在的本性。結合《中庸》「盡
> 性」的意思來講,「正德」就是盡己之性,以正人德;盡
> 物之性,以正物德。盡是充分地表現的意思。由盡己之性
> 而盡人之性,由盡人之性而盡物之性。這裡表現出人類參
> 贊天地化育之莊嚴使命。因此,正德不僅是單純的修身工
> 夫,更要能推己及人,乃至及於事事物物。所謂「利
> 用」,是指善用天地自然資源以利己利人。「厚生」,是
> 使得人民的生活富足、充裕,即「厚德載物、民胞物
> 與」。和,和諧,即所謂「致中和」。「正德」居首,是
> 「利用」、「厚生」的前提。既正人德,又正物德,於是
> 得以人盡其才、地盡其利、物盡其用,使人們生活富足、
> 達到人我和諧之目的。[31]

道禾把「三事」結合《中庸》的「盡性」來理解,強調「三事」
是道德實踐的活動,此中也肯定了內在道德的優先性。習齋反對

---

31 道禾簡介:〈如保赤子〉,頁5。

講心性，比較傾向從事、行上來說，他的重點是要推擴出去。因此在解釋《大學》明德之「明」時，習齋提到「以道治吾身便是明，以道治他是便是親，明親到十分滿足便是至善。」[32]是以明道、親民、止於至善，皆從治己、治人處來說，並不直接提到善之根源處，也就是「性命之理」處來說。相較於此，道禾的理解比較接近於宋明理學，傾向由道德主體性的確立進一步開啟實踐活動的可能。也就是說，他更加扣緊著德性實踐的角度為出發點。因此，道禾也將解釋「三事」的重點，落在「正德」上頭，強調「『正德』居首，是『利用』、『厚生』的前提」。道禾之所以更強調道德主體的優先性，與其建立文化主體性之訴求有關。在其創辦人的一篇演說中提到：

> 我們認為教育的問題，乃是「個人與文化主體性」澄清與認肯的問題，也就是說，我們應是想以自己的方法，耕種自己的田地，而不是去耕耘他者之田地。[33]

這裡藉由對現代教育問題的反省，揭示了道禾教育實踐所努力的目標，也就是「個人與文化主體性」的確立。所謂個人主體性之確立，其實就是要追求「生命內在的確定性」[34]，換而言之是要

32　顏元：《顏元集》〈四書正誤〉，頁158。

33　曾國俊：〈華人教育的下一步——一件值得以百年時間來重新開始的事〉，收入《99年理念學校之論述建構與實踐》，國家教育研究院，第9523期研習講義，頁17。

34　林安梧：《教育哲學講論》（臺北：讀冊文化事業公司，2000年9月），頁3。

先正己之德；「文化主體性的確立」，更應該重視道德意識之鬯
顯。道禾從「正德」出發，強調「正德是道禾的態度、行為、責
任、規範與社會責任的宣言，表達了個體對自我的最高要求，充
盈著人對自身嚴格的責任意識。」[35]道禾強調「正德」，乃是從
教育實踐活動來盡其「社會責任」；從教育的目的來說，則期待
藉由教學活動的引導，使學者由「實踐」中長出「德」。

四、道禾的教育實踐——人文素養課程

習齋重「六藝」之教，嘗曰：「學自六藝為要。」[36]於四十
一歲時自訂教條：「凡為吾徒者，當立志學禮、樂、射、御、
書、數。……一六日課數；三八日習禮，四九日習詩歌樂，五十
日習射。」[37]晚年受聘創立漳南書院，更結合當世之急務，分設
「文事、武備、經史、藝能」四科。[38]習齋所以重視「六藝」，
在其能切於實務，養成技能。晚年設「四科」，亦本此精神，故
可視為「六藝」的延伸。道禾則有「人文素養課程」，表現有別
於體制學校的特色。其內容，與儒家「六藝」之教，幾可比類。
茲以道禾國中部為例，列表如下：

---

35 道禾「擬設道禾學校財團法人苗栗縣道禾實驗高級中學附設國民中學
部、國民小學部」，〈申請計畫書〉，頁18。
36 顏元：《顏元集》，頁624。案：習齋此所謂「六藝」，是指「禮、
樂、射、御、書、數」，此乃《周禮》教國子之法，非《史記·孔子世
家》所言「六藝折衷於夫子」之「六藝」。
37 李塨：《顏習齋先生年譜》卷上，收入顏元：《顏元集》，頁743。
38 顏元：《顏元集》〈漳南書院記〉，頁412-413。

六藝	道禾課程名稱	備註
禮	茶學 節氣生活	茶道：七、八、九年級必修。每週一堂。 節氣生活：非正式課程。逢重要節氣，配合課程，舉辦四季慶典。
樂	古琴	七、八、九年級必修。 每週二節。
射	弓學	七、八、九年級必修。 每週二節。
御	山水學	七、八、九年級必修。 每月進行一天（八節）。
書	書學	七、八年級必修。 每週二節。
說明一：山水學，以面對不可知的險阻來學習駕御自我身心，此乃「御」心之道，故列於此。 說明二：「數學」本為現代學科項目，故不列入。 說明三：其他人文課程有：武術、劍學。			

「六藝」之教，不僅是要培養具實務能力的人才，同時也是一種人文素養的學習。基本上，可說是一種通識教育。林安梧先生曾通過現代的觀點來解釋「六藝」：「『禮』學習的是生命的節度；『樂』學習的是生命的感通；『射』學習的是生命的確定；『御』學習的是生命的主宰；『書』學習的是落在人間的教養；『數』學習的是對於世界一個理序的掌握。」[39]分寸節度、和諧、確定、主宰、歷史文化教養、理序，這些能力，都是一個有教養的人所必須具備的。透過「禮儀、音樂、射箭、駕御、文

---

[39] 林安梧先生：《教育哲學講論》，〈第二章　從方法論的省察到存有論的光照〉，頁55。

字、算數」，這些具體課程養成的能力，我們稱之為人文素養。
這些能力，很難用現代學科專業領域來劃分。因為現代學科領域
的分判，強調的是知識、技能的訓練。而我們提到的這些能力，
卻關聯著生活、關聯著價值、關聯著文化，整體而言，可說是一
種文化的心靈。一般的課程，或許可以養成專業的技能，但是卻
難以觸及文化心靈的層次。道禾的「人文素養課程」，顯然是想
要補足這方面的缺憾。以下將以「茶學」、「書道美學」為例說
明。

　　道禾的「人文茶學」有一番自我詮釋：

> 現代飲茶重視的是「過程」實踐與參與，而不只是結果，
> 事茶是一種美學，將生活美學帶入生活茶席當中，學習
> 「奉」的精神、並學習知止而後才能定、靜、安、慮、
> 得。茶與事茶的精準、人與人的互動藝術、人與器物建構
> 的特殊氛圍，人與環境的情境融合，所以茶是生活也是藝
> 術文化；我們現今以茶代酒，以茶會友，敬茶傳誼，並與
> 琴、棋、書、畫、詩、花一樣，也是人的精神「食糧」。[40]

所謂「事茶的精準」，包含著「人與人」、「人與器物」、「人
與環境」等關聯互動。此間顯示的「分寸節度」，即是「禮」的
具體表現。然而道禾所要呈現的，不僅是井然有序的儀節，更要
彰顯一種美感。所謂「事茶是一種美學」，其實也標示了整個道
禾人文課程的定位。也就是說，試圖通過課程活動來達到一種美

40　道禾簡介：〈如保赤子〉，頁 12。

感的體驗,進而獲得身心調和與自我醒覺。這點在「書道美學」中表現得更明顯:

> 「書學」,是道禾的精神軌跡。可以由形直觀,可以行意揮灑;可以攝內回照,可以破格而出。「書學」在歷史中所累積的人類文明精神非常豐沃。書學提供一種整體直觀孩子身心靈變化的實體精神軌跡,因此,「書學」在教育中更顯一份獨有的價值。當孩子於人文知識的細分工作時,書學為孩子保有著一方自我整體的呼吸,由此,孩子的精神還可以在豐富的碑帖精神中,走向一條自我精神的鍛鍊之路。[41]

「六藝」中的「書」,包含了文字、文獻、文學等義涵。道禾以書法課程表現「六藝」中的「書」,並在課程中,強調了歷史、文明意識,以及自我精神鍛鍊等意義。在課程活動中,個體生命與歷史文明進行了某種程度的對話,透過筆墨線條,也傳遞了美感體驗。整體而言,道禾的「人文素養課程」,強調由美感的體驗,察視個人的心靈意識以及與生活情境的和諧互動。這樣的一種觀照,透過適當的引導,不僅能安頓當下的生命,也能由此可生長出真實的道德情感。我們可以說,道禾的「人文素養課程」,其實都蘊含著通過「六藝」的課程活動,運用美感的體驗,安頓當下的生命,並由此自識其「德」,進而自正己德,卒以實現「正德」為終極理想。

---

41 道禾簡介:〈如保赤子〉,頁 10。

在華人文化的思維裡，美代表一種「根源性的探索」，是「生命最真實的展現」。[42]《孟子》在描述人格境界時提到：「可欲之謂善，有諸己之謂信，充實之謂美。充實而有光輝之謂大。大而化之之謂聖。聖而不可知之之謂神。」[43]這裡所謂「美」，是指真實地感受到價值內在於我的充實。「善」、「信」、「美」、「大」、「聖」、「神」，皆為自我德性逐漸生長而趨於圓滿之善的歷程。此間歷程，是一永恆的根源性的探索，亦是回歸於道的歷程。因此，「美學的進路」其實是要關聯到「價值的回歸」。道禾的「人文素養課程」，顯然是朝向一種「美學的進路」。與習齋所表現的一種「經世致用的進路」，顯然異趣。這是由於時代氛圍的不同所致。然而「美學的進路」亦當有一價值回歸的超越追求。如此一來，方不至於「情識而肆」，難以蘊蓄、積累其德。若是從價值回歸的角度來說，則道禾與習齋的實踐路數雖異，而其理想則是共通於文化之大源，以證成性道為終極目標。

五、結論：道禾教育實踐理念的重新釐定

習齋講「三事」，重視三代以來的實習精神，雖不免側重實務而忽略了如何探究價值之源的問題。[44]然而基本上，他也是接

---

[42] 林安梧先生：《教育哲學講論》，第三章〈當代中小學教育目標的哲學思考〉，頁60。

[43] 詳見《孟子·盡心下》，宋·朱熹：《四書章句集註》（臺北：鵝湖出版社，2002年3月），頁370。

[44] 章太炎：「顏氏徒見中國淹於文散，故一切以地官為事守，而使人無窈窕曠閑之地。非有他也，亦無總攬之用則然。」氏著：《中國近三百年

續著文化脈絡中，儒家外王學向度的一個發展。對於以重新確立「文化主體性」為教育目標之一的道禾來說，正是可以借鑑的資源。其中同樣強調學習當重視實踐的教育思維，兩者也頗有共通處。但是道禾的教育活動，顯然不是以教出農夫、茶學專家、書法家、射箭國手、國樂專家等為目標，而是把這些課程列為必修課程，強調它是「人文素養課程」，是身為一個學習者，所必須具備的素養。就某方面來說，是把它視為一種真正的通識教育。所謂「通識」，通者，通達於道；識者，了別於物。道是無分別的整體；物是有分別的對象。一切專業知識、技能都是落在物的層次。就理論的邏輯次序來說，能通達於道，於事事物物，才能真正了別清楚；就實踐的學習次序來說，即於事事物物之了別，吾人得以豁然貫通，上遂於道。[45]著力於此，當能彌補習齋之不足。

此外，道禾暨強調文化主體性的確立，也肯定個人主體之覺醒為當前教育所應面對的問題，故其重視道德意識之豁顯。文化主體性之確立，應重視文化意識之培養。文化意識之培養，一方面可以由道禾目前的課程實踐中，得其熏習而有所長養；一方面，也應視學者之程度，講習義理，使能漸明其理，漸養其覺。

學術史論》（上海：上海古籍出版社，2008 年 3 月），頁 79。

[45] 林安梧：「『通識』是先『通』而後有『識』，是通於無分別的根源之道，再落實於有所分別的專業知識。『教育』是生長，是引導，是育成；是在具體的生活世界之中，就器物之分別的對象認知，進而『因而通之』，達到一無分別的，非對象的感知，涵納交融於生命之源。」氏著：《臺灣文化治療——通識教育現象學引論》導言（臺北：黎明文化事業，1999 年 2 月），頁 1。

此與習齋不講性命之理之態度，理當有所不同。總而言之，道禾
欲發展一具有東方人文色彩的現代教育，除了持續原先強調美感
經驗的既有課程特色外，也要更積極地從實踐面及傳統文化基礎
上，凝聚其核心價值。因此，本文在最後提供幾點想法，拋磚引
玉，以為道禾凝聚其核心價值方向提供參考。一、文化意識的豁
顯：從先哲思想及經典中把握華人文化的核心價值，並進一步在
實踐上開顯其意義。二、肯定價值優先性：教育不是消費活動，
而是生命意義的喚醒。在教育活動中，應融入價值的指引以及行
為之合理規範，以培養學者自覺其生命方向。三、延續由六藝課
程發展生活美學：由美學感觸，安頓其當下生命，並進而生長出
價值意義。四、由道德意識逐漸養成現代化的公民意識：一方面
正視傳統道德意識的威權性、宰制性，一方面強調負責的道德
觀，以逐漸發展出現代化的公民倫理教育。*

* 　本文為筆者擔任道禾教育基金會研究員期間之研究成果。承蒙道禾教育
　　基金會執行長曾國俊先生及同仁協助提供實驗學校之相關資料。特此致
　　謝。

附錄二　從「君子之射」
思考習射的現代意義

一、問題的緣起

　　在《論語》、《孟子》書中常讀到的「必也射乎」、「射不主皮」、「仁者如射」等辭句，顯示儒家重視習射並將其關聯到心性修養。然而，經典中所談的射藝，對現代人而言畢竟只停留在概念式的語言，正如同所謂「禮、樂、射、御、書、數」之「六藝」，只存留在意會式的想像中，對於我們的心靈意識很難引發具體實存的作用。但是現代弓箭射擊被定位為體育活動，似乎又跟經典中所提到的心性修養有頗多的隔閡。或有西方人將射箭關聯到日本的禪學，例如庫特・約斯特勒（Kurt Osterle）《在德國老磨坊中習禪與射藝之道》、奧根・赫立格爾（Herrigel Eugen, 1884-1955）《射藝中之禪》等人的著作，[1]雖然能著重精神修養的層面，與現代人喜好抒發精神壓力的需求頗能相契，但是其所描述的精神境界比較偏向美感的體會，與儒者為仁由己，

---

[1]　（德）庫特・約斯特勒著，唐薇譯：《狐狸與白兔道晚安之處——在德國老磨坊中習禪與射藝之道》（臺北：橡樹林文化，2009 年）；（德）奧根・赫立格爾著，法嚴法師譯：《射藝中之禪》（臺北：福智之聲出版社，2010 年）。

成己成物的胸懷畢竟相去甚遠。君子之道豈只是一種境界式的修養？儒者身通六藝，由藝入道，絕不會只是在追求一種美感的體驗。筆者學習原始弓箭課程，嘗於習射過程中印證儒家義理，雖略有契會，仍感於技藝缺乏義理脈絡，將茫然無所歸趣，乃試由《禮記·射義》及相關經典，爬梳義理，期能對儒學六藝中之射藝有較清楚的把握。

二、習射為古代學校教育之內容

《周易·繫辭》言上古黃帝、堯、舜時期，聖人教民制器利用，「弦木為弧，剡木為矢，弧矢之利，以威天下。」[2]是以弓矢本作軍事用途。然《孟子·滕文公上》提及三代學制曰：「庠者養也，校者教也，序者射也。夏曰校，殷曰序，周曰庠。學則三代共之，皆所以明人倫也。人倫明于上，小民親于下。」朱子（1130-1200）注曰：「庠以養老為義，校以教民為義，序以習射為義，皆鄉學也。學，國學也，共之無異名也。」[3]庠、序、學、校皆古之學校異名，稱庠、序、校則各有所重，而習射顯然是學校教育的重點。《禮記·學記》亦載：「古之教者，家有塾，黨有庠，術有序，國有學。」[4]則是依行政區域等級來劃

2　魏·王弼注，晉·韓康伯注，唐·孔穎達疏：《周易正義·繫辭下傳》，李學勤主編：《十三經注疏》）（北京：北京大學出版社，1999年，頁301。

3　宋·朱熹：《四書章句集註》（臺北：鵝湖出版社，2002年），頁255。

4　漢·鄭玄注，唐·孔穎達疏：《禮記正義》，李學勤主編：《十三經注疏》（北京：北京大學出版社，1999年），頁1052。

分。依據孟子（372 B.C.-289 B.C.）所說，至少在商代開始的學校教育，就有習射的活動，而習射的場所則是在「序」。《爾雅》曰：「東西牆謂之序。」邢昺（932-1010）釋曰：「此謂室前堂上、東廂西廂之牆也。所以次序分別內外親疏，故謂之序也。」[5]《禮記‧明堂位》鄭玄（127-200）注曰：「序，次序王事也。」[6]序為東西廂房間的開闊空間，正適合當作射箭場。所謂次序，則是序的引申義。楊寬（1914-2005）則認為孟子所說：「序者，射也。」不僅在文獻上是有根據的，並進一步提出：「鄉學主要是習射的場所。」[7]可見習射為古代學校教育的重要內容。

關於習射具體內容的文獻記錄，卻是到周代才大量出現。孔穎達（574-648）曰：「射侯見於堯、舜，夏、殷無文，周則具矣。」[8]王夫之（1619-1692）嘗歸納禮經，指出射禮有五，曰：

> 射禮有五。一鄉射，鄭氏所謂「州長春秋以禮會民而射於州序」是也；二大射，諸侯與其臣習禮於國學，〈王制〉所謂「習射上功」是也；三燕射，君燕其臣，獻畢而射，〈燕禮〉所謂「若射則大射正為司射，如鄉射之禮」是也；四賓射，鄰國之君大夫來覜聘，於燕而射，若《春

---

[5] 晉‧郭璞注，宋‧邢昺疏：《爾雅注疏》，李學勤主編：《十三經注疏》（北京：北京大學出版社，1999 年），頁 124-125。

[6] 鄭玄注，孔穎達疏：《禮記正義》，頁 948。

[7] 楊寬：〈射禮新探〉，陳其泰、郭偉川、周少川編：《二十世紀中國禮學研究論集》（北京：學苑出版社，1998 年），頁 435。

[8] 鄭玄注，孔穎達疏：《禮記正義》，頁 1640。

秋》范鞅來聘而與射是也；五澤宮之射，天子將祭則先時
蒐田獮狩，明日以其所獲致之澤宮，會助祭之諸侯及卿大
夫射樁質，射中者得禽而射於射宮，又中則與於祭也。[9]

禮書對射禮儀節規劃詳盡，足見其重視。然現存文獻完善可考
者，其儀則僅有《儀禮》〈大射儀〉、〈鄉射禮〉，其意義則見
於《禮記·射義》，其餘多散見。據所存資料可知，習射關乎祭
祀、君臣、邦交、選士，故男子莫不習射。在《禮記·內則》中
則提到，男子出生家中必須懸弓於門左：「子生，男子設弧於門
左……三日，始負子，男射女否。國君世子生……射人以桑弧蓬
矢六。射天地四方。」[10]射天地四方，表現男兒立於天地，志在
四方的雄心。《禮記·郊待牲》亦載孔子曰：「士，使之射，不
能，則辭以疾。縣弧之義也。」[11]則是強調士人必須具備射箭的
教養。實際由《三禮》中考察，周人已發展出整套的習射教育，
在《周禮》中提到周代教養國子、庶民習射之事。《周禮·地
官》曰：「保氏：掌諫王惡，而養國子以道。乃教之六藝：一曰
五禮，二曰六樂，三曰五射，四曰五馭，五曰六書，六曰九
數。」[12]而《周禮·地官》也提到大司徒：「以鄉三物教萬民而
賓興之：一曰六德……；二曰六行……；三曰六藝，禮、樂、

9　清·王夫之：《禮記章句》，船山全書編輯委員會編校：《船山全書》
　　第4冊（長沙：岳麓書社，1998年），頁1529。

10　鄭玄注，孔穎達疏：《禮記正義》，頁860。

11　鄭玄注，孔穎達疏：《禮記正義》，頁786。

12　漢·鄭玄注，唐·賈公彥疏：《周禮注疏》，李學勤主編：《十三經注
　　疏》（北京：北京大學出版社，1999年），頁352。

射、御、書、數。」[13]「六藝」之名見於經籍者始此。射為六藝之一原，保氏以「六藝」教養貴族子弟，大司徒則是以「鄉三物」教萬民。習射與禮、樂、御、書、數成了不分貴族與庶民，都必須學習的技藝，只是貴族子弟所習者有數量限定，恐怕較庶民所習者詳細。

關於習射的目的，《周禮‧地官》提到：「春、秋以禮會民而射于州序。」熊十力（1885-1968）《論六經》曰：「按序者州之學校。習射，教武事也。猶今之軍事訓練。禮讓者，人道之正。但習禮而忘武備，其群必流于衰弱。故講武不容緩。」[14]然習射目的固然在練習武備，其更重要的意義在「習禮」，乃至進一步教養德行。《穀梁傳》載魯昭公八年（534 B.C.）「秋蒐於紅」曰：「因蒐狩以習用武事，禮之大者也。」又曰：「以習射於射宮，射而中，田不得禽，則得禽；田得禽而射不中，則不得禽。是以知古之貴仁義，而賤勇力也。」[15]練兵習武為國之大事、禮之要務，自不待言，而藉以申明「貴仁義、賤勇力」，可見古人習射不僅求其技藝精湛，更將其與道德意義連結起來。其連結的媒介，便是禮、樂。故秦蕙田（1702-1764）曰：「射為六藝之一原，所以習禮樂，非專尚威武。」[16]習射所以習禮、

13　鄭玄注，賈公彥疏：《周禮注疏》，頁 266。

14　熊十力：《論六經》（臺北：文海學術思想研究發展文教基金會，1998年），頁 46。

15　晉‧范寧集解，唐‧楊士勛疏：《春秋穀梁傳注疏》，李學勤主編：《十三經注疏》（北京：北京大學出版社，1999 年），頁 284-285。

16　清‧秦蕙田：《五禮通考》第 6 冊（桃園：聖環圖書公司，1994 年，味經窩初刻試印本），卷 161，頁 1 左。

樂，並非只是軍事教育。保氏、大司徒以六藝教貴族、庶民，不
僅是習其技藝，更是透過禮樂制度來教養人民。《禮記・王制》
中記載了司徒命令「不帥教者習射」的事例：「命鄉，簡不帥教
者以告。耆老皆朝于庠，元日，習射上功，習鄉上齒，大司徒帥
國之俊士與執事焉。」[17]不帥教，指地方中桀傲不馴而不服教導
者。由最高教育長官──大司徒，率領國中才德優秀者執事，邀
集地方耆老，在鄉學習射以及行鄉飲酒禮，藉以教化這些不受教
者。也就是說，習射作為一種教育活動，適用在一些無法接受一
般教育的對象。可見在教育中，習射有其特殊的效用。以下將說
明習射活動的特質。

三、習射的深層意義──君子之射

　　《禮記・射義》：「射者，所以觀盛德也。」[18]儒家如何將
射與德連結起來？以下將依據《禮記・射義》並參酌《論語》、
《孟子》等相關文獻進行探討。〈射義〉中載「孔子射於矍相之
圃」：

> 孔子射於矍相之圃，蓋觀者如堵牆。射至於司馬，使子路
> 執弓矢，出延射曰：「賁軍之將，亡國之大夫，與為人後
> 者不入，其餘皆入。」蓋去者半，入者半。又使公罔之
> 裘、序點，揚觶而語，公罔之裘揚觶而語曰：「幼壯孝
> 弟，耆耋好禮，不從流俗，修身以俟死者不？在此位

---

[17]　鄭玄注，孔穎達疏：《禮記正義》，頁403。

[18]　鄭玄注，孔穎達疏：《禮記正義》，頁1641。

也。」蓋去者半，處者半。序點又揚觶而語曰：「好學不
倦，好禮不變，旄期稱道不亂者不？在此位也。」蓋僅有
存者。[19]

此段呈現孔子演習鄉射禮的情形。於射禮開始前，由子路（542
B.C.-480 B.C.）延請欲參加者，責敗軍之將、亡國之士，及干求
為人後嗣者不得參與，以其忠孝有虧，不足與於禮樂。射禮完畢
後，又使公罔之裘、序點二人舉觶誓眾，邀能持守孝弟，好禮好
學，立德修身的篤行之士參加。從一開始觀者如堵的盛況，到最
後僅存少數人留下。顯示其宣教的性質大於實質的效應。乃至有
學者懷疑其拒人太甚，非孔子所為。[20]然世衰道微，故有非常之
舉以振拔世風，亦未可知也。其中強調躬行孝弟乃得參與射禮，
與孔子「行有餘力，則以學文」（《論語‧學而》）的意旨契
合。王船山曰：「蓋聖人論人亦以德行為本，而禮樂必待其人而
後興。」[21]子路等三子之言，有破有立，[22]一方面破斥世俗苟且

---

[19]　鄭玄注，孔穎達疏：《禮記正義》，頁 1645-1646。

[20]　宋‧呂大臨：「夫子溫良恭讓，其在鄉黨似不能言，未聞拒人如是之
甚。故豐相之事，疑不出於聖人，特門人弟子逆料聖人之意而為此說，
將以推尊聖人而不知非聖人所當言。」秦蕙田：《五禮通考》第 5 冊，
卷 163，頁 18 右。

[21]　王夫之：《禮記章句》，頁 1535。

[22]　清‧汪紱：《禮記章句》卷 10 載：「雲莊陳氏曰：子路之延射，直指
不善而斥之，則無此惡者自入。裘、點之揚觶，但舉善者而留之，則非
其人者自退。」續修四庫全書編纂委員會：《續修四庫全書》，冊 100
（上海：上海古籍出版社，1995 年，影印清光緒二十二年刻本），頁
610。

之心[23]，一面邀請觀者共同宣示高尚的價值理想。「必待其人」，其人者誰？問其能否，應許則在此位，豈非邀其自我宣示。這是一種自覺地進入禮樂教養的儀式，更是要求確立自我生命價值方向的宣示。故孔子行鄉射禮詢眾庶，亦可視為一立德宣教的儀式。何以習射可關聯到自我生命價值方向的確立？這與習射活動本身的特質有關。以下當分論之：

（一）探尋自我生命的確定性──各繹己之志

射箭必須確認目標，否則便成了無的放矢。然而目標並非定著於一，而是人各有志。〈射義〉：

> 射之為言者繹也，或曰舍也。繹者，各繹己之志也。故心平體正，持弓矢審固；持弓矢審固，則射中矣。故曰：為人父者，以為父鵠；為人子者，以為子鵠；為人君者，以為君鵠；為人臣者，以為臣鵠。故射者各射己之鵠。[24]

繹，本義為抽引絲。引申有推究、探尋的意思。志，朱子曰：「心之所之謂之志。」[25]之是往的意思，也就是有所向往。各繹己之志，其實就是各自探尋生命確定的方向。生命的方向有其個別性，他會隨著每個人存在的境域而有所調整。鵠，是習射的目標。為人君、為人臣、為人父、為人子，各有所當取法的目標。

---

[23]　王夫之：「償軍亡國而不能死，貪利而棄其親以從人，忠孝之道亡，不足與於禮樂矣。」王夫之：《禮記章句》，頁 1534。

[24]　鄭玄注，孔穎達疏：《禮記正義》，頁 1648。

[25]　宋・黎靖德編：《朱子語類》（北京：中華書局，1999 年）第 5 卷，頁 96。

就習射的客觀環境來說，是共射一鵠。然而在主觀層面來說，射者卻是「各射己之所主之鵠也。」[26]射箭的目標，重點不在把握相對於主體以外的客觀對象，而是在尋求內在主體的確定。孔子講：「射不主皮，為力不同科，古之道也。」朱子注曰：「皮，革也，布侯而棲革於其中以為的，所謂鵠也。科，等也。古者射以觀德，但主於中，而不主於貫革，蓋以人之力有強弱，不同等也。」[27]射不主皮，是強調射的準確比力量更重要。力量關乎個人體能，準確卻也不只是技藝上的精熟，更是精神上的鍛練。如何達到準確？則必須「心平體正，持弓矢審固」。一方面要求內在心平，外在體正，兼以基本的持弓技巧，才能中的。〈射義〉還有進一步的說明：

> 射者，進退周還必中禮，內志正，外體直，然後持弓矢審固；持弓矢審固，然後可以言中，此可以觀德行矣。[28]

鄭玄的注解頗有意思：「內正外直，習於禮樂有德行者也。正鵠之名，出自此也。」[29]這段文字提到射箭的儀節動作，而正鵠則是射箭的目標，何以正鵠之名出自於此？孔穎達《正義》曰：「正者，正也。欲明射者內志須正也。……鵠者，直也，欲使射者外體之直。是正鵠之名出自射者而來，故云正鵠之名，出

---

26 鄭玄注，孔穎達疏：《禮記正義》，頁 1648。

27 朱熹：《四書章句集註》，頁 65。

28 鄭玄注，孔穎達疏：《禮記正義》，頁 1641。

29 鄭玄注，孔穎達疏：《禮記正義》，頁 1641。

自此也。」[30]正，是由於射者之心有所定而志向明確。鵠，在此訓為直，強調體態端正。正鵠之所以為正鵠，並非指外在所立定的標的物，而是取決於我內在之確定以及由此而表現的意態。因此說「正鵠之名出自射者而來」。我與「鵠」的關係，便不是主客相對的關係，而是在射箭過程中，所呈現的身心一體感。在這過程中呈現出來的：進退周旋，是指射箭之前射者的動作嫻熟禮節。內正外直，則是射者心身一致而專注的精神狀態。持弓審固，是指射箭當中視覺及手部的動作。中，必須是根據這些基礎所呈現之射箭的結果。因此說「然後可以言中」，否則，亦不得許其中。此種身心一致，發而中節，便是君子美好德行的具體呈現。

（二）強調主體動能的優先性——反求諸己

由之前所論可知，射中目標是自我意識做主的活動。無意地射中目標，即便射中也不許其為中。而德行不脩者，雖中亦不許為中。〈射義〉載孔子曰：「射者何以射？何以聽？循聲而發，發而不失正鵠者，其唯賢者乎！若夫不肖之人，則彼將安能以中？」[31]中與不中，表面上是射箭的客觀結果，但是卻可以解讀出射者德行上的賢與不肖。解讀的方式，一方面可以由旁觀者從射者的儀容、姿態來評斷，但是更重要的是射者內在的自我解讀。〈射義〉曰：

> 射者，仁之道也。射求正諸己，己正然後發，發而不中，

30　鄭玄注，孔穎達疏：《禮記正義》，頁 1641。
31　鄭玄注，孔穎達疏：《禮記正義》，頁 1654。

　　則不怨勝己者，反求諸己而已矣。[32]

　　所謂「射者，仁之道也。」已揭示了習射非只是學習技藝，而是一種道德修養工夫。王夫之認為此段文字概括自《孟子・公孫丑上》：「仁者如射。射者正己而後發，發而不中，不怨勝己者，反求諸己而已矣。」[33]習射過程中，雖然重視射者的身心一致，但是事實上，在射箭過程中射者未必能覺察到自我的身心狀況，只有從射的客觀結果——也就是中與不中來省察自我。然而此種省察，並非只是從操作技藝與心理影響等客觀因素來進行客觀分析，而是要關聯到道德修養：「求正諸己」，即求正於己，而非求正於外。這也就是射箭的「反己之道」。習射所以為「反己之道」，以其「發而不中，不怨勝己者」。何以「不怨」勝己者，以其為「各繹己之志」，無關乎他人。此種「反己」、「不怨」的特質，與儒家「為仁由己，而由人乎哉」《論語・顏淵》的道德實踐工夫頗為相契。

　　呂大臨（1044-1091）解釋曰：「仁者之道，不怨天，不尤人，行有不至，反求諸己而已。蓋以仁為己任，無待於外也。射者求中，有似於此，故曰射者仁之道也。射也者，正己而後發，發而不中，知反求諸己而不怨勝己者，知所以中，莫不在己，非人之罪也。……君子無所不用其學，故於射也得反己之道焉。」[34]「無待於外」，是習射活動與仁者修養工夫的共通點。仁者之無待於外，以其肯定仁心善性，由此仁心善性而發出動能，於是

---

[32]　鄭玄注，孔穎達疏：《禮記正義》，頁 1654。

[33]　王夫之：《禮記章句》，頁 1537。

[34]　秦蕙田：《五禮通考》第 6 冊，卷 163，頁 1 左。

人人皆可通過道德實踐，完成自己的德行人格，進而達到聖人的境界。故能「不怨天，不尤人，下學而上達。」（《論語·憲問》）正如同射者希望射中目標，必須要求自己「中禮、志正、體直、持弓審固」，而旁人無法代勞。

孟子講「仁者如射」，呂大臨說「有似於此」，《中庸》也提到：「子曰：射有似乎君子，失諸正鵠，反求諸其身。」可見所謂「射者，仁之道也」這樣的說法，其實是一種類比的思考，是將習射活動比擬為仁者的道德修養工夫。這樣的一種說法，顯示就儒家的觀點來說，習射的活動，絕非只是軍事訓練或體能技藝甚至禮樂表演活動，因為就〈射義〉所闡述的內容來看，他其實肯定了射者作為一個主體，而箭之發射，正如同由這個本體發出的動能。因而強調了道德的優先性。孔子講：「人而不仁，如禮何？人而不仁，如樂何？」（《論語·八佾》）僅從禮、樂儀式面來看待習射，顯然將忽略了儒家之所以重視習射的本質。或者說，他強調的是，主體的動能優先於外在的儀軌。

（三）面對競爭壓力的心態——君子之爭

孔子提到：「君子無所爭，必也射乎！揖讓而升，下而飲，其爭也君子。」（《論語·八佾》）這段文字也徵引在〈射義〉中。事實上，習射不僅是個人修養的活動，同時也可藉由禮樂的習養了解人際間的恰當互動。然而，何以「君子之爭」，必須從「射」來理解？朱子解釋道：

> 大射之禮，耦進三揖而後升堂也。下而飲，謂射畢揖降，以俟眾耦皆降，勝者乃揖，不勝者升，取觶立飲也。言君子恭遜不與人爭，惟於射而後有爭。然其爭也，雍容揖遜

乃如此，則其爭也君子，而非若小人之爭矣。[35]

　　孔子所言「君子之爭」，是針對「大射禮」而發出的慨嘆。「揖讓而升，下而飲」，是「大射禮」中，射者相互三次行禮而後依次登堂比射，射畢後，彼此相互行禮後下堂。待眾人射畢後，再由負者飲罰酒。孔子認為這樣的過程，表現出「君子之爭」。朱子解釋道，這說明了君子恭敬不喜與人爭的美德，即使是在比試射箭的緊張情況下，依然是從容謙遜。鄭玄的注解中，則透露了大射禮中，競爭的緊張性：

> 言君子於射則有爭也。下，降也。飲射爵者，亦揖讓而升降。勝者，袒決遂，執張弓。不勝者襲，說決拾，却左手，右加弛弓於其上而升飲。君子恥之，是以射則爭中。[36]

大射禮是諸侯將有祭祀之事，為了選拔助祭者而舉行。[37]其規模及與會人士的層級較鄉射禮規格要高，參與者的壓力更大。在這樣的競爭環境中，勝者身著射裝，手持張弓；負者卸下射裝，却手弛弓，上堂飲罰酒。競勝意味頗重。《論語正義》載：「爭

35　朱熹：《四書章句集注》，頁63。

36　鄭玄注，孔穎達疏：《禮記正義》，頁1654。

37　鄭玄：「名曰大射者，諸侯將有祭祀之事，與其群臣射以觀其禮。數中者，得與于祭；不數中者，不得與于祭。」漢・鄭玄注，唐・賈公彥疏：《儀禮注疏》，李學勤主編：《十三經注疏》，卷第16（北京：北京大學出版社，1999年），頁295。

者，競勝之意。民有血氣，皆有爭心。」[38]此言「恥之」，似乎君子猶有爭勝之心，既有爭勝之心，則其從容謙遜又從何說起？對此，王夫之有一段深刻的詮釋：

> 人己兩相形之際，而一時之得失，遂有選士與祭之榮，酌爵示罰之辱，君子不無祈勝於耦之心，必於此而為所爭者乎！乃先王制為射禮以獎進賢能於君子之道，於一升一降之間，讓道行焉。升而射也，是競能之時也，不使挾能自見之心出之迫也；三揖三讓，而後與耦俱升也。射畢而下也，是相形之際也，不使尤人抱怨之情發之外也；取觶自飲，而安於負焉。從容以行之，和緩以受之，肅肅乎比於禮焉，雝雝乎比於樂焉。自升至下，謙和之度始終如一也。[39]

人心處於得失之際，莫不有血氣之心。然小人不得法度，故暴亂其氣以傷身心，君子則於一升一降、三揖三讓之間，從容其心，和緩其氣，故雖爭而不爭。這也就是錢穆所說的：「以禮化爭。」[40]也就是必須通過一儀式性的過程，以及對先王之道的信仰，追求君子之德的實現。由此可見，君子與小人之別，在於是否有恰當的禮節、儀式，實際參與其中，轉化其心性。這也就是

38　清‧劉寶楠：《論語正義》（臺北：世界書局，1973 年），頁 47。

39　清‧王夫之：《四書訓義》，船山全書編輯委員會編校：《船山全書》第 7 冊（長沙：岳麓書社，1998 年），頁 325。

40　錢穆：《論語新解》（北京：生活‧讀書‧新知三聯書店，2002年），頁 61。

教化的過程。人人通過教化，皆可以轉化其心性，變化其氣質，以成君子之道。是以習射，非只是個人運動或技術磨練，還必須學習禮儀，才能發揮其最重要的功能作用。而所謂君子之射的特質，也必須在此禮儀的習養中才能呈現。

四、由鄉射禮考察習射的步驟及應用之可能

儒者習射，重視其教化意義。一方面由於習射在精神修養上與君子成德之教的相契；一方面則結合了禮樂儀式，表現教化的功能。因此〈射義〉說：「事之盡禮樂而可數為之以立德行者，莫如射。」[41]禮樂的儀式化活動，是君子修身成德之教落實到生活世界的「調節性的原理」，藉由禮樂儀式化活動，可以讓人當下從個人有限的生命格局具體地參與到文化脈絡的普遍生命中。據鄭玄《三禮目錄》云，每年春、秋兩季，為了教民禮讓、敦化風俗，地方州長在「序」舉行「鄉射禮」。[42]然而實際上，鄉射禮在歷代卻很少實行過。朱子曾提到：「使聖賢者作，必不盡如古禮，必裁酌從今之宜而為之也。又如士相見禮、鄉飲酒禮、射禮之屬，而今去那裏行？只是當存他大概，使人不可不知。」[43]可見即便到儒學復興的南宋，射禮亦僅存文獻而未見實行。到了明代雖有意恢復六藝之教，要求學生習射，卻因與現實科舉功名缺乏連結，終歸失敗。[44]然而時局不同，事在人為。習射為儒家

---

[41] 鄭玄注，孔穎達疏：《禮記正義》，頁 1643。

[42] 秦蕙田：《五禮通考》第 6 冊，卷 162，頁 1 右。

[43] 黎靖德編：《朱子語類》第 89 卷，頁 2285。

[44] 趙克生：〈國家禮制的地方回應：明代鄉射禮的嬗變與興廢〉，《求是學刊》2007 年第 6 期，頁 144-149。

六藝之教的重要一環，若能藉用既有的形式，斟酌損益，加以應用推廣，藉以疏通吾人之文化生命，或能對今日浮亂之社會有所貞定。此外，無論從《禮記》、《論語》或《中庸》論及「君子之射」的文字來看，其所肯定者莫不針對儀式中進行的習射，而非針對個人的技藝。因此，如何重新建立恰當的習射儀式，乃是當務之急。

　　今唯《儀禮》備載大射或鄉射之儀，然其活動皆以「三番射」為核心。本節將針對鄉射禮之「三番射」，描述其梗概，以便日後實踐時仿其規模，從而斟酌損益。「三番射」，是指射手間的三輪比賽。在「三番射」前有「飲射前事」、「獻飲之事」。前者包含主人告請賓及射、飲的器具整備。後者則屬於「鄉飲酒禮」。〈射義〉：「卿、大夫、士之射也，必先行鄉飲酒之禮。……鄉飲酒之禮者，所以明長幼之序也。」[45]射禮中行鄉飲酒禮，目的在提倡尊老養老的風氣，進而養成孝弟的風氣。[46]可見射禮的儀式，是在整個人倫孝弟的氛圍中進行的。在「三番射」後，則有「旅酬」作為餘興。其程序與「鄉飲酒禮」基本相同。為便於理解以及操作，今依據《儀禮·鄉射禮》之內容，並採取近人施隆民《鄉射禮儀節簡釋》之區分方式[47]，簡擇「三番射」之大要。然此種分別並非絕對，只是為了理解文獻之方便。若要真正落實運用，仍需考量種種當下之具體因素，包含使

---

[45] 鄭玄注，孔穎達疏：《禮記正義》，頁 1640。

[46] 彭林：《中國古代禮儀文明》（北京：中華書局，2004 年），頁 147。

[47] 施隆民：《鄉射禮儀節簡釋》（臺北：臺灣中華書局，1973 年），頁 41-100。

用器具、空間配置、射藝技巧、現代教育情境……等。此當暫存
其說,以俟來者。

(一)第一番射:著重習射教練

(1) 司射請射:

第一輪射箭的六名弟子就位。司射向賓客請射,宣告活
動開始。

(2) 弟子納射器:

司射命弟子將射箭用的弓、矢等器具,陳設到堂西。

(3) 司射比三耦:

司射從選定的六名弟子中,將才能相近者合為一組
(耦)。共分三耦:上、次、下。每組又分上射、下
射。

(4) 司馬命張侯倚旌:

司馬命令布置箭靶(侯),並命令報靶者(獲者),將
報靶用的旌旗(旌)倚靠在箭靶中央。讓大家注意。

(5) 樂正遷樂:

樂正命弟子將樂器移到堂下,以便在堂上行射禮。

(6) 三耦取弓矢俟射:

司射命三耦射者互相揖讓,然後取依次弓箭。三耦皆脫
去左袖、戴上扳指、左手套上護臂。(袒、決、遂)射
者手持弓,三支箭插入腰帶,一支夾在右手指間。(搢
三挾一)

(7) 司射誘射:

司射作射儀示範。(誘射)左足踩在射位,觀察靶位,
調整步伐,開弓射完四支箭。然後將刑仗(扑)插在腰

上，返回原位監督習射。

(8) 三耦射：

司馬命報靶者（獲）持旌旗指示靶位，待射者就位後，依司馬指示躲入避矢的屏風中（乏），觀察、回覆射中。司射命三耦射者就位。上耦的上射先射，下射再射，輪流射完四支箭。凡中靶，則由報靶者唱「獲」。因屬練習性質，不必計算射中的多寡。（獲而未釋獲）射畢依序下堂，到堂西放下弓，脫下扳指和護臂，穿上衣袖，在原地待命（釋弓，說決拾，襲而俟於堂西。）。二耦、三耦亦兩兩依序上堂習射。

(9) 取矢委楅：

司馬命弟子將置箭木架（楅）設於庭中，搜求射出的箭，橫放在箭架上。

（二）第二番射：進入比賽過程

(1) 司射請射比耦：

司射向來賓請射，宣告第二輪活動開始。並將有意參加射箭的主人、賓及大夫、士與堂下眾賓，兩兩配合成組。

(2) 三耦拾取矢：

由第一番射的三耦，依次到中庭的箭架上取四支箭。皆脫去左袖，戴上扳指，套上護具，持弓。（袒、決、遂，執弓。）

(3) 眾賓受弓矢序立：

眾賓在堂下各自取四支箭。皆脫去左袖，戴上扳指，套上護具，持弓。三支箭插入腰帶，一支夾在右手指間。

（搢三挾一）依次站在三耦的南面，等待射箭。

(4) 司射作射請釋獲：

司射向來賓請示是否可以釋籌於地，以計算勝負。（請釋獲）命令計算者（釋獲者）做計算的準備。之後，司射宣佈規則。

(5) 三耦釋獲而射：

司射命開始射擊。先由三耦如第一番射，輪流射箭。由計算者（釋獲者）統計成績，上射的算籌丟在右邊；下射的算籌丟在左邊。如此三番射畢。

(6) 賓主人射：

由賓、主人配合的組，兩兩上堂比射。主人擔任下射，以示謙遜。計算方式與三耦同。

(7) 大夫與耦射：

由大夫與士配合的組，兩兩上堂比射。大夫擔任下射，以示謙遜。計算方式與三耦同。

(8) 眾賓繼射釋獲告卒射：

眾賓分配而成的組，上堂比射。計算方式與三耦同。射畢，計算者起身上堂向賓宣告射畢。返回原位後，等待統算籌計。

(9) 司馬命取矢乘矢：

司馬命取回射出的箭，儀節與第一番射相同。大夫的箭，特別用茅草包覆，以免損傷羽毛。

(10) 數獲：

司射監督計算者統計算籌。先計算右獲（上射射中的數目），再計算左獲（下射射中的數目），獲多為勝。統

計後，司射回原位。計算者向賓報告勝負結果。右方
勝，說「右賢於左」；左方勝，說「左賢於右」；平
手，說「左右均」。

(11) 飲不勝者：

司射命弟子擺設酒器（豐），由勝方弟子洗觶酌酒。司
射命三耦和眾賓：「勝方射手一律脫左袖，戴扳指，套
護臂，持張弓；負方一律著左袖，脫扳指、護臂，取弛
弓。」三耦的負方依次上堂飲酒。接著賓、主人、大夫
及合耦者如果是負方，亦上堂飲酒。前三者不必持弓，
以示尊重。最後眾賓負方上堂飲酒。

(12) 司馬獻獲者：

司馬到箭靶前向報靶者（獲者）敬酒。贊禮者準備祭品
到靶前的左、中、右三處致祭。報靶者回靶前待命。

(13) 司射獻釋獲者：

司射到計算者（釋獲者）的席位敬酒。贊禮者準備祭品
進行祭祀。

（三）第三番射：配合音樂節拍

(1) 司射又請射命耦反射位：

司射向賓請射，儀節與第二番射同。命三耦、眾賓著裝
進入射位。

(2) 三耦、賓、主人、大夫、眾賓皆拾取矢：

司射宣布取箭。眾人輪流取箭返射位。

(3) 司射請以樂節射：

司馬命報靶者離靶。司射請示賓，以音樂節奏射箭。宣
佈：「不按鼓的節奏射箭，不得計數。」（不鼓不釋）

樂正命樂師演奏《詩經・騶虞》之樂。

(4)　三耦、賓、主人、大夫、眾賓以樂射：

在音樂節拍中，眾人依次聽從鼓音指揮而射。儀節與第二番射同。

(5)　樂射取矢數矢：

司馬命取回射出的箭。儀節與前二番射同。

(6)　樂視射算告獲：

司射監督計算者統計算籌。儀節與第二番射同。

(7)　樂射飲不勝者：

罰負方射手。儀節與第二番射同。

(8)　拾取矢授有司：

司射命輪流與箭架（楅）取箭，在西堂下將弓箭交給有司。堂上有席位者彼此拱手行禮入席。

(9)　退諸射器：

司射命撤除射器。

以上為「三番射」流程，鄉射禮實際的習射過程，也隨此而結束。第一番習射，先「誘射」後「練習」，表現師長身為典範，指引學者的教養過程。第二番習射，邀請所有參與者習射，各依身分，分別次第，共同進入儀式活動的氛圍中。此番雖有「數獲較勝」的意味，但是卻在儀式分寸中，導引其心，調和其氣，故能顯得從容端正。第三番加上音樂節奏，除了強調習射姿態之優雅，更將整個活動由節度之分明，引導入高度和諧的氛圍中。而「三番射」前後結合的鄉飲酒儀式，也營造表現出一種和諧歡樂的氣氛。在此過程中，除了射箭的技藝磨練外，也結合了

禮樂活動，形成一股濃厚的人倫教養的氛圍。實現此種人倫教養之氛圍，乃儒者所應承當之事。然而正如朱子所說：「使聖賢者作，必不盡如古禮，必裁酌從今之宜而為之也。」如何「裁酌從今之宜而為之」，除了當知其何以必為，進而識其可為處，也必須真有所為，也就是說，仍然必須藉由實踐與學習的過程中來逐漸修正。

五、結論：習射未來實踐的可能

儒家之習射，實為君子之射。此種君子之射的特質，在於肯定習射與君子之德的必然連結，並且通過儀式性的規範——射禮，實現其人倫教養的目的。而此種人倫教養，則是《孟子》書中所強調學校教育應發揮的功能。歷代也不乏以政府或私人力量，推動習射教育的努力。然而當今社會中，習射已非實用技能，卻也更有可能回歸到價值意義的層面，對生命人格之教養產生作用。

本文所關注者，在釐清儒家六藝之教中——射，在教育上的重要意義，並進一步探討其在當今教育環境中實踐的可能。筆者認為，將人納入禮樂的儀式性軌範中，有助於建立人倫關係的橫向連結以及文化的縱向連結，其中的祭祀活動，亦關聯到宗教意識的超越連結，這些連結對人如何確立存在價值與生命意義具有重要意義。這就是儒學所強調的教化功能，而發揮此種功能則是學校教育所應當承擔的責任。只是傳統社會中，個人是在一「血緣性縱貫軸」下的生活世界裏展開關聯，從而也養成一「人格性的道德連結」，當然也被「宰制性的政治連結」所主導，因而產生出種種問題，但是其中「人格性道德連結」的根源性與優先

性,從來沒有被忽略過,是以儒家最重視人格教養。[48]在現代化的社會中,即使「宰制性的政治連結」在體制上看似瓦解了,然而就現代家庭關係來看,「血緣性的縱貫軸」的連結卻也削弱了許多,連帶使得「人格性的道德連結」產生問題。筆者認為,習射並結合儀式性的活動,當能提供現代人發展出「人格性的道德連結」之可能。此外,習射過程中涉及到心靈意識的活動,例如:「探尋自我生命的確定性」、「強調主體動能的優先性」、「面臨競爭壓力的心態」等,這些都同樣是現代人所必須正視的課題。然而,如何將在傳統「血緣性縱貫軸」格局下所產生的射禮,運用到現代社會的情境中發揮其教化的功能,或許須要更多的實踐例證來進行觀察。

---

[48] 林安梧:《儒學與中國傳統社會之哲學省察》第九章〈從「血緣性縱貫軸」到「人際性的互動軸」〉(臺北:幼獅文化事業公司,1996年),頁 157-176。

參考書目

一、引用傳統文獻

漢・司馬遷撰：《史記》，楊家駱主編：《新校本史記三家注並附編二種》（臺北：鼎文書局，1995 年 9 月）。

漢・鄭玄注，唐・孔穎達疏：《禮記正義》，李學勤主編：《十三經注疏》（北京：北京大學出版社，1999 年 12 月）。

漢・鄭玄注，唐・賈公彥疏：《周禮注疏》，李學勤主編：《十三經注疏》（北京：北京大學出版社，1999 年 12 月）。

漢・許慎撰，清・段玉裁注：《說文解字注》（臺北：黎明文化事業股份有限公司，1996 年 9 月）。

魏・王弼注、唐・孔穎達疏：《周易正義》，李學勤主編：《十三經注疏・周易正義》（北京：北京大學出版社，1999 年 12 月）。

魏・何晏注、北宋・刑昺疏：《論語注疏》，李學勤主編：《十三經注疏》（北京：北京大學出版社，1999 年 12 月）。

晉・范寧集解，唐・楊士勛疏：《春秋穀梁傳注疏》，李學勤主編：《十三經注疏》（北京：北京大學出版社，1999 年 12 月）。

晉・郭璞注，宋・邢昺疏：《爾雅注疏》，李學勤主編：《十三經注疏》（北京：北京大學出版社，1999 年 12 月）。

宋・朱熹：《四書或問》（上海：上海古籍出版社，2001 年 12 月）。

宋・朱熹：《四書章句集註》（臺北：鵝湖出版社，2002 年 3 月）。

宋・陸九淵：《象山語錄》（濟南：山東友誼出版社，2001 年 9 月）。

宋・蔡沈注，錢宗武等整理：《書集傳》（南京：鳳凰出版社，2010 年 1 月）。

宋・黎靖德編：《朱子語類》（北京：中華書局，1994 年 3 月）。

明・吳伯宗編：《榮進集》，余志明出版：《文淵閣四庫全書電子版——
　　原文及標題檢索版》（香港：迪志文化出版有限公司，1998 年）。

明・賀復徵編：《文章辨體彙選》，余志明出版：《文淵閣四庫全書電子
　　版——原文及標題檢索版》（香港：迪志文化出版有限公司，1998
　　年）。

清・毛奇齡：《四書賸言》，余志明出版：《文淵閣四庫全書電子版——
　　原文及標題檢索版》（香港：迪志文化出版有限公司，1998 年）。

清・王夫之：《四書訓義》，船山全書編輯委員會編校：《船山全書》第
　　七冊（長沙：岳麓書社，1998 年 11 月）。

清・王夫之：《禮記章句》，船山全書編輯委員會編校：《船山全書》第
　　四冊（長沙：岳麓書社，1998 年 11 月）。

清・皮錫瑞：《經學歷史》（臺北：藝文印書館，1996 年 8 月）。

清・李塨：《顏元年譜》（北京：中華書局，1992 年 1 月）。

清・汪紱：《禮記章句》，續修四庫全書編纂委員會：《續修四庫全書》，
　　冊 100（上海：上海古籍出版社，1995 年，影印清光緒二十二年刻
　　本）。

清・紀昀等編纂：《四庫全書總目提要》，余志明出版：《文淵閣四庫全
　　書電子版——原文及標題檢索版》（香港：迪志文化出版有限公
　　司，1998 年）。

清・孫希旦：《禮記集解》（臺北：文史哲出版社，1990 年 8 月）。

清・秦蕙田：《五禮通考》（桃園：聖環圖書有限公司，1994 年，味經窩
　　初刻試印本）。

清・張尚瑗：《左傳折諸》，余志明出版：《文淵閣四庫全書電子版——
　　原文及標題檢索版》（香港：迪志文化出版有限公司，1998 年）。

清・梅文鼎：《歷算全書・方程論發凡》，余志明出版：《文淵閣四庫全
　　書電子版——原文及標題檢索版》（香港：迪志文化出版有限公
　　司，1998 年）。

清・陸世儀：《思辨錄輯要》，余志明出版：《文淵閣四庫全書電子版
　　——原文及標題檢索版》（香港：迪志文化出版有限公司，1998
　　年）。

清・黃百家纂集、全祖望修訂：《宋元學案》（臺北：廣文書局，1979 年 4 月）

清・劉寶楠：《論語正義》（臺北：世界書局，1973 年 5 月）。

清・閻若璩：《四書釋地又續》，余志明出版：《文淵閣四庫全書電子版 ——原文及標題檢索版》（香港：迪志文化出版有限公司，1998 年）。

清・顏元：《習齋四存編》（上海：上海古籍出版社，2000 年 12 月）。

清・顏元：《顏元集》（北京：中華書局，1987 年 6 月）。

二、引用近人專著

王淮：《老子探義》（臺北：臺灣商務印書館，1995 年 10 月）。

牟宗三：《生命的學問》（臺北：三民書局股份有限公司，1997 年 3 月）。

余紀元：《亞里士多德倫理學》（北京：中國人民大學出版社，2011 年 5 月）。

吳汝鈞：《純粹動力現象學》（臺北：臺灣商務印書館，2005 年 5 月）。

李滌生：《荀子集釋》（臺北：臺灣學生書局，1994 年 10 月）。

沈善洪主編：《黃宗羲全集》（杭州：浙江古籍出版社，2005 年 1 月）。

林安梧：《人文學方法論——詮釋的存有學探源》（臺北：讀冊文化事業有限公司，2003 年 7 月）。

林安梧：《中國人文詮釋學》（臺北：臺灣學生書局，2009 年 10 月）。

林安梧：《中國宗教與意義治療》（臺北：文海學術思想研究發展文教基金會，1996 年 4 月）。

林安梧：《臺灣文化治療——通識教育現象學引論》導言（臺北：黎明文化事業股份有限公司，1999 年 2 月）。

林安梧：《存有・意識與實踐：熊十力體用哲學之詮釋與重建》（臺北：東大圖書股份有限公司，1993 年 5 月）。

林安梧：《牟宗三前後——當代新儒家哲學思想史論》（臺北：臺灣學生書局，2011 年 9 月）。

林安梧：《血緣性縱貫軸——解開帝制・重建儒學》（臺北：臺灣學生書

局，2016 年 3 月）。

林安梧：《教育哲學講論》（臺北：讀冊文化文化事業有限公司，2000 年
　　9 月）。

林安梧：《道的錯置──中國政治思想的根本困結》（臺北：臺灣學生書
　　局，2003 年 8 月）。

林安梧：《論語──走向生活世界的儒學》（臺北：文海學術思想研究發
　　展文教基金會，1995 年 5 月）。

林安梧：《儒學與中國傳統社會之哲學省察》（臺北：幼獅文化事業公
　　司，1996 年）。

林安梧：《儒學轉向：從「新儒學」到「後新儒學」的過渡》（臺北：臺
　　灣學生書局，2006 年 2 月）。

林安梧輯：《現代儒佛之爭》（臺北：文海學術思想研究發展文教基金
　　會，1997 年 10 月）。

林毓生：《政治秩序與多元社會》（臺北：聯經出版事業公司，2001 年 8
　　月）。

金景芳，呂紹綱：《周易全解》（臺北：韜略出版社，1999 年 11 月）。

施隆民：《鄉射禮儀節簡釋》（臺北：臺灣中華書局，1973 年）。

洪漢鼎：《重新回到現象學的原點──現象學十四講》（北京：人民出版
　　社，2008 年 9 月）。

洪漢鼎：《詮釋學──它的歷史和當代發展》（北京：人民出版社，2001
　　年 9 月）。

倪梁康：《胡塞爾現象學概念通釋（修訂版）》（北京：生活・讀書・新
　　知三聯書店，2007 年 8 月）。

唐君毅：《人生之體驗續編》（桂林：廣西師範大學出版社，2005 年 9
　　月）。

唐君毅：《中國哲學原論──原道篇》（臺北：臺灣學生書局，2004 年 10
　　月）。

徐中舒主編：《漢語大字典》（武漢：湖北辭書出版社、四川辭書出版
　　社，2006 年 4 月）。

徐復觀：《周官成立之時代及其思想性格》，《徐復觀論經學史二種》

（上海：上海書店出版社，2006 年 7 月）。

馬一浮：《泰和宜山會語》，虞萬里點校：《馬一浮集》第一冊（杭州：
　　浙江古籍出版社、浙江教育出版社，1996 年 10 月）。

國學整理社輯：《諸子集成》（北京：中華書局，1996 年 2 月）。

張慶熊：《熊十力的新唯識論與胡塞爾的現象學》（上海：上海人民出版
　　社，1997 年 4 月）。

張默生：《莊子新釋》（濟南：齊魯書社，1996 年 7 月）。

張灝：《幽暗意識與民主傳統》（臺北：聯經出版事業公司，1992 年 10
　　月）。

梁啟超：《中國近三百年學術史》（北京：東方出版社，1996 年 3 月）。

章太炎：《中國近三百年學術史論》（上海：上海古籍出版社，2008 年 3
　　月）。

郭齊勇：《天地間一個讀書人——熊十力傳》（臺北：業強出版社，1994
　　年 11 月）。

郭齊家：《中國古代教育》（北京：商務印書館，1998 年 11 月）。

陳沛然：《佛家哲理通析》（臺北：東大圖書股份有限公司，2014 年 8
　　月）。

陳其泰、郭偉川、周少川編：《二十世紀中國禮學研究論集》（北京：學
　　苑出版社，1998 年）。

陳登原：《顏習齋哲學思想述》（上海：中國大百科全書出版社，1989 年
　　3 月）。

傅偉勳：《西洋哲學史》（臺北：三民書局，1996 年 8 月）。

彭林：《中國古代禮儀文明》（北京：中華書局，2004 年）。

程樹德：《論語集釋》（北京：中華書局，1997 年 10 月）。

董成龍編譯：《大學與博雅教育》（北京：華夏出版社，2015 年 2 月）。

廖崇斐主編：《從後新儒家到現代之後——林安梧教授回甲誌慶學術論
　　集》（臺北：臺灣學生書局，2017 年 12 月）。

熊十力：《十力語要》（臺北：明文書局股份有限公司，1989 年 8 月）。

熊十力：《佛家名相通釋》（臺北：明文書局股份有限公司，1994 年 8
　　月）。

熊十力：《新唯識論》（文言文本），蕭萐父主編：《熊十力全集》第二卷（武漢：湖北教育出版社，2001 年 8 月）。

熊十力：《新唯識論》（語體文本），蕭萐父主編：《熊十力全集》第三卷（武漢：湖北教育出版社，2001 年 8 月）。

熊十力：《論六經》（臺北：文海學術思想研究發展文教基金會，1998 年 1 月）。

熊十力：《讀經示要》（臺北：明文書局，1984 年 7 月）。

熊十力著，林安梧輯：《現代儒佛之爭》（臺北：文海學術思想研究發展文教基金會，1997 年 10 月）。

劉夢溪：《中國現代學術經典・張君勱卷》（石家莊：河北教育出版社，1996 年 8 月）。

蔡仁厚：《孔門弟子志行考述》（臺北：臺灣商務印書館，1998 年 12 月）。

蔡仁厚：《新儒家的精神方向》（臺北：臺灣學生書局，1984 年 9 月）。

蔡仁厚：《熊十力先生學行年表》（臺北：明文書局，1991 年 6 月）。

蔣伯潛：《廣解語譯四書讀本》（臺北：啟明書局，未標日期）。

鄧曉芒：《哲學史方法論十四講》（重慶：重慶大學出版社，2015 年 1 月）。

鄭世興：《顏習齋教育思想》（臺北：中央文物供應社，1980 年 3 月）。

蕭萐父主編：《熊十力全集》（武漢：湖北教育出版社，2001 年 8 月）。

錢玄：《三禮辭典》（南京：江蘇古籍出版社，1998 年 3 月）。

錢穆：《中國近三百年學術史》（臺北：臺灣商務印書館，1996 年 7 月）。

錢穆：《朱子新學案》（臺北：三民書局股份有限公司，1989 年 11 月）。

錢穆：《兩漢經學今古文平議》（臺北：東大圖書股份有限公司，1989 年 11 月）。

三、引用外國學者專著

（美）S. E. 斯通普夫、J. 菲澤著，匡宏、鄧曉芒等譯：《西方哲學史——

從蘇格拉底到薩特及其後》（北京：世界圖書出版公司北京公司，2009 年 3 月）。

（美）羅伯索・科羅斯基（Robert Sokolowski）著，李維倫譯：《現象學十四講》（臺北：心靈工坊文化，2004 年 3 月）。

（英）安東尼・弗盧（Antony Flew）主編，黃頌杰等譯：《新哲學詞典》（上海：上海譯文出版社，1992 年 1 月）。

（愛爾蘭）德爾默・莫蘭（Dermot Moran）、約瑟夫・科恩（Joseph Cohen）著，李幼蒸譯：《胡塞爾辭典》（北京：中國人民大學出版社，2015 年 7 月）。

（德）埃德蒙德・胡賽爾 Edmund Husserl 著，張慶熊譯：《歐洲科學危機和超越現象學》（臺北：桂冠圖書股份有限公司，1992 年 8 月）。

（德）庫特・約斯特勒著，唐薇譯：《狐狸與白兔道晚安之處——在德國老磨坊中習禪與射藝之道》（臺北：橡樹林文化，2009 年）。

（德）奧根・赫立格爾著，法嚴法師譯：《射藝中之禪》（臺北：福智之聲出版社，2010 年）。

國家圖書館出版品預行編目資料

從熊十力到新六藝的思考
——以生活世界爲核心的實踐開展

廖崇斐著. – 初版. – 臺北市：臺灣學生，2020.09
面；公分

ISBN 978-957-15-1839-8 (平裝)

1. 熊十力 2. 學術思想 3. 哲學

128.6   109015079

從熊十力到新六藝的思考
——以生活世界爲核心的實踐開展

著 作 者　廖崇斐
出 版 者　臺灣學生書局有限公司
發 行 人　楊雲龍
發 行 所　臺灣學生書局有限公司
地　　址　臺北市和平東路一段 75 巷 11 號
劃 撥 帳 號　00024668
電　　話　(02)23928185
傳　　眞　(02)23928105
E - m a i l　student.book@msa.hinet.net
網　　址　www.studentbook.com.tw
登記證字號　行政院新聞局局版北市業字第玖捌壹號
定　　價　新臺幣四五〇元
出 版 日 期　二〇二〇年九月初版
I S B N　978-957-15-1839-8

12820